职业教育国际邮轮乘务管理专业
国家级教学资源库系列配套教材

邮轮客舱服务与管理

王红玲 苏 枫 主编

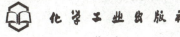

化学工业出版社

·北京·

内容简介

本书是职业教育国际邮轮乘务管理专业国家级教学资源库系列配套教材之一,根据学生认知规律和职业发展路径,按照工作过程进行设计,介绍了邮轮客舱服务与管理的基本规程和发展趋势。本书融入党的二十大报告中增强中华文明传播力影响力等要求,共包括六个模块,分别介绍邮轮客舱的基本概念、邮轮客舱部各岗位职责、邮轮客舱清洁和保养、邮轮客舱对客服务、邮轮公共区域清洁及保养、邮轮客舱督导管理。书中配套二维码,扫码可获得相关教学资源、行业资讯以及邮轮旅游趣事。

本书不仅适合高等职业学校邮轮服务与管理、国际邮轮乘务管理及酒店管理与数字化运营等专业使用,还适合行业及相关培训机构作为培训用书。

图书在版编目(CIP)数据

邮轮客舱服务与管理/王红玲,苏枫主编. —北京:化学工业出版社,2024.2(2025.4重印)
ISBN 978-7-122-44466-0

Ⅰ.①邮⋯ Ⅱ.①王⋯ ②苏⋯ Ⅲ.①旅游船-旅客运输-商业服务-高等职业教育-教材 Ⅳ.①F590.7

中国国家版本馆CIP数据核字(2023)第220736号

责任编辑:王　可　　　　　文字编辑:林　丹　陈立璞
责任校对:宋　玮　　　　　装帧设计:张　辉

出版发行:化学工业出版社
　　　　(北京市东城区青年湖南街13号　邮政编码100011)
印　　装:河北延风印务有限公司
787mm×1092mm　1/16　印张17¾　字数464千字
2025年4月北京第1版第2次印刷

购书咨询:010-64518888　　　　售后服务:010-64518899
网　　址:http://www.cip.com.cn
凡购买本书,如有缺损质量问题,本社销售中心负责调换。

定　　价:48.00元　　　　　　　　版权所有　违者必究

前言

  邮轮的原意是指海洋上定线、定期航行的大型客运轮船。"邮"字本身具有交通的含义，过去跨洋邮件总是由这种大型快速客轮运载，故此得名。邮轮旅行是很受游客欢迎的一种旅游方式，未来邮轮市场会呈现内河邮轮、沿海邮轮以及国际邮轮等多种业态。我国作为全球最大邮轮业的新兴市场和全球第二大邮轮客源国，是全球最大、最有潜力的消费市场，蕴含着巨大的增长空间。

  本书响应国家加强邮轮游艇产业国际化、专业化人才培养的要求，将党的二十大报告中增强中华文明传播力影响力、建设现代化产业体系、深入实施人才强国战略等要求与专业知识、技能有机融合，以符合国际质量要求为标杆，以满足邮轮游艇消费大众化发展为主导，以邮轮客舱服务为线索，对邮轮服务质量管理的基本理论、前沿研究成果、最新企业实践和现实中的案例等做了详细论述与分析。本书每个模块都精心挑选了关于邮轮服务的典型案例并配套了二维码，方便学生开展学习。

  本书可作为高等职业学校国际邮轮乘务管理专业教材用书，也可作为旅游类专业邮轮服务方向的教材，也适合作为邮轮行业、1+X 邮轮运营服务职业等级资格考试和各类相关培训机构的岗位培训用书。

  本书由湖北科技职业学院王红玲、苏枫担任主编，湖北科技职业学院邓君、费嘉琪、杨国丽担任副主编，武汉香海船务有限公司谌强、湖北第二师范学院余江涛、武汉交通职业学院詹秀秀参与编写。具体编写分工如下：王红玲、苏枫负责设计篇章架构、提出各章的构想及统稿，邓君编写模块 1，费嘉琪编写模块 2，王红玲编写模块 3 和模块 4，苏枫编写模块 5，杨国丽编写模块 6，谌强、余江涛、詹秀秀编写各模块案例。武汉世茂希尔顿前厅部副经理朱路迪、武汉交通职业学院鄢向荣教授对本书编写给予了大量指导。湖北科技职业学院邮轮旅游专业群的同学们参与了实训部分的拍摄，在此对同学们的辛苦付出一并表示感谢。

  由于作者水平有限，书中难免有疏漏和不当之处，衷心地希望读者与各界朋友批评指正。

编　者
2023 年 8 月

目录

模块1　走进邮轮客舱 ··· **001**
 1.1　邮轮客舱房型分类 ··· 001
  1.1.1　邮轮客舱房型分类标准及类型 ·· 001
  1.1.2　邮轮个性化客舱 ·· 010
 1.2　邮轮客舱空间功能 ··· 016
  1.2.1　邮轮客舱空间布局 ·· 017
  1.2.2　邮轮客舱空间功能 ·· 022
 1.3　邮轮客舱设施设备 ··· 027
  1.3.1　邮轮客舱家具 ·· 027
  1.3.2　邮轮客舱电器设备 ·· 031
  1.3.3　邮轮客舱卫生设施 ·· 036
  1.3.4　邮轮客舱安全设备 ·· 040
 1.4　邮轮客舱用品 ·· 044
  1.4.1　邮轮客舱布草 ·· 044
  1.4.2　邮轮客舱客用物品 ·· 049

模块2　邮轮客舱部各岗位职责 ··· **054**
 2.1　邮轮客舱在邮轮中的地位 ··· 054
  2.1.1　邮轮客舱部业务范围及特点 ·· 054
  2.1.2　邮轮客舱部地位与作用 ·· 059
 2.2　邮轮客舱部组织机构 ··· 065
  2.2.1　邮轮客舱部组织机构设置原则 ··· 065
  2.2.2　邮轮客舱部组织机构形态 ·· 068
  2.2.3　邮轮客舱部员工素质要求 ·· 072
  2.2.4　邮轮客舱部人员选择及重点岗位职责 ··· 077
  2.2.5　邮轮客舱员工培训及激励 ·· 088

模块3　邮轮客舱清洁和保养 ··· **098**
 3.1　邮轮清洁前准备工作 ··· 098

####### 3.1.1 邮轮员工仪容仪表准备 ………………………………………… 098
####### 3.1.2 员工综合素质准备 ……………………………………………… 105
####### 3.1.3 岗前准备工作 …………………………………………………… 110
####### 3.1.4 邮轮客舱房态及清扫方法 ……………………………………… 114
####### 3.1.5 邮轮客舱清洁用具 ……………………………………………… 119
3.2 邮轮客舱清洁规程 …………………………………………………… 123
####### 3.2.1 基本操作规程 …………………………………………………… 123
####### 3.2.2 邮轮不同材质清洁保养 ………………………………………… 132
3.3 邮轮客舱服务基本技能 ……………………………………………… 136
####### 3.3.1 中式铺床 ………………………………………………………… 136
####### 3.3.2 西式铺床 ………………………………………………………… 143
####### 3.3.3 毛巾花折叠 ……………………………………………………… 147
####### 3.3.4 计划卫生项目 …………………………………………………… 151

模块4　邮轮客舱对客服务 …………………………………………………… 155
4.1 邮轮常规对客服务项目 ……………………………………………… 155
####### 4.1.1 开夜床服务 ……………………………………………………… 155
####### 4.1.2 洗衣服务 ………………………………………………………… 160
####### 4.1.3 其他服务 ………………………………………………………… 165
4.2 其他情况客舱对客服务 ……………………………………………… 170
####### 4.2.1 邮轮高端舱房服务 ……………………………………………… 170
####### 4.2.2 其他对客服务 …………………………………………………… 176
####### 4.2.3 投诉处理 ………………………………………………………… 181

模块5　邮轮公共区域清洁及保养 …………………………………………… 187
5.1 邮轮公共区域 ………………………………………………………… 187
####### 5.1.1 邮轮公共区域范围 ……………………………………………… 187
####### 5.1.2 清洁设备及清洁药液 …………………………………………… 193
5.2 清洁保养程序及标准 ………………………………………………… 206
####### 5.2.1 邮轮中央大厅清洁保养 ………………………………………… 206
####### 5.2.2 邮轮客用电梯清洁保养 ………………………………………… 210
####### 5.2.3 邮轮公共卫生间及走廊通道清洁保养 ………………………… 213
5.3 邮轮地面和墙面的清洁保养 ………………………………………… 217
####### 5.3.1 邮轮地面的清洁和保养 ………………………………………… 217
####### 5.3.2 邮轮墙面的清洁和保养 ………………………………………… 224

模块6　邮轮客舱督导管理 …………………………………………………… 229
6.1 邮轮客舱安全督导 …………………………………………………… 229
####### 6.1.1 邮轮客舱安全特性 ……………………………………………… 229

	6.1.2 邮轮客舱安全管理制度 ……………………………………………… 232
	6.1.3 客舱区域内的突发和紧急事件 ……………………………………… 237

- 6.2 邮轮客舱洗衣房管理 ………………………………………………………… 242
  - 6.2.1 洗衣房运行与管理 ……………………………………………………… 242
  - 6.2.2 布草房运行与管理 ……………………………………………………… 248
  - 6.2.3 邮轮客舱客用品定额管理 ……………………………………………… 254
- 6.3 邮轮客舱质量督导 …………………………………………………………… 262
  - 6.3.1 邮轮客舱对客服务质量督导 …………………………………………… 262
  - 6.3.2 邮轮客舱清洁和保养质量督导 ………………………………………… 267

参考文献 ……………………………………………………………………………… 276

模块1　走进邮轮客舱

1.1　邮轮客舱房型分类

1.1.1　邮轮客舱房型分类标准及类型

 任务导航

客舱部是邮轮重要的职能部门，在有的邮轮公司也被称为客房部，其在很大程度上体现了邮轮的整体形象。客舱是邮轮的基本设施，是供宾客住宿、休息、会客的主要场所。根据功能、特色、种类，邮轮客舱可划分为不同的房型供宾客选择，以应对宾客的不同需求。同时由于邮轮公司的规模、市场定位、企业文化等不同，其客舱房型也呈现出多样性。

 学习目标

▶ 能力目标

能够识别不同类型邮轮客舱的特点。

▶ 知识目标

（1）掌握邮轮客舱产品的概念、特点、类型。
（2）了解影响邮轮客舱舒适度的因素。
（3）了解邮轮客舱高端舱房的特点。
（4）了解邮轮客舱特殊舱房的类型与特点。

▶ 素质目标

（1）爱岗敬业，遵纪守法。
（2）树立良好的职业道德。
（3）养成严谨细致、吃苦耐劳的职业习惯和职业素养。

M1-1　认识邮轮客舱

M1-2　客舱房型分类动画

案例引导

皇家加勒比游轮公司海洋圣歌号的客舱分区

皇家加勒比游轮公司的海洋圣歌号是海洋量子号的姐妹船，在众多邮轮中地位不

凡。它在客舱设计中注重游客的舒适度、安全性与私密性需要，布局合理，整体效果良好。如在高级套房中通过茶几的位置将卧室与其他区域进行了分区。该房型的卧室提供两张单人床（可拼成皇家大床），起居区配有桌子和可转换成双人床的沙发（以容纳第三四位客人）。高级套房还带有可观赏海景的私人阳台、带有浴缸的私人浴室、梳妆区、吹风机、闭路电视和电话。高级套房舒适性与整体性相结合，可为客人提供良好的入住环境（图1-1）。标准双层套房是两层高的复式套房，拥有全景海景。其下层配有独立起居区和用餐区、独立洗手间（带淋浴），起居区配有可转换成双人床的沙发（以容纳第三四位客人）（图1-2）；上层配有主卧和浴室，浴室配有淋浴设施、洗漱池。独立的主阳台设有用餐区（图1-3）。

图1-1　海洋圣歌号高级套房

图1-2　海洋圣歌号标准双层套房（1）

图1-3　海洋圣歌号标准双层套房（2）

海景阳台房提供两张单人床（可拼成皇家大床），配有可观赏迷人海上景观的私人阳台（图1-4）。所有海景阳台房内均提供私人浴室、梳妆区、吹风机、闭路电视和电话。

高级海景房，提供两张单人床，配有海景窗（图1-5）。所有高级海景房内均提供私人浴室、梳妆区、吹风机、闭路电视和电话。

内舱虚拟阳台房提供两张单人床（可拼成皇家大床），配有虚拟阳台，由落地大型LED屏幕直播实时海景（图1-6）。所有内舱虚拟阳台房内均提供私人浴室、梳妆区、吹风机、闭路电视和电话。

图1-4 海洋圣歌号海景阳台房

图1-5 海洋圣歌号高级海景房

单人内舱房提供一张单人床，配有虚拟窗户，由液晶电视直播实时海景（图1-7）。所有单人内舱房内均提供私人浴室、梳妆区、吹风机、闭路电视和电话。

图1-6 海洋圣歌号内舱虚拟阳台房

图1-7 海洋圣歌号单人内舱房

点评

为了满足不同游客的出行需求，皇家加勒比游轮公司的海洋圣歌号对客舱进行了划分，既有单人间、双人间，也有功能多样的套房，房间种类丰富。另外，其利用移动互联网、物联网、AR、VR 等手段，创新配置了虚拟阳台房，以注重游客的体验。

新知探索

一、按客舱内床位设置划分

按结构和床型划分，邮轮客舱可以分为大床房、双人房、三人房、多人房和套房。

（一）大床房

大床房内配置一张 1.8m×2.0m 或者 2.0m×2.0m 的床（也有的配置的是 2.2m×2.0m 的大床）、两份客用物品（图1-8），舒适度较高。其消费群体主要为夫妇、单身商务客人。

M1-3 邮轮客舱房型分类

（二）双人房

双人房也称为标准间，配置两张 1.2m×2.0m 或者 1.5m×2.0m 的床、两份客用物品（图 1-9）。其消费群体主要为旅游团队、会议团队。

图1-8　星梦邮轮世界梦号豪华大床房

图1-9　星梦邮轮世界梦号双人房

（三）三人房

三人房也叫家庭房，配置三张 1.2m×2.0m 或者 1.5m×2.0m 的床（也有的房间内放置一张双人床和一张单人床供三口之家使用）、三份客用物品（图 1-10）。其消费群体主要为经济型的旅游团队、会议团队。

（四）多人房

一般情况下，豪华邮轮多人房的房型比较少，一些度假型邮轮或普通经济型邮轮可根据需要设置。多人房配置有三张或四张 1.2m×2.0m 或者 1.5m×2.0m 的床、三份或者四份客用物品（图 1-11）。其消费群体主要为经济型的旅游团队、会议团队。

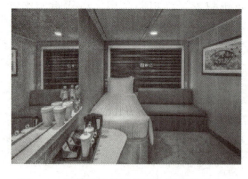

图1-10　星梦邮轮世界梦号内侧客舱三人房

图1-11　星梦邮轮世纪梦号内侧客舱四人房

（五）套房

套房由两间或两间以上的客房、卫生间及其他设施构成。简而言之，套房除了要有睡眠区域，还要有活动区域。活动区域可以包括起居室、客厅、会议室、小酒吧、书房、厨房、餐厅、侍从室、警卫室等（图 1-12）。根据等级和豪华程度，邮轮上的套房可以分为小套房（图1-13）、普通套房、豪华套房（图1-14）、行政套房、双层套房和总统套房。

图1-12　海洋量子号双层套房

图1-13　歌诗达邮轮威尼斯号小套房

套房所在楼层相对较高，大部分套房相比阳台房面积大，设施更齐全，是邮轮客舱中最豪华的。套房价格是所有房型中最贵的，套房游客可以享受贵宾待遇。不同邮轮公司针对套房客人也有不同的礼遇，如尊享餐饮体验、专享娱乐定制服务、海上管家服务等。根据使用功能和室内装饰标准不同，套房主要分为下面几种。

图1-14　海洋光谱号豪华套房

1. 普通套房

普通套房一般为两套间：一间为卧室，与卫生间相连；另一间兼作起居室、会客室，适合接待同行的朋友来访。普通套房配置一张双人床或一张大床、两份客用物品。

2. 双层套房

双层套房也称立体套间，其卧室在上层，上、下层用室内楼梯连接。双层套房配置一张双人床或一张大床、两份客用物品。

3. 连接套房

连接套房也称为组合套间，是一种专门设计的房间形式。其有两间相连的客房（用隔音性能好、均安装门锁的两扇门连接），并且都配有卫生间。需要时，连接套房既可以作为两间独立的单间客房出租，也可作为套间出租，灵活性大。连接套房配置两张双人床或两张大床、四份客用物品。

4. 豪华套房

此房型重视客房的装饰布置、房间氛围及用品配置，以呈现豪华气派。豪华套房可以为两套间布置，也可以为三套间布置。三套间豪华套房除包含起居室、卧室外，还有一间餐室、会议室兼书房。其卧室中配备大号双人床。

二、按客舱房间方位朝向划分

按朝向与位置划分,邮轮客舱可分为内舱房、内景房、海景房和海景阳台房四种。

(一)内舱房

此房型设在邮轮客舱整体的中间部位,房间内不设窗户,没有自然采光,白天也需要开灯(图1-15)。有些内舱房的墙上会挂一块电子幕布,以呈现虚拟海景。此房型面积比较小,在 $15\sim20m^2$ 之间,根据顾客需要一般可以满足 $1\sim4$ 人入住(图1-16)。

图1-15 公主邮轮内舱房

图1-16 皇家加勒比游轮海洋水手号内舱四人房

案例链接

皇家加勒比游轮海洋量子号推出船中虚拟阳台内舱房

皇家加勒比游轮的海洋量子号推出了船中虚拟阳台内舱房(图1-17)。虚拟阳台内舱房就是在房间内安装一面落地的LED大屏幕,实时为客人展现海景和港口的情况。

图1-17 海洋量子号船中虚拟阳台内舱房

(二)内景房

内景房中的游客透过窗户可看到邮轮中间开放或者露天的美丽景观。此房型面积比阳台房小(图1-18)。

图1-18 重庆长江黄金邮轮长江黄金八号内景房

（三）海景房

海景房有窗户，游客可以透过窗户看到海景（图 1-19、图 1-20）。海景房通常位于船舷两侧，楼层多数靠下，顾客入住后可以从一侧的舷窗画框看窗外美景。其窗户一般被设计成圆形或方形，可使整个房间拥有充足的日光，明亮舒适。但是由于楼层较低，出于安全考虑，一般情况下舷窗是双层、真空且不能打开的。

图1-19 海洋量子号海景房　　　图1-20 海洋水手号海景房

（四）海景阳台房

海景阳台房，顾名思义就是带阳台的房间（图 1-21）。其拥有落地玻璃移门通往阳台，阳台面积为 3～5m^2；房间面积不等，不同的邮轮公司、不同的房型有差别，一般为 17～25m^2。海景阳台房的价格相对于内舱房和海景房来说要贵，但其楼层位置通常都比较好，一般都在 6 层以上。同时客人入住海景阳台房是为了更好的邮轮体验，因此该房型也深受游客喜爱。

图1-21 迪士尼邮轮梦想号海景阳台房

海景阳台房的阳台上有桌椅，游客在阳台上休息欣赏海景，比在公共甲板区更有私密性，而且对于吸烟的客人来说更加方便（绝大多数邮轮公司都只允许客人在阳台上吸烟，内舱房和海景房内是绝对禁烟的）。

三、特殊房型

（一）无障碍舱房

无障碍舱房是为行动不方便的游客准备的。该房型内的一切设施设备和装饰都充分考虑了游客的生理特征，以方便游客使用、休息和活动。

无障碍舱房一般设在邮轮楼层电梯附近，房门的宽度不小于0.9m，地面无障碍，进出方便。同时，无障碍舱房在门的不同高度分别安装了窥视器和帮助召唤的电子铃等；在床的两侧安装有短的扶手，以方便起卧。其电视、空调、窗帘等都采用电子遥控的装置，家具、设施一般不高于1.2m。另外，卫生间配置有无障碍淋浴间，厕位间与门的距离大于1.05m，可方便轮椅出入；浴室中浴缸和马桶两侧安装有扶手或栏杆，并能承受100kg以上不同方向的压力或拉力。无障碍舱房的设立体现了邮轮公司以人为本、注重人文关怀的经营理念。

案例链接

中国首次自主设计大型邮轮获国际认证

2021年12月，中国船舶集团旗下中船邮轮科技自主研发设计的15万总吨级大型邮轮获得意大利船级社原则性认可（AIP）证书。这是中国首次独立自主研发设计的完全拥有自主知识产权的大型邮轮，一举打破了国外在该领域长期的技术封锁和垄断，开启了中国大型邮轮自主设计新时代。

该型15万总吨级大型邮轮定位为大众型邮轮，总长329.4m，型宽38.4m，乘客空间比、乘客船员比、阳台房比例、乘客公共区域面积、航速、载重量等技术指标均达到国际同类主流船型的先进水平，采用直艏船型，满足最新的《国际海上人命安全公约（SOLAS）》破舱稳性要求以及船舶能效设计指数（EEDI）第三阶段、国际海事组织（IMO）0.5%硫化物排放、《国际海事劳工公约（MLC）》、国际船级社协会（IACS）系泊与拖带设计等最新法规、规范要求。

点评

本案例中，我国自主研发的邮轮为了顺应邮轮乘客老龄化的新趋势，在总布置及舱室规划方面体现了通道和设施的无障碍设计理念，并编制形成相应层级的技术标准。

此外，该型船在进行公共区域及舱室规划时，增加了船员房间区域和休闲设施；乘客区域也特别考虑了中国邮轮乘客的特色需求，如增大自助餐厅面积，增加连通舱房、家庭房比例等。

（二）连通舱房

连通舱房是不经走廊就可以在两间舱房之间自由往来的房型，两间舱房由公共门连通，平时可作为一间舱房出租，旺季时可以将门锁上，作为两间舱房使用，比较适合家庭游客。

案例链接

星梦邮轮云顶梦号

星梦邮轮是首个亚洲本土豪华邮轮品牌。星梦邮轮的云顶梦号由德国知名邮轮造船厂制造，于2016年10月正式交付，2016年11月13日于广州南沙母港盛大启航。

星梦邮轮云顶梦号的船员有2016人，可为3352名乘客提供良好的服务，打造了领先的船员/乘客比例1:1.7。云顶梦号融合了东方理念与西方设计，有1674间客房，其中阳台房超过70%，连通客舱有100间。连通客舱能满足以家庭出行为主的中国市场需要，同时也可为团队出行提供便利。

工作任务

【任务名称】

运用邮轮客舱房型分类标准进行分类。

【任务准备】

同学们分为四组，各小组以国际邮轮知名企业为例，分别按床位设置、房间等级及房间方位朝向三种邮轮客舱分类标准对客舱进行分类。

【任务实施】

1. 查找资料

查找与本任务相关的资料，对获取的资料进行整理与总结。

2. 撰写总结

各小组以国际邮轮知名企业为例，撰写其客舱房型的总结。

任务评价

任务评价主要从同学们的学习态度、资料准备情况、制作与汇报情况、成果创新性、合作与纪律情况以及总结报告撰写质量几个方面进行评价，详细内容如下。

班级			姓名		得分
评价内容	分值	评定等级			
		A（权重1.0）	B（权重0.8）	C（权重0.6）	
学习态度	10分	学习态度认真，方法多样，积极主动	学习态度较好，能按时完成学习任务	学习态度有待加强，被动学习，延时完成学习任务	
查阅资料	20分	查阅资料方法多样，资料内容丰富，整理有序、合理	查阅资料方法较单一，内容基本能满足要求	没有掌握查阅资料的基本方法，资料准备不足	
制作与汇报	30分	内容翔实、图文兼备；汇报人精神面貌好，思路清晰有条理	内容不够丰富；汇报人能顺利完成	有的内容缺失，有的内容重复；汇报人词不达意	
成果内容	40分	格式规范，形式新颖，内容完整，思路清晰有条理	格式较为规范，内容较完整，有一定的条理性	格式、内容经反复修改后才勉强符合要求	
总计得分					

习题

（1）请简述按房间朝向位置划分的邮轮客舱类型。
（2）请简述邮轮客舱套房类型。

 自我分析与总结

存在的主要问题：	收获与总结：
改进措施：	

1.1.2　邮轮个性化客舱

 任务导航

　　客舱部一直是邮轮最重要的部门之一，这不仅是因为客舱面积比例大，更主要的是它决定了邮轮的总体形象、邮轮客人的舒适度和满意度以及邮轮经济指标的合理性。近年来，邮轮业快速发展，邮轮公司竞争激烈，不论邮轮公司采取何种竞争战略，其最终的目标均是创造并保持顾客。在邮轮旅游市场中，既有初次出游的新游客，也有经验丰富的巡航者；既有家庭型的旅游者，也有探险型的旅游者。在现代邮轮运营中，邮轮公司应从食、住、行、游、购、娱等方面全方位提升旅游者们的旅行体验。邮轮客舱不仅要满足宾客的使用需求，也要为宾客创造一个温馨舒适的居住环境，体现邮轮人性化服务，提高邮轮公司的竞争力。邮轮客舱个性化服务基于个性化客舱设计，因此服务人员不仅要掌握部门日常运营与管理的基本知识和技能，还要认识了解邮轮个性化客舱。

学习目标

▶ 能力目标

（1）能够识别不同类型邮轮客舱设计的理念。
（2）能够了解个性化邮轮客舱产品。

▶ 知识目标

掌握个性化客舱对客服务理念。

▶ 素质目标

（1）引导宾客绿色低碳的生活理念。
（2）积极为宾客提供个性化的特色服务。

案例引导

为中国游客量身定制——诺唯真喜悦号邮轮

诺唯真喜悦号于 2017 年 6 月 28 日在上海首航，是美国诺唯真邮轮公司首艘专为中国市场打造的创新型豪华邮轮。

喜悦号专为提供"海上头等舱"体验而生，设有能够满足中国客人独特度假需求的船上设施。诺唯真喜悦号可为客人提供丰富多样的贵宾住宿环境，其中的 Haven 豪华套房区拥有高端专属的"船中船"式奢华套房，并设有一个拥有 180°视角的观景台。为满足我国游客的出行需求，邮轮上还设有大量迷你套房、阳台套房、海景房以及内舱房。

喜悦号船体采用的是中国艺术家谭平先生用凤凰创作的船体画。凤凰——传说中的神鸟，百鸟之王，象征高贵、和谐、吉祥，与龙一样，是中华民族的一个重要文化符号。这样的设计既体现了邮轮的文化特色，也符合中国游客的审美品位。

点评

从古至今，凤凰元素在中国的绘画、丝织品和建筑装饰等领域中随处可见。本案例中，诺唯真喜悦号定位中国市场，通过邮轮客舱设计，希望能够带着中国人民的美好祝愿，架起东西方之间的桥梁，给世界带来好运。

新知探索

在激烈的市场竞争中，邮轮公司拥有的邮轮数量和载客能力差异很大，大型邮轮集团经营多个邮轮品牌，拥有数十艘甚至上百艘豪华邮轮，而一些小型邮轮公司只有一艘邮轮投入运营。尽管邮轮公司规模不同、品牌定位不同，但无论是大型邮轮集团还是小型邮轮公司，皆可以通过个性化邮轮产品满足不同类型游客的需要，使其在激烈的市场竞争中保持优势，争得一席之地。

客舱部是邮轮整体运营中的重要部门，也是与宾客联系最密切的部门之一。邮轮客舱部是宾客印象最深刻的主要场所。因此，客舱部应通过特色创新体现邮轮客舱个性，增强品牌的吸引力。目前主要的个性化客舱类型有下面几类。

一、高科技客舱

如今，科学技术已彻底改变了我们的日常生活，也让未来充满值得期待的惊喜。AR、VR、AI、5G 等数字化的应用场景已在许多酒店、邮轮等旅游领域普及并应用，为游客出行的各个环节提供个性化、多元化、品质化的服务。邮轮客舱的科技成分越来越被消费者看重，客舱内的高科技含量设备配置越来越广泛，很多邮轮客舱具备了网络浏览、远程登录、红外线感应、多媒体信息服务等功能。高科技手段在客舱中运用可以更好地为宾客提供方便、舒适及现代化的服务。

案例链接

人工智能在邮轮客舱中广泛运用

人工智能的快速发展，使更多人工智能技术在邮轮上得到了更加广泛的应用。皇家加勒比同百度及途鸽合作推出了全新功能的共享Wi-Fi翻译机，为游客提供"全球上网+跨语言沟通"的智能体验。地中海邮轮引入了全球邮轮行业首个人工智能语音私人助理ZOE。ZOE是由地中海邮轮与哈曼国际和三星电子联合开发的语音问答人工智能设备，可提供包括中文在内的7种语言的智能化语音服务，能够回答超过800个与邮轮相关的问题，并能提供各类关于船上服务的建议以及协助预订等相关服务。未来的邮轮客舱将配备实时跟踪心律和面部表情的模块化生物信号传感器，实时控制基础设施、调节光线和温度以提升游客的舒适感。同时，智能化装饰材料将像活动的艺术品一样不断变化，创造一个在视觉上与游客情绪相符的沉浸式环境。

二、主题性客舱

M1-4 主题客房设计与应用

为满足宾客差异化的需求，体现邮轮客舱产品的特色，各家邮轮公司根据自身定位、服务对象、航线等因素进行了个性化的主题性客舱设计。主题客舱在设计中融入不同地域文化元素，运用个性装潢表现鲜明的特色，体现了时代时尚前沿的设计理念，逐渐成为邮轮消费者的新宠，也成为邮轮公司招揽顾客的亮点。

案例链接

让孩子们尖叫连连——迪士尼邮轮的客舱赏析

迪士尼邮轮是隶属于迪士尼集团的邮轮公司。1994年，迪士尼集团依靠丰富的酒店、主题乐园管理经验开始进军蓬勃发展中的邮轮产业。迪士尼邮轮旗下现役四艘邮轮，分别是奇观号、魔力号、梦想号和幻想号。迪士尼邮轮旗下所有邮轮的全部客房都配有浴缸，这也是业界唯一。所有迪

图1-22 迪士尼梦想号

士尼邮轮都有着精彩绝伦的主题表演和丰富的游行活动。下面我们以迪士尼邮轮梦想号为例，和大家一起走进邮轮客舱内部，感受迪士尼独特的居住空间，如图1-22所示。

梦想号客舱内设施设备齐全，可方便宾客使用。内舱房、海景房、阳台房等各类客舱均配置有一张下部有储物空间的双人大床，干湿分离的浴室和洗手间（有浴缸和淋浴），液晶电视、冰箱、保险箱、iPod音乐基座、吹风机、电话、空调，少

量房间设有下拉床或沙发床，以容纳更多游客。

标准内舱房可住 2～4 人，面积 15.7m²，位于 2、5～10 层，如图 1-23 所示。

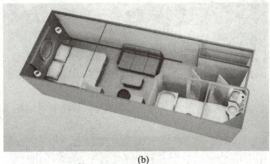

图1-23　梦想号标准内舱房及设计图

豪华海景房可住 2～4 人，面积 19m²，位于 2、5～8 层，如图 1-24 所示。

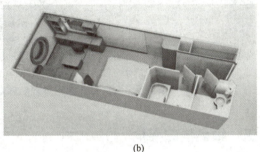

图1-24　梦想号豪华海景房及设计图

豪华家庭阳台房可住 2～4 或 2～5 人，面积 27.8m²，位于 5～7、9～10 层，如图 1-25 所示。

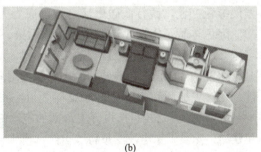

图1-25　梦想号豪华阳台房及设计图

礼宾阳台套房可住 2～5 人，面积 57.8m²，位于 11、12 层，如图 1-26、图 1-27 所示。礼宾阳台房区别于其他客舱，不仅空间大、楼层高，而且设施设备更加齐全。其客舱有一张双人大床、一个下拉床、一张双人折叠沙发床，两个带有淋浴的浴室（主浴室带有按摩浴缸），步入式衣橱、22in 液晶电视、冰箱、保险箱、iPod 音乐基座、吹风机、电话、空调，主卧和起居室相互独立。

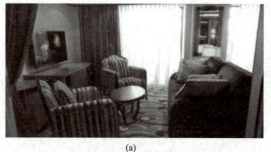

图1-26　梦想号礼宾阳台套房会客厅、餐厅

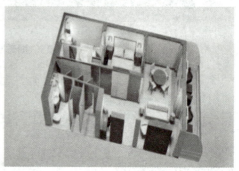

图1-27　梦想号礼宾阳台套房卧室及梦想号礼宾阳台套房设计图

三、绿色低碳客舱

以绿色低碳经济为核心的经济革命正席卷全球，绿色低碳理念正逐渐影响各行各业。党的二十大报告指出，"推动经济社会发展绿色化、低碳化是实现高质量发展的关键环节"。站在人与自然和谐共生的高度谋划发展，加快发展方式绿色转型，必须坚持不懈推动绿色低碳发展，加快形成绿色低碳的生产方式和生活方式。当前，发展绿色产业，践行低碳生活方式已成为人们的共识。

绿色客舱是指无建筑污染、装修污染、噪声污染，室内环境符合人体健康要求的客舱。过去制造的邮轮多以柴油作为燃料，这样虽然可以减轻邮轮公司的成本压力，但是有污染。目前正在制造的邮轮大多会使用液化天然气燃料，也有一些小型邮轮采用电能，这样更加环保洁净。如2022年3月，我国自主研发的新能源纯电动邮轮长江三峡1号成功首航，这是目前世界上最大的电动邮轮。我国邮轮倡导绿色装修，鼓励选用绿色建材、家具、家电，注重将"自然、再生、环保、可持续发展"的理念贯穿于每一处客舱细节设计。如邮轮客舱将之前为宾客提供的一次性免费洗漱用品（俗称"六小件"，包括牙刷、牙膏、香皂、沐浴液、拖鞋、梳子）改为了环保再生产品。邮轮也可根据自身实际情况及客人需求，减少一次性消耗品的种类和数量。当前为推动形成绿色生活方式，邮轮客舱在醒目的位置摆放了有关绿色环保的温馨提示，并通过邮轮官网、微信公众号、OTA合作平台等渠道，积极宣传并提示客人参与环保行动。

总之，为了提升邮轮宾客入住的舒适体验，也为了满足宾客的个性化需求，现代邮轮客舱运用多种艺术手段设计了不同类型的舱房。客舱除应满足宾客的个性化需求外,还应注重宾客安全感和私密感的塑造,充分考虑宾客的心理感受,营造安全舒适的客舱空间环境。例如,在客舱中按入住宾客的数量配备救生衣,并且为每件救生衣配备一盏符合要求的救生衣灯和一支哨笛,通常放在客舱壁柜里。这样的配置能极大满足宾客的安全心理需求。

工作任务

【任务名称】

详细介绍邮轮个性化客舱。

【任务准备】

同学们分为5组,根据所学内容,每个小组选择3家以上知名邮轮公司,介绍其典型的个性化设计客舱。

【任务实施】

1. 查阅邮轮网站

查找与本任务相关的资料,对获取的资料进行整理与总结。

2. 掌握客舱个性化主要理念

根据邮轮公司的产品特点、客舱类型及主要消费群体,介绍邮轮客舱中包含的个性化元素。

3. 小组汇报

各小组以PPT形式汇报知名邮轮客舱的设计理念元素。

任务评价

任务评价主要从同学们的学习态度、资料准备情况、制作与汇报情况、成果创新性、合作与纪律情况以及总结报告撰写质量几个方面进行评价,详细内容如下。

班级			姓名		得分
评价内容	分值	评定等级			
		A(权重1.0)	B(权重0.8)	C(权重0.6)	
学习态度	10分	学习态度认真,方法多样,积极主动	学习态度较好,能按时完成学习任务	学习态度有待加强,被动学习,延时完成学习任务	
查阅资料	20分	查阅资料方法多样,资料内容丰富,整理有序、合理	查阅资料方法较单一,内容基本能满足要求	没有掌握查阅资料的基本方法,资料准备不足	
制作与汇报	30分	内容翔实、图文兼备;汇报人精神面貌好,思路清晰有条理	内容不够丰富;汇报人能顺利完成	有的内容缺失,有的内容重复;汇报人词不达意	
成果内容	40分	格式规范,形式新颖,内容完整,思路清晰有条理	格式较为规范,内容完整,有一定的条理性	格式、内容经反复修改后才勉强符合要求	
总计得分					

习题

意大利歌诗达邮轮公司注重大众旅游市场的需要，不仅航线多种多样，而且能满足游客住宿体验多样化的需求。2000 年，意大利歌诗达邮轮大西洋号下水，为欧洲第一艘拥有阳台客舱的邮轮。大西洋号设计灵感源自意大利当代电影之父弗莱德里克·费里尼闻名于世的独特风格，不仅处处洋溢着威尼斯古典建筑风情，而且混合了梦境和巴洛克艺术（图 1-28），被业界誉为"艺术之船"。

图1-28　歌诗达邮轮大西洋号

根据提供的资料，试分析歌诗达邮轮大西洋号客舱为游客打造的个性化体验有哪些。

自我分析与总结

存在的主要问题：	收获与总结：
改进措施：	

1.2　邮轮客舱空间功能

任务导航

邮轮客舱产品与其他产品不同，对空间大小、设施设备配置有要求。邮轮客舱是宾客在住宿期间的主要活动场所，邮轮客舱产品的品质在一定程度上取决于其空间大小和功能好坏,也直接关系着宾客需求的满意程度。因此客舱要根据宾客的活动规律,充分对客舱进行空间和功能的设计,保证为宾客提供舒适的暂住环境。

1.2.1 邮轮客舱空间布局

学习目标

能力目标

能够理解邮轮客舱空间结构的艺术处理手法。

知识目标

(1)了解邮轮客舱空间构图、邮轮客舱的分区。
(2)掌握邮轮客舱的重点空间设计。

素质目标

利用邮轮客舱空间为宾客提供舒适、亲切的服务。

M1-5 邮轮客舱功能分区

M1-6 邮轮客舱颜色装饰知识与应用

案例引导

星梦邮轮世界梦号客舱空间设计

星梦邮轮世界梦号是传承云顶香港集团全球领先的行业经验,专为亚洲市场打造的一艘豪华邮轮。世界梦号邮轮70%的客舱有私人阳台,船上154间豪华套房可享受欧式管家24小时服务。其星梦皇宫套房精选世界各地最佳品牌,集全球顶级工艺层层打造了无可比拟的"星梦睡眠体验";帝庭总统套房拥有224m^2的极致客舱客间,集优雅、时尚于一身,缔造了星梦皇宫套房的升华体验。帝庭总统套房拥有宽敞的客厅、明亮的餐厅及私人专属的阳台,通过华丽内装和精心设计营造了富丽舒适的居住空间,为游客打造豪华邮轮的住宿体验。

点评

进入21世纪以来,各种新型的、吨位更大的、技术更先进的邮轮陆续投入市场。在市场竞争中,各大邮轮公司瞄准特定市场,进行市场定位,为目标人群打造适合的产品和服务。本案例中,星梦邮轮世界梦号定位亚洲市场,针对客舱进行了极致的空间设计来为宾客提供豪华邮轮的住宿体验。

新知探索

邮轮客舱设计的好坏首先取决于对客舱空间设计和客舱功能设计的好坏。邮轮客舱是宾客住宿期间的主要活动场所,客舱产品的品质直接关系着宾客需求的满足程度,因此,客舱设计应考虑到客舱运营的要求及宾客活动的规律。

邮轮客舱空间布局与设计是在客舱建筑结构已经确定的条件下,采用不同的艺术处理手法创造出美好的空间形象，体现客舱的科学性和有效性，为游客营造美观、温馨的住宿环境。

一、邮轮客舱空间的艺术处理手法

在不同时期建造的邮轮，其客舱空间设计体现出不同的时代特点、社会价值及审美艺术。早期邮轮航线时间较长，多为满足富商贵客的需要而设计，因此客舱空间采用较为宽敞的设计，并用许多高级艺术品作为装饰，目的在于彰显消费者的身份与贵气。近些年来，邮轮旅游已趋于大众化消费，客舱空间较之前狭窄，在装饰中大多采用复制的艺术品，脱离了过于高贵而难以亲近的印象。

客舱对邮轮游客而言非常重要，因此客舱内外的环境与空间内的物体都属于设计布局的范围。大小、形状、高低不同的空间，能给人不同的感受。通常大空间使人感受到疏朗开阔，小空间也可以通过设计营造出精致、亲切的氛围。因此，在邮轮客舱空间使用上既要考虑建筑空间的使用效率，充分满足客舱功能方面的要求，也要充分考虑客舱空间的分割与构图布局，在客舱设计中采用艺术处理手法来丰富空间形象。邮轮客舱空间的艺术处理手法主要有：

（一）抑扬

抑扬是在空间处理中一种常用的手法，设计的意图为"山重水复疑无路，柳暗花明又一村"，最好的景色往往藏在后面，这叫做"先藏后露""欲扬先抑"。此手法通常适用于室内空间的过渡。

客舱空间较小，为给宾客营造宽敞的氛围，客舱楼层过道设计时通常采用较低矮的天花板，相对较暗淡的灯光。这样，当客人通过楼层过道进入客舱后，就会突然感觉空间变大、变亮了。运用先小后大、先暗后明、先抑后扬等方法都是为了产生一种积极的效果，树立良好的形象。

（二）延伸

无论什么类型的客舱，空间都是有限的。为了使宾客扩展视觉和联想，最常见的处理方法是延伸。邮轮客舱通过窗户与阳台将室外的景致与客舱环境结合起来，不仅开阔了客舱室内空间，也能让宾客欣赏海上、江上日出日落的自然风景（图1-29）。

因此，近年来邮轮公司新建的邮轮客舱通常采用大玻璃窗户。同时，还可以凭借天花板、地面和墙面的灯光、线条，提升视觉的延伸感，改变客舱室内空间的比例尺寸。延伸的具体手法很多，其重点就是充分利用墙面、天花板、窗户，形成一个诱导视野的面，把客舱外的景致延伸至客舱内。如皇家加勒比游轮公司的海洋赞礼号、海洋水手号等内舱房中部分设计了虚拟阳台（图1-30）。

（三）围隔

围隔通常适用于客舱面积较大的套房房型。因套房房间多、空间比例尺寸大，围隔的手法也多种多样。可以结合客舱大小实际与需要，采用折叠门、垂幔、墙壁，将客舱卧室与会客室、起居室、书房等区分开，充分考虑居住的私密性；也可以利用屏风、花草、灯光及装饰物，营造一个独立的空间和氛围。通过分隔空间，突出空间作用，可提升宾客的入住体验。

图1-29　海洋赞礼号海景大阳台房

图1-30　海洋赞礼号内舱虚拟阳台房

（四）渗透

渗透处理手法通常适用于单间客舱和卫生间等小尺寸的空间，因为面积小的空间会让人有压抑感。一般在单间客舱或卫生间中多装几面镜子和几盏灯，利用镜子的反射功能，让人们形成空间扩大的错觉，给宾客带来开阔、舒适的感觉（图1-31、图1-32）。有的邮轮会在客舱的写字台前安装较大的镜子，这样不仅能方便宾客梳妆，也丰富了客舱内部景观。

图1-31　海洋自由号内舱房

图1-32　海洋赞礼号主人复式套房卫生间

二、邮轮客舱空间的分区

邮轮客舱空间设计根据功能不同而将空间分为不同的活动区域。区分后的空间区域既应有自己布局的功能与特点，同时又应体现客舱空间布局的整体性、合理性。客舱通过构建分区空间，既可提升内部空间使用效率，又可以增强美观、舒适度。

邮轮客舱室内空间设计在分区的基础上要注意各个分区之间的均衡感。由于各个分区的面积小，因此，空间均衡感的营造有赖于邮轮客舱内各个分区面积的分配，各个分区的设施设备、家具装饰的形体、重量、色彩等方面表现出来的均衡。邮轮整体形象与客舱内部陈设布置协调统一，结构体系与设施设备统一，在邮轮客舱布局上形成鲜明统一的风格，才能让宾客留下良好的印象。对邮轮客舱进行分区首先要体现区域功能，同时各分区应能构成客舱整体。因而，在邮轮客舱功能区分时，首先要根据客舱面积大小、高低，结合分区后应满足的不同的对客服务的功能，从邮轮整体形象出发，设计好各个分区所占的面积、需要配置的设施设备、用品及陈设布置，进行艺术手法的处理。

在进行邮轮客舱室内空间设计时,为了强调室内功能,通常用艺术处理手法突出重点空间,以形成特殊氛围。邮轮客舱卧室空间设计的重点是睡眠区和起居区。睡眠区主要有床和床头柜。起居区往往是供宾客休息、阅读、谈话的地方,因此,要留出一定的空间,可通过摆放茶几、沙发或扶手椅、落地灯及其他装饰物,营造一个温馨和谐的氛围。邮轮客舱卫生间空间设计的重点是洗脸台。洗脸台设计要合理、美观,墙面应安装大玻璃镜子,这样既可方便宾客梳洗化妆,又能让卫生间显得宽大明亮。

邮轮客舱是宾客休息的场所,是宾客在邮轮停留时间最长的地点。因此,邮轮客舱设计中应将空间设计与环境设计充分结合,以使宾客感到安全、温馨舒适、赏心悦目。客舱设计中要争取最好的景观与朝向,当景观与朝向发生矛盾时,一般以景观为主。

"舒适"是宾客的主观评价,没法进行定量测量。来自不同国家、地区的宾客,会因自身的文化、生活习惯和民族宗教、习俗不同,对邮轮客舱的舒适性给出不同的主观评价。因此,邮轮客舱空间设计也需要考虑邮轮宾客客源地文化、民族宗教、习俗等因素。客舱设计应符合宾客的住宿习惯,增加宾客的舒适感。

知识拓展

选择邮轮产品小提示

(1)船越大越稳,船中要比船头、船尾稳,低楼层稳于高楼层。

(2)船不是越大越好,不少高端邮轮是求精设计,吨位不大,但体验超凡。

(3)长线的行程天数跨度较大,以1~2周为主,也有一些环球航线。长线航线的一般特点是目的地为多国,登船地多在海外,避免不了一段飞机行程,签证手续相对复杂。若没有海外自由行经验或语言不通,建议选择跟团游(从国内登机开始即有中文领队全程陪同,安心省力)。

(4)短线的特点是行程天数短,4~6天最为常见;目的地以日韩为主,也有少数无目的地纯海上巡游的公海航线;签证办理相对简单;因为是从中国出发,船上会有相当比例的中国工作人员,语言方面不会遇到障碍。如果是第一次坐邮轮,不确定邮轮旅行是否适合自己,建议选择日韩航线(行程天数较短,可享受免签便利,产品的成熟度和丰富度均有保障)。

工作任务

【任务名称】

认识邮轮客舱客间布局。

【任务准备】

游客张先生工作升职加薪,希望带父母、妻子和五岁的儿子坐邮轮来一场家庭旅游盛宴。游客林小组,单身,有多次邮轮出游经历,爱交友、爱热闹,利用公司年假希望再次体验不同的邮轮航线。同学们分为4组,根据所学内容,请各小组为这两位游客提供不同的产品,并分别向他们说明客舱的设计与布局。

【任务实施】

1. 查阅邮轮网站

查找与本任务相关的资料,对获取的资料进行整理与总结。

2. 邮轮客舱布局与设计

认识邮轮客舱布局，了解不同邮轮公司客舱布局设计的特点。

3. 小组汇报

各小组以 PPT 形式汇报不同邮轮客舱分区布局的情况，对比其差异性与共同性。

任务评价

任务评价主要从同学们的学习态度、资料准备情况、制作与汇报情况、成果创新性、合作与纪律情况以及总结报告撰写质量几个方面进行评价，详细内容如下。

班级			姓名		得分
评价内容	分值	评定等级			
		A（权重1.0）	B（权重0.8）	C（权重0.6）	
学习态度	10 分	学习态度认真，方法多样，积极主动	学习态度较好，能按时完成学习任务	学习态度有待加强，被动学习，延时完成学习任务	
查阅资料	20 分	查阅资料方法多样，资料内容丰富，整理有序、合理	查阅资料方法较单一，内容基本能满足要求	没有掌握查阅资料的基本方法，资料准备不足	
制作与汇报	30 分	内容翔实、图文兼备；汇报人精神面貌好，思路清晰有条理	内容不够丰富；汇报人能顺利完成	有的内容缺失，有的内容重复；汇报人词不达意	
成果内容	40 分	格式规范，形式新颖，内容完整，思路清晰有条理	格式较为规范，内容较完整，有一定的条理性	格式、内容经反复修改后才勉强符合要求	
总计得分					

习题

（1）请简述邮轮空间的艺术处理手法。

（2）请简述渗透处理手法在邮轮客舱中的主要使用空间。

自我分析与总结

存在的主要问题：	收获与总结：

改进措施：

1.2.2 邮轮客舱空间功能

任务导航

近年来,邮轮旅游产品越来越丰富,给予了旅游消费者越来越多的选择。不论哪种邮轮旅游产品,选择一种合适类型的客舱都是游客考虑的重要因素。当游客进入邮轮客舱后,这间客舱应能满足宾客的睡眠、洗浴、起居、存储、书写等基本需要。因此,在邮轮客舱空间功能设计与布局中,必须相应划出睡眠、洗浴、起居、存储、书写五个基本区域。

学习目标

▶ 能力目标

能够理解邮轮客舱不同空间设计的功能。

▶ 知识目标

(1)掌握邮轮客舱主要空间。
(2)掌握邮轮客舱功能。

▶ 素质目标

利用邮轮客舱空间为宾客提供舒适、亲切的服务。

M1-7 客舱内功能布局

案例引导

诺唯真喜悦号打造奢华住宿体验

诺唯真是邮轮界首推自由闲逸式度假风的邮轮公司。倡导"自由自在航行"的诺唯真邮轮,将旅游的各种元素与度假时的休闲完美结合。诺唯真喜悦号主要客舱中床的尺寸及房间设备如下:

内舱房包含两张单人床(尺寸为88cm×198cm,可合并为一张大床),并提供两张下拉床(尺寸为77cm×192cm)以供第三、四位客人入住;配有洗浴用品、电话、电视机、空调、电冰箱、保险箱、羽绒被、吹风机、浴袍和拖鞋(图1-33)。

海景房包含两张单人床(尺寸为88cm×198cm,可合并为一张大床),并提供双人沙发床与下拉床(尺寸为77cm×192cm)以供第三位及以上的客人入住;配有洗浴用品、电话、电视机、空调、电冰箱、保险箱、羽绒被、吹风机、浴袍和拖鞋(图1-34)。

图1-33 诺唯真喜悦号内舱房

图1-34 诺唯真喜悦号海景房

阳台房包含两张单人床（尺寸为88cm×198cm，可合并为一张大床），配有恒温空调、电话、吹风机、电视、洗浴用品（图1-35）。其拥有带淋浴的独立卫生间，推开落地窗式玻璃门可到达私人露天阳台。有的房型可提供一张单人沙发床，部分房型可提供一张单人沙发床与下拉床。

图1-35　诺唯真喜悦号阳台房　　　　图1-36　诺唯真喜悦号Haven豪华套房

Haven豪华套房包含一张大床（尺寸为195cm×205cm），并提供双人沙发床、单人沙发床与下拉床（尺寸为77cm×192cm）供第三位及以上的客人入住；配有洗浴用品，电话，电视机，空调，电冰箱，保险箱，羽绒被，电吹风，电烧水壶，咖啡机，欧洲奢华品质床上用品，定制浴巾、浴袍、拖鞋，闹钟和CD播放器（图1-36）。

玺悦套房包含一张大床（尺寸为203cm×152cm），拥有带淋浴的独立卫生间，配有洗浴用品、电话、空调、电冰箱、保险箱、羽绒被、吹风机、浴袍和拖鞋、CD播放机、闹钟和蓝牙音箱、等离子平板电视（图1-37）。

图1-37　诺唯真喜悦号玺悦套房

点评

本案例中，诺唯真喜悦号采用了四种不同规格尺寸的床，有的房型还配有沙发床来满足宾客的需求，既符合不同客舱的空间布局，也能体现出客舱的等级和档次。在邮轮客舱实际设计中床和床垫是影响宾客休息的重要因素，各邮轮公司都非常重视为宾客选择合适的产品，但在大小尺寸上没有固定的标准。

新知探索

根据不同宾客的需求，应对邮轮客舱进行空间功能设计与布局。邮轮客舱具体空间情况如下：

一、睡眠空间

良好的睡眠对人的健康非常重要，因而睡眠空间是邮轮客舱最基本的空间，不论哪种类型的客舱都必须有这个区域。客舱中床的选择非常重要，这是因为在邮轮旅游过程中，大部分宾客有不少于三分之一的时间是在床上度过的。为了让游客的睡眠得到保障，床和床垫要舒适，有利于睡眠，而且坚固，并可以方便移动，另外设计上要有优美的造型。

床的数量与规格不仅影响其他功能区域的面积与构成，而且还体现了客舱的等级与规格。床的大小、尺寸因房型不同而有差别，通常单人床可以根据客人需要进行合并，豪华套房至少配有一张大床。床的两侧配置有床头柜，供宾客摆放一些小物品。现在邮轮为了方便宾客就寝的各种基本需求，在床头柜上均设置了床头灯、相关设备的开关。不同的房型，开关的种类不同，但是都要符合方便宾客使用的原则。

二、盥洗空间

邮轮客舱中卫生间就是宾客的盥洗空间。卫生间的主要设施有坐便器、洗脸台、带有淋浴的浴室或者浴缸。有的邮轮公司为了方便宾客使用，对洗浴空间进行了干湿分离，将其分为浴室和洗手间。根据客舱的类型，有的浴室配有浴缸和淋浴，也有的只配淋浴。配置浴缸时应带有沐浴喷头及浴帘，底部采用防滑措施，并在浴室合理的位置安装毛巾架。坐便器旁要安装卫生纸架和垃圾桶（图1-38）。洗脸台包括台面与脸盆，上方的墙面上配有大块的化妆镜和照明灯，在化妆镜的镜面两侧或单侧装有壁灯照明，这样方便女士化妆使用；有的邮轮公司在洗脸台上方安装的大镜面里镶嵌了放大镜，以供男士剃须使用（图1-39）。在该区域的墙面上设有电插座，洗脸台面上放置有各种梳洗、化妆及卫生用品。

图1-38　海洋和悦号标准套房卫生间

图1-39　海洋和悦号豪华套房卫生间

卫生间应有通风换气的装置，地面有排水的地漏。但是，现代邮轮为了防止地漏返味，逐渐出现取消地漏的趋势。

三、储存空间

邮轮客舱的储存空间主要为宾客提供存放私人物品、行李等物件的地方。空间内主要有下列家具和设备：

（一）衣柜

衣柜一般设在客舱入口小走道侧面，因客舱类型不同，也可以设在客舱其他位置。

柜门设计有拉门和移门两种，通常客舱面积较小，多使用移门衣柜。柜内不仅可垂直挂放衣物，也设有折叠衣服的安放区。为了方便衣服的存放，柜内设有小型照明灯，由柜门的开合自动控制开关。在柜底下方可以放置鞋盒。衣柜内还有格架，可存放邮轮客舱的备用物品，包括防毒面罩、手电筒、救生衣、保险箱、浴袍、毛毯、枕头等。

（二）保险箱

部分邮轮客舱内部配有小型保险箱，供宾客存放贵重物品。保险箱通常放置在衣柜内或者其他隐秘处，摆放的高度要适中。

（三）行李柜

行李柜是搁放宾客行李的设施，一般比较矮小，在柜面上固定有金属条，以防止行李滑落。行李柜的设计不仅应注意防止金属器件的损伤，也应注意对宾客行李的保护作用。

（四）小酒吧

小酒吧通常在衣柜靠近行李柜的方向，为宾客提供酒水、饮料等。吧台上有邮轮公司免费提供的矿泉水或纯净水、免费赠送的茶包或者速溶咖啡；吧台下有的配置迷你冰箱，冰箱内放有饮料和小食品（冰箱内的食物根据邮轮公司规定收费）。

四、书写空间

邮轮客舱的书写空间就是宾客书写、阅读及办公的区域。对于标准间来说，书写空间与床相对，以写字台为主。写字台台面比较长，一侧可放置电视机。写字台可兼作化妆台，所以在写字台上方的墙面上可安装大镜子，并配备一张靠背椅或梳妆凳。写字台台面上有文件夹，里面有一些简单的办公用品，如纸、笔、信封等，另外也有一些邮轮活动、服务设施的介绍。

五、起居空间

邮轮客舱的起居空间一般在窗前，由沙发（或者扶手椅）、小餐桌（或小茶几）组成，供宾客会客或休息、饮食等。不同的邮轮客舱房型其最大差别在于起居空间不同，套房通常设有独立的起居空间，沙发数量较多，以方便会客。

随着科学技术在各个领域运用以及邮轮业快速发展，邮轮客舱在布局及设施设备上也在不断地更新。近年来，邮轮服务在人工智能科技、节能环保等方面发展迅速。邮轮客舱在有限空间内实现了功能、气氛、格调和美感的高度统一，创造出适应宾客生理和心理需要的良好居住环境。

【任务名称】

认识邮轮客舱空间功能。

【任务准备】

同学们分为5组，根据所学内容，每个小组选择一个客舱区域，结合不同的邮轮客舱房型介绍该区域内的主要设施设备及功能。

【任务实施】

1. 查阅邮轮网站

查找与本任务相关的资料，对获取的资料进行整理与总结。

2. 理清邮轮客舱空间功能

了解邮轮客舱空间不同分区，能介绍客舱分区区域内的主要设施设备及功能。

3. 小组汇报

各小组以知名国际邮轮公司为例，以 PPT 形式汇报客舱分区区域内的主要设施设备及功能。

 任务评价

任务评价主要从同学们的学习态度、资料准备情况、制作与汇报情况、成果创新性、合作与纪律情况以及总结报告撰写质量几个方面进行评价，详细内容如下。

班级		姓名			得分
评价内容	分值	评定等级			
		A（权重1.0）	B（权重0.8）	C（权重0.6）	
学习态度	10分	学习态度认真，方法多样，积极主动	学习态度较好，能按时完成学习任务	学习态度有待加强，被动学习，延时完成学习任务	
查阅资料	20分	查阅资料方法多样，资料内容丰富，整理有序、合理	查阅资料方法较单一，内容基本能满足要求	没有掌握查阅资料的基本方法，资料准备不足	
制作与汇报	30分	内容翔实、图文兼备；汇报人精神面貌好，思路清晰有条理	内容不够丰富；汇报人能顺利完成	有的内容缺失，有的内容重复；汇报人词不达意	
成果内容	40分	格式规范，形式新颖，内容完整，思路清晰有条理	格式较为规范，内容较完整，有一定的条理性	格式、内容经反复修改后才勉强符合要求	
总计得分					

 习题

（1）请简述邮轮睡眠空间设计的考虑因素。
（2）请简述邮轮储存空间主要包括的家具和设施设备。

 自我分析与总结

存在的主要问题：

收获与总结：

改进措施：

1.3 邮轮客舱设施设备

任务导航

客舱设施设备是邮轮提供服务的基础。由于客舱设施设备的质量和功能会影响宾客对客舱产品及整个邮轮服务水平的评价，因此应注重邮轮客舱设施设备的管理，让客舱内每一件设施设备都发挥自身的效用。通常邮轮客舱的基本设备属于邮轮的固定资产，主要包括家具、电器设备、卫生设施、安全设备以及一些配套的设施。

1.3.1 邮轮客舱家具

任务导航

邮轮客舱家具是客舱提供服务的基础，客舱家具的选择、质量和功能等都会影响到宾客对客舱产品的评价，从而上升至整个邮轮服务水平的评价，因此应注重邮轮客舱家具的管理，让客舱内每一件家具都发挥自身的效用，不能因浪费或过剩造成宾客或者邮轮的损失，造成社会资源的浪费。

学习目标

☛ 能力目标

熟悉不同类型邮轮的客舱家具。

☛ 知识目标

（1）掌握邮轮客舱家具的主要类型。
（2）掌握邮轮家具的规格和标准。

☛ 素质目标

培养以人为本的服务意识，注重满足宾客个性化的需求。

M1-8 邮轮客舱设施设备及用品

M1-9 邮轮客舱家具

案例引导

2022年，全球邮轮市场强劲复苏，主要邮轮公司所属邮轮船队全面复航。2022年，全球邮轮旅客量明显回升，达20.4百万人次，同比增长325%；全球邮轮运力达62.5万个标准床位，同比增长3%。据国际邮轮协会（CLIA）预测，2023—2028年，全球邮轮运力将继续增长；到2028年，全球邮轮运力有望达到74.6万个标准床位。

点评

床位数是邮轮运营能力的一项重要标志。床作为家具是人们日常生活中必不可少的主要生活用品，也是邮轮客舱中对客服务的重要组成部分。作为邮轮公司工作人员，应掌握对客服务中常用家具的类型及使用方法。

新知探索

一、床

宾客登船入住后，床和床垫的质量将直接关系宾客的睡眠质量。单纯从物质的角度来说，最能够给予宾客舒适感的是床和床垫，这也是邮轮客舱运营中非常重视客舱中床和床垫选择的重要原因。

（一）床与床垫的选择

床的高度没有统一标准，通常应不低于50cm（含床架和床垫），特殊房型除外。床垫是决定睡眠舒适度的关键，邮轮客舱在选择床垫的时候，要充分考虑客源结构，并科学地引导，以使客人能有舒适的睡眠。

（二）主要类型

各个邮轮公司可以根据自己的客舱面积来确定床的大小，没有统一标准，但邮轮客舱中床的主要类型有：

1. 单人床

设计的规格通常为（100，120，135）cm×190cm。

2. 双人床

设计的规格通常为（120，150，180）cm×（190，200）cm。

3. 双人大床

设计的规格通常为（180，200）cm×200cm。

4. 特大双人床

设计的规格通常为（200，20）cm×200cm。

二、床头柜

床头柜是邮轮客舱中一种不可缺少的家具。小小的立柜可以存放不少杂物，并且让人伸手就能触碰到，为宾客提供了方便。床头柜可以根据邮轮客舱的实际情况来定做，其尺寸主要依据床的高度以及房间大小和摆设情况等确定。比如客舱中儿童的房间床头柜尺寸较小，其功能装饰性较强。床头柜除了供宾客摆放小物件外，其上方还放置有电话、电话本、便笺和"请勿吸烟"提示牌。有的床头柜上安装了控制面板，上有卧室灯、电视、音响、窗帘等的开关旋钮（有的开关旋钮在床头柜上方的墙面上）。床头柜里面通常摆放有一次性拖鞋、擦鞋纸等。

三、写字台

写字台是邮轮客舱中重要的家具，不仅可以供宾客阅读、书写及会客使用，有时也可以作为梳妆台使用。写字台的尺寸、规格应根据邮轮客舱内书写空间的大小来确定。写字台分为单人写字台和双人写字台。客舱写字台上方安装有梳妆镜（其尺寸可根据实际情况确定），并配有镜前灯，供宾客化妆或着装时使用（图1-40）。通常写字台上放有台灯、邮轮客舱服务指南、花瓶等装饰物。

图1-40　海洋和悦号豪华套房部分家具

图1-41　海洋绿洲号皇家套房部分家具

四、电视柜

电视柜是邮轮客舱中用于摆放电视的主要家具（有的邮轮直接将电视放在写字台上）。电视柜的尺寸根据客舱大小而有所不同（图1-41）。电视柜的下部可供宾客摆放一些小物件。有的邮轮将此柜做成了组合柜，可以放电视、冰箱、咖啡杯具、洋酒、冰桶等。

五、行李柜（行李架）

邮轮客舱中行李柜用于放置宾客行李。行李柜有木质的、金属的，材质不等，但均有防滑装置，其下面的空格板可以放鞋子。

六、衣柜（壁柜）

衣柜是邮轮客舱内的重要家具。衣柜内挂衣杆上按床位配有对应的西服衣架、裙架、裤架（有的豪华套房另配有少量缎面衣架或落地衣架），供宾客使用。通常衣柜下面放置有叠好的洗衣袋、大购物袋、小购物袋（有的客舱将袋子放在了梳妆台的抽屉里）。袋的数量按床位计，每床一个。每个洗衣袋上放有干、湿洗衣单各一份。有的客舱衣柜中还配置有衣刷、鞋拔和浴袍。

七、咖啡桌

咖啡桌通常放在窗前，供宾客喝茶、喝咖啡及少量用餐。其有圆形、方形等，没有规定尺寸，邮轮可根据客舱类型和面积而定，上面可放置旋转水壶、托盘、茶杯、水杯、茶叶等（图1-42）。

八、圈椅

客舱中大多数圈椅是软椅，供宾客休息、用餐使用，其具体数量视房型而定（图1-43）。

图1-42　地中海邮轮传奇号套房咖啡桌　　图1-43　海洋绿洲号皇家复式套房部分家具

工作任务

【任务名称】

认识邮轮客舱家具。

【任务准备】

同学们进行分组，每个小组以一艘知名国际邮轮为例，根据该邮轮不同的客舱房型列举其中主要家具的类型、功能及特点。

【任务实施】

1. 查阅邮轮网站

查找与本任务相关的资料，对获取的资料进行整理与总结。

2. 掌握客舱中主要家具的类型、功能及特点

了解邮轮客舱中主要家具的类型，能介绍客舱家具的功能及特点。

3. 撰写总结

每个小组以一艘知名国际邮轮为例，撰写客舱中主要家具类型、功能及特点的总结。

任务评价

任务评价主要从同学们的学习态度、资料准备情况、制作与汇报情况以及成果创新性、合作与纪律情况以及总结报告撰写质量几个方面进行评价，详细内容如下。

班级		姓名			得分
评价内容	分值	评定等级			
		A（权重1.0）	B（权重0.8）	C（权重0.6）	
学习态度	10分	学习态度认真，方法多样，积极主动	学习态度较好，能按时完成学习任务	学习态度有待加强，被动学习，延时完成学习任务	
查阅资料	20分	查阅资料方法多样，资料内容丰富，整理有序、合理	查阅资料方法较单一，内容基本能满足要求	没有掌握查阅资料的基本方法，资料准备不足	
制作与汇报	30分	内容翔实，图文兼备；汇报人精神面貌好，思路清晰有条理	内容不够丰富；汇报人能顺利完成	有的内容缺失，有的内容重复；汇报人词不达意	
成果内容	40分	格式规范，形式新颖，内容完整，思路清晰有条理	格式较为规范，内容较完整，有一定的条理性	格式、内容经反复修改后才勉强符合要求	
总计得分					

习题

（1）请简述邮轮客舱中床的主要类型。
（2）请举例说明邮轮客舱家具的类型。

 自我分析与总结

存在的主要问题：	收获与总结：

改进措施：

1.3.2　邮轮客舱电器设备

 任务导航

随着人工智能的快速发展，人工智能技术在邮轮上得到了更加广泛的应用。多家邮轮公司全面升级旗下邮轮智能化服务生态，引入五大创新型人工智能技术，全方位革新消费者邮轮出行科技感体验，开启了邮轮旅行在人工智能新时代背景下的高品质服务。

 学习目标

▶ 能力目标

（1）能掌握邮轮客舱电器设备的功能。
（2）能正确使用邮轮客舱内的电器设备。

▶ 知识目标

（1）掌握邮轮客舱电器设备的主要类型、规格。
（2）掌握邮轮客舱电器设备的使用方法。

▶ 素质目标

培养以人为本的服务意识，注重满足宾客个性化的需求。

M1-10　客舱内的家电设备

邮轮客舱电器设备融入先进人工智能科技

星梦邮轮环球梦号在邮轮客房设计中融入了人工智能科技，包括蓝牙锁、智能系统等，游客可以通过智能手机、语音识别、触摸式控制面板实现灯光调节、温度控制等功能。客房内还设有智能传感器，可以自动识别房内是否有人。芬坎蒂尼集团为维珍邮轮建造的"绯红女巫号"开启了舱内"家庭自动化"应用，游客可通过智能手机上的应用程序控制室内空调、电视、灯光、窗帘等。因此，随着人工智能的快速发展，邮轮的智能化水平将大幅提升，以更好地满足游客高品质旅游的需求。

点评

本案例中，星梦邮轮环球梦号为了提高宾客的舒适度，让邮轮客舱的电器设备更智能、方便，加大了人工智能技术的应用，如智能灯、室温调节装置、危险警报系统等简单易操作的产品在邮轮客舱中逐渐普及。在客舱设施智能升级过程中，应充分满足邮轮旅游消费者的需求，引导智能家居产品互联互通，促进家居产品与家居环境智能互动，丰富"一键控制""一声响应"的数字化客舱生活应用。未来，邮轮供给应立足于旅游消费新需求，提高产品和服务的品质，包括加快邮轮产品升级改造，注重提升邮轮产品科技含量、绿色元素等。

新知探索

一、门铃

邮轮客舱门铃通常采用非可视门铃和可视门铃两种。非可视门铃仅传输语音信号，当来访者按门铃时，主人只能听到声音，而看不到来访者的图像。可视门铃则既能进行语音通话，又能看到来访者的图像。

二、"请勿打扰"（DND）指示灯

DND 是 do not disturb 的缩写，它的中文意思是请勿打扰。该指示灯安装在门铃的下方，显示宾客是否希望有人来访或清洁打扫。当红灯亮时，禁止去敲房门询问是否需要提供客房服务。

三、取电器

在保证服务质量的前提下，邮轮管理的重点是节能降耗。取电器的使用可以减少客房待机状态的电器的耗能。

四、电视机

邮轮客舱内电视机的品牌和尺寸是根据邮轮的档次来选择的，如今大多配置液晶电视、等离子平板电视。

案例链接

星梦邮轮云顶梦号客舱的主要电器配置

星梦邮轮云顶梦号根据客舱档次配置不同电器。内舱房、海景房、阳台房配置有一台32in平板电视、冰箱、室内电话、吹风机。套房与内舱房、海景房、阳台房相比，电器设备增多了，从而体现档次的差异。例如在皇宫套房中配置有一台42in平板电视、冰箱、无线电话以及望远镜，在客舱面积达224m^2的帝豪总统套房中则配置有三台平板电视（60in、42in及32in）和一台平板电脑、冰箱、无线电话、室内电话以及附有脚架的望远镜（图1-44）。

图1-44　星梦邮轮云顶梦号帝豪总统套房

通过星梦邮轮云顶梦号客舱主要电器配置的对比，我们不难发现，电视、冰箱、室内电话、吹风机是客舱的主要电器设备，在所有客舱中均有配置。为了体现客舱的档次，满足差异化需求，在豪华套房中不仅电视的尺寸变大了，还增加了平板电脑、无线电话、望远镜等。

五、小冰箱

通常海景房以上档次的房间内会有小冰箱放在酒柜内，内有饮料、小食品等。邮轮客舱内冰箱的品牌和尺寸是根据邮轮的档次来配备的。

六、电话

客舱电话通常放置在床头柜上。有的客房有两部电话，一部在卧室，另一部挂在卫生间马桶与浴缸之间的墙壁上方，以方便宾客在卫生间接听电话（图1-45、图1-46）。

图1-45　诺唯真喜悦号海景房

图1-46　卫生间电话机

七、灯具

邮轮客舱内灯具较多,其数量视客舱房间大小而定。就标准间来说,为了满足整体照明与局部照明的需要,一般有以下品种:顶灯、台灯、镜前灯、床头灯、房间通道灯(筒灯)、夜灯、射灯、地灯、卫生间筒灯(防雾灯)、日光灯。

在邮轮客舱的不同空间分别使用冷光源和暖光源,可为宾客营造温馨舒适的入住环境。邮轮客舱的灯具既是照明设备,也可以对房间起到很好的装饰效果(图1-47)。合理的灯光能表现出温馨感和柔和感,为客舱营造氛围,所以在灯具的选择上不仅要考虑灯光的功能性、舒适性和方便性,还要考虑局部照明和衬托。因此,客舱在灯具的选择上越来越重视在生理与心理上满足宾客的需求。

图1-47 诺唯真喜悦号双卧无阳台迷你套房

八、空调

空调是邮轮客舱内必不可少的电器。空调通常在客舱过道上方,隐藏在墙内,只留出风口和吸风口。邮轮上一般都是中央空调。

九、换气扇

换气扇是由电动机带动风叶旋转驱动气流,使室内外空气交换的一类空气调节电器,又称通风扇。换气的目的就是除去室内的污浊空气,调节温度、湿度和感官效果。邮轮客舱的换气扇安装在卫生间顶部,用于抽出室内湿气,输入新鲜空气。

十、吹风机

吹风机是客舱中必不可少的小电器,所有房型均有配置。通常情况下吹风机安装在卫生间的浴镜旁,为挂箱式,取下时会自动吹风,挂上后会自动断电;也有传统手提式的,放置在梳妆台抽屉里。

当前,文明健康、绿色环保的生活理念逐步深入人心。为了提高能源利用效率,邮轮公共空间与客舱内外提倡合理用电,倡导走廊、楼道等公共区域照明"随走随关"。另外,邮轮客舱应充分运用自然光,并尽量使用高效率、节能光源,以实现节能降耗的目的。

总之,随着新技术、新材料的不断涌现,邮轮客舱电器设备会向更舒适、更节能、更人性化的方向发展。

工作任务

【任务名称】

认识邮轮客舱电器设备。

【任务准备】

同学们分为5组,根据所学内容,每个小组以一艘知名国际邮轮为例,根据该邮轮不同的客舱房型列举客舱中的主要电器设备及其功能和特点。

【任务实施】

1. 查阅邮轮网站

查找与本任务相关的资料,对获取的资料进行整理与总结。

2. 掌握客舱中的主要电器设备及其功能和特点

了解邮轮客舱中的主要电器设备,能介绍其功能及特点。

3. 小组汇报

各小组针对选择的邮轮,对不同房型客舱中的主要电器设备及其功能和特点进行介绍。

任务评价

任务评价主要从同学们的学习态度、资料准备情况、制作与汇报情况以及成果创新性、合作与纪律情况以及总结报告撰写质量几个方面进行评价,详细内容如下。

班级			姓名		得分
评价内容	分值	评定等级			
		A(权重1.0)	B(权重0.8)	C(权重0.6)	
学习态度	10分	学习态度认真,方法多样,积极主动	学习态度较好,能按时完成学习任务	学习态度有待加强,被动学习,延时完成学习任务	
查阅资料	20分	查阅资料方法多样,资料内容丰富,整理有序、合理	查阅资料方法较单一,内容基本能满足要求	没有掌握查阅资料的基本方法,资料准备不足	
制作与汇报	30分	内容翔实、图文兼备;汇报人精神面貌好,思路清晰有条理	内容不够丰富;汇报人能顺利完成	有的内容缺失,有的内容重复;汇报人词不达意	
成果内容	40分	格式规范,形式新颖,内容完整,思路清晰有条理	格式较为规范,内容较完整,有一定的条理性	格式、内容经反复修改后才勉强符合要求	
总计得分					

习题

(1)简述邮轮客舱灯具的主要类型。

(2)简述客舱DND指示灯亮起时,作为邮轮服务人员应如何操作。

自我分析与总结

存在的主要问题：

收获与总结：

改进措施：

1.3.3 邮轮客舱卫生设施

任务导航

近年来，随着社会经济的发展，人们对旅游品质有了更高的要求。现代邮轮的设施设备体现"以人为本"的原则，在满足了游客欣赏引人入胜的景观的基本需求的同时，提供有"温度"的服务，充分满足游客高质量邮轮体验。

邮轮的卫生设施主要是为满足宾客的洗漱和沐浴需求。有些邮轮客舱的卫生间安装了音响、液晶电视机，以满足宾客的精神需要。

学习目标

▶ 能力目标

能够正确使用邮轮卫生设施。

▶ 知识目标

（1）掌握邮轮客舱卫生设施的主要类型。
（2）掌握邮轮客舱卫生设施的规格和标准。

▶ 素质目标

培养以人为本的服务意识，注重满足宾客个性化的需求。

M1-11 客舱内卫生间设施设备

 案例引导

长江贰号——长江最豪华的邮轮之一

长江贰号是参照海上五星级邮轮标准，精心打造的内河顶级游轮。该轮由国内知名的船舶设计大师钟守道先生设计，主要技术指标均创造了世界内河游轮之最，在工艺建造和装潢质量上完全达到了铂金五星级邮轮标准，代表了当今世界内河豪华游轮的顶级水平。长江贰号拥有总统套房2套，行政房32间，无障碍标准间2间，标准间160间，随员间4间。其中总统套房与行政房的卫生间干湿分区，同时配套独立更衣室，标准间卫生间带淋浴且干湿分隔。

点评

本案例中，长江贰号上5种客舱房型的卫生间基础设备都进行了干湿分隔，但在总统套房与行政房内配有浴缸，以体现出房型上的差异。

新知探索

一、沐浴室

沐浴室分为两种：淋浴室（图1-48）和浴缸室（图1-49）。通常情况下，邮轮中所有客舱房型都有淋浴室，只有部分房型两种形式都有。客舱盥洗空间会根据卫生间的大小选择最适合卫生间的布局。目前，邮轮中的独立沐浴区要考虑与面盆、马桶的距离、开门方式等综合设计。

图1-48　海洋和悦号皇冠复式套房淋浴室

图1-49　海洋赞礼号高级套房卫生间

二、浴缸

通常在邮轮豪华海景房以上标准类型、级别的房型中才配置浴缸。浴缸的形状、大小、功能根据不同房型有所区别，没有统一标准（图1-50、图1-51）。

图1-50　诺唯真喜悦号Haven豪华卫生间

图1-51　诺唯真喜悦号Haven豪华海景套房

三、面盆

面盆供宾客洗脸和漱口使用，安装在云石台面上，其形状、大小根据不同房型有所区别，没有统一标准。例如诺唯真喜悦号的不同房型选择了不同大小、形状的面盆（图1-52、图1-53）。

图1-52　诺唯真喜悦号玺悦套房卫生间　　　图1-53　诺唯真喜悦号Haven海景套房卫生间

四、马桶

马桶也叫恭桶，随着科技的发展，品种繁多。根据马桶盖的配套方式，可分为普通马桶和智能马桶。客舱选择马桶时，其色彩要与洗脸盆及卫生间的整体色调一致，但需要注意的是不宜深过地砖，色调要和墙瓷砖相协调；规格上没有固定的标准，一般根据客舱卫生间的面积大小与风格而定。

五、浴巾架

浴巾架由两个支座、一根或多根横杆组成，某些可折叠，某些可用于烘干毛巾，一般安装在卫生间墙壁上，用于放置衣物、毛巾等。浴巾架可根据卫生间的大小选择相应尺寸。

六、面巾架

面巾架为挂毛巾用，主要使用场所为沐浴室。除此之外，也可用于装饰，例如放置花盆、堆放杂物等。有的面巾架还有加热、烘干、消毒等功能。

七、厕纸架

厕纸架是卫浴间不可缺少的卫浴五金之一，客舱里每个马桶旁都会配置，用于装卫生纸。

八、皂台

皂台用于放置香皂，通常放在面盆上，材质多样。客舱中的皂台通常为不锈钢或陶瓷制品，其大小、形状可根据需要选配。

九、面巾纸盒

面巾纸盒通常放在云石台的上方，选用金属纸巾盒或者塑胶纸巾盒。

十、浴室扶手杆

浴室扶手杆通常安装在浴缸侧面的墙壁上。扶手应安装牢固，其形状应易于抓握。

十一、其他

体重秤通常放在卫生间云石台的下方,以供宾客使用。为方便宾客挂衣,通常在卫生间门背后安装有双耳式挂衣钩。挂衣钩也可根据不同客舱类型合理设计与安排。

工作任务

【任务名称】

认识邮轮客舱的卫生设施。

【任务准备】

同学们进行分组,每个小组以一艘知名国际邮轮为例,根据该邮轮不同的客舱房型列举客舱中的主要卫生设施及其功能和特点。

【任务实施】

1. 查阅邮轮网站

查找与本任务相关的资料,对获取的资料进行整理与总结。

2. 掌握客舱中的主要卫生设施及其功能和特点

了解邮轮客舱中的主要卫生设施,能介绍其功能及特点。

3. 小组汇报

每个小组以一艘知名国际邮轮为例,以 PPT 形式汇报不同客舱房型中主要卫生设施及其功能和特点的总结。

任务评价

任务评价主要从同学们的学习态度、资料准备情况、制作与汇报情况、成果创新性、合作与纪律情况以及总结报告撰写质量几个方面进行评价,详细内容如下。

班级			姓名		得分
评价内容	分值	评定等级			
		A(权重1.0)	B(权重0.8)	C(权重0.6)	
学习态度	10 分	学习态度认真,方法多样,积极主动	学习态度较好,能按时完成学习任务	学习态度有待加强,被动学习,延时完成学习任务	
查阅资料	20 分	查阅资料方法多样,资料内容丰富,整理有序、合理	查阅资料方法较单一,内容基本能满足要求	没有掌握查阅资料的基本方法,资料准备不足	
制作与汇报	30 分	内容翔实、图文兼备;汇报人精神面貌好,思路清晰有条理	内容不够丰富;汇报人能顺利完成	有的内容缺失,有的内容重复;汇报人词不达意	
成果内容	40 分	格式规范,形式新颖,内容完整,思路清晰有条理	格式较为规范,内容较完整,有一定的条理性	格式、内容经反复修改后才勉强符合要求	
总计得分					

顺势而为，邮轮业复苏了，你准备好了吗？简述疫情后时代如何开展对客服务。

 自我分析与总结

存在的主要问题：	收获与总结：

改进措施：

1.3.4　邮轮客舱安全设备

 任务导航

在旅行中，宾客首先考虑的因素是安全。邮轮客舱不仅要以干净舒适的客房环境与服务人员热情周到的态度、娴熟的服务技巧来满足宾客的各种要求，更要重视宾客的最基本需求——安全。

安全是"舒适、健康、效率"的前提。邮轮客舱的安全主要表现在治安、防火等方面。邮轮客舱内的生活设施设备必须安全可靠，同时还要配置必需的安全设备。

 学习目标

▶ 能力目标

能正确使用邮轮的安全设备。

▶ 知识目标

（1）掌握邮轮客舱安全设备的主要类型。
（2）掌握邮轮客舱安全设备的知识。

▶ 素质目标

（1）牢固树立"安全第一，预防为主"的风险意识。
（2）培养爱岗敬业的服务意识。

M1-12　客舱安全设备配置（1）

M1-13　客舱安全设备配置（2）

案例引导

我国自主研发的全球载电量最大的游船长江三峡1号成功首航

2022年3月，我国自主研发的新能源纯电动游船长江三峡1号在宜昌市秭归新港首航。长江三峡1号总长100米，有4层楼高，可搭载游客1300人，具有电池容量大、客位数多、智能化水平高等特点。它是内河首创高压充电电动船舶，解决了大功率充电难题，在电池动力系统方面实现了全部国产化。其电池容量7500千瓦，相当于100多辆纯电动汽车的电池容量总和。同时，长江三峡1号配置了多种消防系统，并采用了多种预警手段。长江三峡1号采用清洁水电充电，一次充电可续航100千米，每年可节约燃油530吨，减少有害气体排放1660吨。

点评

长江三峡1号作为工信部科研示范项目，在电池容量大、客位数多的前提下，充分考虑游船的安全设施配置，并且通过智能技术的运用，让游船使用更安全、更环保。它的投运对我国加快长江内河游船绿色低碳发展具有积极的示范意义。

新知探索

一、客舱安保设施

邮轮客舱治安的重点是加强盗窃、斗殴、恐怖袭击等方面的安全控制。现代客舱设计中，通常采用智能安保系统提升精准化水平，通过加强邮轮公共区域的安全检查和危险品管理确保宾客入住安全。同时，宾客登船后需重点告知宾客客舱防火、防盗等安全注意事项，提示宾客妥善保管贵重物品。在邮轮客舱中主要的安保设施有：

（一）门锁

门锁是客舱最基本的安全设备。目前，大部分邮轮客舱均选用电子门锁系统。它的优点是便于控制，可根据宾客入住的时间设置门锁的有效性。除此之外，电子门锁系统还具有监控功能。宾客和有关工作人员虽都有打开房门的磁卡，但密码不同，因此如果某客房失窃，管理人员只要检查门锁系统就可以得到一段时间内所有进入该客房的人员的密码记录。另外，如果将房门上的微处理器连接到主机上，与邮轮其他系统配合，还可提供更多的服务功能。

（二）门镜

门镜安装在客舱房门上端，为广角镜头，便于住客观察房间的外部情况。

（三）防盗扣（安全链）

防盗扣通常安装在客舱房门后锁旁边。宾客进入客舱后，将防盗扣拴上，开门时能起到防护的作用。

（四）保险箱

保险箱供宾客存放贵重财物，一般设置在衣柜中，宾客可以自己设置密码。

二、消防监控灭火系统

火灾也是邮轮在航行中应重点加强安全控制的方面。火灾的原因多种多样，如海上碰撞事故、船舶电子系统故障、电器设备使用不当、游客丢弃的烟头等。邮轮在海上航行，一旦发生火灾，获得外部救援的可能性小，无法调集大量消防力量及时灭火，而且邮轮复杂的结构增加了查明火灾原因及灭火工作的难度，故而很可能在短时间内造成重大经济损失。烟头是客舱火灾的严重隐患，如果发生火灾，烟雾会充满房间，令宾客窒息。

因此，邮轮必须建立自身的消防监控灭火系统。消防监控灭火系统由多种火灾报警器、灭火器、防火门、消防泵、增压风机等组成。通常在客舱中常见的消防灭火设备有：

（一）烟感火灾报警器

烟感火灾报警器是通过监测烟雾的浓度来实现火灾防范的，其内部采用离子式烟雾传感器。离子式烟雾传感器是一种技术先进、工作稳定可靠的传感器，被广泛运用在各种消防报警系统中。通常房间内每 $25\sim40m^2$ 装 1 个烟感火灾报警器。烟感火灾报警器安装在客舱房间正中上方或重要设备上方 $0.5\sim2.5m$，其烟雾探测器能够实时监视探测烟雾的存在。

（二）温感灭火报警器

《中华人民共和国消防条例》等规定人口密集场所必须安装烟感火灾报警器和温感灭火报警器，邮轮属于人口密集场所，所以不管多大面积都必须安装。当室内温度达到 61℃ 以上时，温感灭火报警器就会发出报警。

（三）灭火器

客舱中常用的灭火器种类有喷水灭火器、二氧化碳灭火器及干粉灭火器等。

（1）喷水灭火器。喷水灭火器主要用于 A 类火灾，如木头、纸等起火的扑灭。它包括自动喷水器、花洒和储水管。邮轮客舱常用喷淋系统。当喷头的保护区域内失火时，火焰或热气流上升，使布置在天花板下的喷头周围空气温度上升；当达到预定限度时，易熔合金锁片上的焊料熔化，二锁片各自脱离，八角支撑失去拉力也分离，管路中的压力水冲开阀片，自喷口喷射在布水盘上，溅成一片花篮状的水幕淋下，扑灭火焰。其洒水面积一般为 $10m^2$ 左右。

（2）二氧化碳灭火器。客舱内应配备二氧化碳灭火器来防止 E 类火灾（电起火）扩大。二氧化碳能使起火地点的含氧量降低到不能再维持燃烧的水平，从而达到扑灭火灾的目的。

此外，邮轮灭火系统还应包括消防水泵、通风与空气调节系统和电动防火门、防烟排烟设施等。

 工作任务

【任务名称】

正确使用灭火器。

【任务准备】

（1）实训场地。

（2）清水灭火器、干粉灭火器各一个。

【任务实施】

项目	内　　容
准备工作	（1）检查清水灭火器、干粉灭火器的有效期 （2）掌握前述四类灭火器适用的火灾类型
实训方法	讲解、示范、实际操作
实训步骤	1. 清水灭火器的使用 （1）清水灭火器的适用情况：清水灭火器可用于固体物品（如木材、棉麻制品和纺织品等）引起的火灾。 （2）清水灭火器的正确使用方法： ① 一提，提起清水灭火器到距燃烧物适当的位置放下； ② 二拔，拔下清水灭火器上的保险销； ③ 三握，握住喷管最前端； ④ 四对，对准火焰的根部； ⑤ 五喷，按下灭火器压阀，对准火焰喷 2. 干粉灭火器的使用 （1）干粉灭火器的适用情况：干粉灭火器的使用最广，一般家庭使用的灭火器都是这一类型。干粉灭火器可用于易燃可燃的液体、气体、带电设备和除金属外的固体等引起的火灾 （2）干粉灭火器的正确使用方法： ① 在室外使用干粉灭火器时应占据上风方向，距离起火点五米左右放下灭火器； ② 使用前提起灭火器上下摇动，干粉松了才能顺利射出； ③ 接下的操作方法与清水灭火器相同； ④ 注意在使用干粉灭火器时要始终保持灭火器直立，不能横卧或颠倒（如果横卧或颠倒使用，不能喷粉）
示范	教师示范并强调注意事项： （1）按照"提、拔、握、对、喷"的使用步骤进行灭火； （2）提醒学生电器设备引起的火灾，在使用灭火器前首先应切断电源
练习	让学生分组进行练习
总结	（1）各小组进行自评；（2）根据测评表进行打分；（3）教师评价，指出优点与不足

 任务评价

任务评价主要从实训任务的准备工作、操作各类灭火器的步骤、仪容仪表、安全文明四个方面进行评价，详细内容如下。

序号	任务内容	任务要点	配分	评分标准	扣分	得分
1	准备工作	检查灭火器的有效期	10分	少查看一项，扣5分		
2		正确摆放灭火器	10分	错误扣10分		

续表

序号	任务内容	任务要点	配分	评分标准	扣分	得分
3	使用灭火器	介绍清水灭火器的可用情形	10 分	未做此项不得分		
4		正确操作清水灭火器	10 分	未做此项不得分		
5		介绍干粉灭火器的可用情形	10 分	未做此项不得分		
6		正确操作干粉灭火器	10 分	未做此项不得分		
7	仪容仪表	大方、得体	10 分	不合格，扣 5 分		
8	安全文明操作	按照"提、拔、握、对、喷"的使用步骤进行；在规定时间内完成	30 分	每违反一项扣 5 分，严重违规将取消考试		
		总计				

 习题

（1）请简述标准间的安保设施设备。
（2）请简述客舱中常见的消防灭火设备。

 自我分析与总结

存在的主要问题：	收获与总结：
改进措施：	

1.4　邮轮客舱用品

 项目导航

　　邮轮客舱内的用品分为备用品和对客用品。备用品中布草是其主要构成部分，对客服务用品由低值易耗品和其他备用品共同构成。

1.4.1　邮轮客舱布草

 任务导航

　　布草属于专业用语，是对客房放置的毛巾、台布和床单、枕套等的统称。这个名称最早是由一名英籍人士翻译的，由香港金麒麟国际酒店管理有限公司首先使用，后来逐渐被其他酒店借鉴。客舱布草是对客舱当中所有棉织品的统称，主要包括床单、被套、枕套、沙发套、窗帘、毛巾等（注：部分邮轮公司将窗帘列为设备类）。在客舱服务中，布草不仅是供客人使用的日常生活用品，同时也是衡量和评价邮轮客舱档次及品位的重要因素。

学习目标

▶ 能力目标
能够掌握邮轮客舱对布草的质量要求。

▶ 知识目标
（1）掌握邮轮客舱布草的种类。
（2）掌握邮轮客舱布草的规格。

▶ 素质目标
培养"安全第一，预防为主"的风险意识、爱岗敬业的服务意识。

案例引导

海洋量子号细节体现品质

海洋量子号吨位大，标准载客4905人，拥有6大超凡体验：超凡客房、超凡活动、超凡购物、超凡童趣、超凡设施、超凡科技。客舱在空间设计方面为游客营造温馨舒适气氛的同时，在细节中也注重游客的体验，如提供了一系列高端客房及业内首创的虚拟阳台内舱房。客舱用毛巾选用了产于埃及的优质棉，质地坚韧，被誉为"白金"。

点评

本案例中海洋量子号在客舱中大胆突破创新，颠覆了业内标准；客舱内布草选择上，用细节体现了品质，让游客的海上之旅更加精彩。

新知探索

一、客舱布草的种类及质量要求

（一）客舱布草的种类
根据用途划分，客舱布草可以分为两大类：床上布草和卫生间布草。

1. 床上布草
主要包括床单、被套、枕套、护床垫、床裙、床旗、毛毯。

2. 卫生间布草
主要包括浴巾、面巾、方巾、地巾、浴袍。

M1-14　客舱房间内用品

（二）客舱布草的质量要求

1. 床上布草的质量要求

（1）纤维的长度。纺织品的初始原料是纤维。纤维的长短对布草质量有着重要影响，纺织纤维长，则成纱条干均匀、表面光洁，制成的织物牢度好、外观光洁，不易起球、起毛。

（2）纱支数。支数是表示纱线粗细程度的一种单位，支数越小纱线越粗，支数越大纱线越细。纱支数的大小与纤维的长短有很大关系，纤维长，纺出的纱细而紧。以棉纤维为例，一克棉花做成30米的纱，那就是30支；而做成40米的纱，那就是40支；做成60米的纱，那就是60支。支数越大，纱就越细，用这样的纱织出来的布就越薄、越柔软。但是支数大的布要求的原料（棉花）品质高，而且对纱厂和织布厂的要求也比较高，所以布的成本比较高。

（3）织物密度。织物密度是指织品的经纬密度总和。织品的经纬密度是指织物每10cm长度内经纱或纬纱的根数。织物的密度与其弹性、手感、透水透气性等有直接关系，一般棉织物的经纬密度在100～600根范围内。通常做床单、被套、枕套的织物密度一般为288根×244根/10cm^2，高档棉织品的密度超过400根×400根/10cm^2。

（4）纤维的质地。目前常用的床单、被套、枕套的质地主要是全棉和混纺两类。全棉的织物柔软透气、使用舒适，但容易起皱、褪色、泛黄，不耐用；而混纺织物既保留了棉的优点，又吸取了化纤的易洗快干、抗皱挺括、不易褪色、经洗耐用等优点。客舱布草一般选择全棉质地的布料。全棉布料吸汗且柔软舒适，有利于汗腺"呼吸"和人体健康，十分容易营造出睡眠气氛。

2. 卫生间布草的质量要求

卫生间布草主要是各种巾类。对巾类的质量要求主要有以下几点：

（1）毛圈的数量和长度。通常毛圈多而且长，毛巾的柔软性和吸水性好。但如果毛圈太长就容易被钩坏，故一般要求毛圈的长度在3mm左右即可。毛圈的数量和长度与毛巾的质量成正比。在选择毛巾时，不仅要看尺寸，而且还要看质量。

（2）织物密度。毛巾是由地经纱、纬纱和毛经纱组成的。地经纱和纬纱交织成布基，毛经纱与纬纱交织成毛圈，故纬纱越密，毛巾抽纱的可能性就越小。

（3）原纱强度。原纱要有足够的强度，这样制作的毛巾才能经得住拉扯。通常较好的毛巾，地经纱用的是股线，毛经纱用的是双根无捻纱，这样能增强耐用性和吸水性。

（4）制作工艺。毛巾的边必须牢固平整，每根纬纱都必须能够包住边部的经纱。否则，边部容易磨损、起毛。另外，毛巾的折边、缝线、线距等要符合要求。

二、客舱布草的规格

（一）床上布草的规格

通常客舱的床上布草与床及床上的其他用品配套使用，因此其规格尺寸应与床的规格及床上其他相关用品的规格相匹配。不同邮轮公司床的大小规格是不同的，因此，床上布草应根据客舱实际情况进行选配。

（1）床单。床单的规格尺寸根据床的规格尺寸和铺床的方法及要求确定。

（2）枕套。枕套是与枕芯配套使用的，因此，枕套的规格尺寸要依据枕芯的规格尺寸来确定。

（3）护床垫。护床垫是铺在床垫上起防护等作用的垫子，因此，护床垫的规格要与床垫的规格相匹配。通常要求其长度与宽度略小于床垫，以四边不超出床垫滚边并紧贴滚边为宜（不能过大，也不能过小）。

（二）客舱卫生间毛巾的规格

客舱卫生间毛巾的规格要与客舱的档次相适应。

三、客舱布草

通常情况下，邮轮客舱内的布草主要有：

（一）床罩

在邮轮客舱中，传统内舱房、海景房较少配置床罩。床罩通常在高级套房以上房型中配置使用。

（二）床垫

床垫根据客舱中床的配置来选择，通常有单人床垫、双人床垫两种。不同邮轮公司选用的床垫大小不同，没有统一规定标准。

（三）床单

每张床配置一张床单，其大小规格根据床的尺寸而定，没有统一规定标准。

（四）枕套

一般情况下，单人床每张床配置一个枕套，双人床每张床配置两个枕套。

（五）枕芯

枕芯与枕套共同构成枕头。睡觉通常离不开枕头，合适的枕头有利于全身放松，保护颈部和大脑，改善睡眠。成人的枕高通常为 6～10cm。枕头过宽易使头颈部关节、肌肉紧张。枕头宜软硬适中，稍有弹性。在邮轮客舱中，通常根据不同的房型配置不同规格的枕套与枕芯。

（六）被套

被套在棉被外面可避免棉被弄脏，便于清洗。被套的大小根据被芯的尺寸而定，每张床配置一床被芯与被套。

（七）被芯

被芯是邮轮客舱中必不可少的床上用品，一般用于睡眠时保暖。除棉被外，还有羊毛被、蚕丝被或者丙烯酸纤维等人造纤维被。每张床配置一床被芯，其尺寸根据床的大小来选择，一般宽度在150cm以上。

（八）毛毯

毛毯是西式铺床的主要保暖设备，每床配置1条，一般选用羊毛、净色，不带图案的毛毯（现在此类铺床方法已不再使用，毛毯可作为客舱房间内的备用品）。

（九）浴巾

属于毛巾的一个种类，由棉纤维纺织而成，用于洗澡后擦身、遮体和保暖。通常客舱中配备两条。

（十）面巾

面巾俗称"毛巾"，是毛巾的一个品种，多用于洗脸，也用于围颈或包头，起防尘和保暖作用。通常客舱中配备两条。

（十一）地巾

地巾是由棉或化纤在底布上形成簇绒或毛圈绒的铺地织物。地巾主要用于浴室和盥洗室，铺地防滑，兼作装饰，也用于卧床前地板的铺饰，作垫脚用。地巾通常挂在淋浴室门把手上或叠放在浴缸缸沿上，亦可铺在浴缸边的地面上或浴室门口的地板上，用来踩干脚或防止浴后地板有水使人滑倒。通常客舱中配备一条。

（十二）方巾

方巾用来供宾客擦手或擦妆容等，通常叠放在盥洗台上方。通常客舱中配备两条。

（十三）浴袍

浴袍是沐浴前后所穿的袍服。浴袍宽大而舒适，一般质地有棉布（包括普通棉布和精梳棉）、珊瑚绒、毛圈等几种。通常在高档客舱房型中都会配备浴袍，以方便宾客的起居。

工作任务

【任务名称】

认识邮轮客舱布草。

【任务准备】

每个小组以一艘知名国际邮轮为例，根据该邮轮不同客舱房型列举其中布草的种类、规格及特点。

【任务实施】

1. 查阅邮轮网站

查找与本任务相关的资料，对获取的资料进行整理与总结。

2. 掌握客舱中的主要布草

了解邮轮客舱中主要布草的种类、规格及特点。

3. 撰写总结

每个小组提交一艘知名国际邮轮中不同房型客舱布草种类、规格及特点的总结。

任务评价

任务评价主要从同学们的学习态度、资料准备情况、制作与汇报情况、成果创新性、合作与纪律情况以及总结报告撰写质量几个方面进行评价，详细内容如下。

班级			姓名		得分
评价内容	分值	评定等级			
		A（权重1.0）	B（权重0.8）	C（权重0.6）	
学习态度	10分	学习态度认真，方法多样，积极主动	学习态度较好，能按时完成学习任务	学习态度有待加强，被动学习，延时完成学习任务	
查阅资料	20分	查阅资料方法多样，资料内容丰富，整理有序、合理	查阅资料方法较单一，内容基本能满足要求	没有掌握查阅资料的基本方法，资料准备不足	
制作与汇报	30分	内容翔实、图文兼备；汇报人精神面貌好，思路清晰有条理	内容不够丰富；汇报人能顺利完成	有的内容缺失，有的内容重复；汇报人词不达意	
成果内容	40分	格式规范，形式新颖，内容完整，思路清晰有条理	格式较为规范，内容较完整，有一定的条理性	格式、内容经反复修改后才勉强符合要求	
总计得分					

 习题

（1）简述邮轮客舱中的方巾。
（2）简述床上布草的类型。
（3）简述卫生间布草的类型。

 自我分析与总结

存在的主要问题：

收获与总结：

改进措施：

1.4.2 邮轮客舱客用物品

 任务导航

宾客对邮轮旅游产品的需要体现在核心产品、形式产品、期望产品、延伸产品和潜在产品这五个层次上。邮轮公司为满足宾客需要在这五个层次上进行最佳组合，才能形成产品的竞争优势。通常宾客在邮轮旅游活动中，每天在餐厅的用餐时间约2～3小时，在休闲区域用于娱乐、健身等活动约4～5小时，而在邮轮客舱房间的时间超过其他场所的时间，一般会在8～12小时。因此，邮轮客舱对客用品直接

影响宾客对邮轮旅程的整体印象。

学习目标

▶ 能力目标

能够掌握邮轮客舱对客用物品的质量要求。

▶ 知识目标

（1）掌握邮轮客舱客用物品配置的原则。
（2）了解邮轮客舱客用物品配置的规格。

▶ 素质目标

（1）积极践行文明、健康、绿色、环保理念。
（2）正确使用邮轮客舱客用物品。
（3）培养爱岗敬业的服务意识。

案例引导

世纪荣耀号——第一艘中国内河绿色及智能船舶

世纪荣耀号载客人数 650 人，客房类型有内舱标准间、豪华标准间、臻选豪华间、家庭主题套房、行政套房、荣耀套房、总统套房。其既是全静音游轮（所有客舱均设置在游船前部，可让游客远离噪声困扰），也是零油漆游船（所有装饰严格选用了国家认定绿色环保优质材料）。该游船在航运、生活、娱乐、环境方面，率先执行了长江游船上迄今相当严格的环保标准。

点评

本案例中，世纪荣耀号坚定地履行了社会环保责任，严格执行了环保规范，以践行守护与建设清洁美丽万里长江的号召。其在所有细节精雕细琢，无一不体现出对游客的真诚关爱。

新知探索

为了满足宾客生活的需要，邮轮客舱除了应配备各种家具、设备外，还应配置各种客用物品。

一、邮轮客舱客用物品配置的原则

（一）体现客舱的礼遇规格

不同邮轮客舱由于等级、规格、风格不同，客用物品可根据各自实际需要进行选配。要从满足宾客需要出发，使客舱客用物品的"价"与"值"相符。

（二）发挥广告推销的作用

为提高效益，邮轮企业应加大宣传力度。在客舱中客用物品不仅供宾客使用，而且也是很好的宣传广告品。宾客虽是邮轮的服务对象，但优质的服务可以使宾客成为义务的推销员。

（三）物品的配套性

邮轮公司在选择客用物品时要做到外观、色彩、造型、质地统一，同时印制邮轮的标志。这样既有利于保持邮轮独特的品位和档次，也可以在整体上给宾客营造良好的邮轮企业文化。

（四）摆放的协调性

客舱中大多数客用物品是可以移动和变更的。摆放的协调性是指各种用品配齐后，应形成一个协调的整体，给宾客以舒适感和方便感。同一等级、面积和布局客舱内的客用物品必须固定，同时保持适当的距离和通道，以方便宾客取用和服务人员工作。

二、邮轮客舱主要配置的客用物品

客用物品中包括多次使用物品和一次性消耗用品。多次使用物品是指可供多批宾客使用，但宾客不能随意带走的客用物品，例如花瓶、水杯等。一次性消耗用品是指供宾客一次性使用消耗或用作馈赠宾客的用品，例如一次性拖鞋、擦鞋纸等，也称供应品。下面以标准间为例做具体说明。

（一）多次使用物品

1. 冰桶

冰桶用于盛放冰块来冷却需要在冰爽状态下品尝的葡萄酒，配置1个，通常放在酒柜里（此配置依据邮轮公司实际情况而定）。

2. 酒水篮

酒水篮用于摆放小洋酒，放在酒柜中，并配有调酒棒、开酒器和酒杯（此配置依据邮轮公司实际情况而定）。

3. 垃圾桶

垃圾桶一般选用可阻燃的塑料桶，也可选用其他材质，如不锈钢材质。

4. 花瓶

花瓶多选用陶瓷或玻璃制成的，用于盛放花枝美丽的植物；花瓶底部通常盛水，以使植物保持活性与美丽（此配置依据邮轮公司实际情况而定）。

5. 客舱服务指南

客舱服务指南用于介绍邮轮各类服务项目，通常放在文件夹中，每间客舱1本。

6. 文件夹

文件夹为真皮或仿皮制品，每间客舱1本，内置邮轮宣传单和邮轮服务指南等，摆放在客舱内的书桌上；也有的邮轮公司用文件盒，放在抽屉内。

7. 茶杯

一般客舱中配有茶杯，通常放在吧台或咖啡桌的托盘中。

8. 果汁杯

果汁杯放在茶杯旁，供宾客喝饮料用（此配置依据邮轮公司实际情况而定）。

9. 托盘

托盘为塑料制品或不锈钢、木制品（此配置依据邮轮公司实际情况而定）。

10. 咖啡杯具

咖啡杯、咖啡匙放在酒柜内（此配置依据邮轮公司实际情况而定）。

11. 衣架

衣架数量根据床位计，每床2个西服衣架、2个裙架、2个裤架，放在衣柜内。

12. 衣刷

衣刷1把，放在衣柜内（此配置依据邮轮公司实际情况而定）。

13. 鞋拔

鞋拔1把，放在衣柜内。

14. 小酒吧

小酒吧内放置有酒水、饮料、小食品（此配置依据邮轮公司实际情况而定）。

各邮轮公司在配置多次使用物品时有所差异，数量和种类没有统一标准。

（二）一次性消耗用品

邮轮客舱的一次性消耗用品一般有拖鞋、擦鞋纸、袋装饮品、便签夹、洗衣袋、洗衣单及邮轮各类宣传印制制品。有的邮轮客舱中还会放置"环保节能卡"等，通常放在床头柜上。卫生间用品一般有卷纸、卫生袋等。

邮轮客舱内除了有满足宾客需要的必备客用物品外，也有陈设品或艺术品，以增强客舱的美感。客舱中艺术品以摆放品和挂件为主。客舱中摆放品主要有两类：一类是能够体现客舱档次和风格的艺术品摆件，如精美的邮轮模型；另一类是能够改善客舱环境的摆件，最常见的是植物盆景。客舱中挂件主要有挂画、小型工艺美术品。

 工作任务

【任务名称】

分享客舱主要客用物品的环保元素。

【任务准备】

邮轮客舱积极引导消费者绿色、低碳的消费习惯，收集不同邮轮公司客舱对客物品中体现的环保元素。

【任务实施】

1. 查阅邮轮网站

查找与本任务相关的资料，对获取的资料进行整理与总结。

2. 掌握客舱中的主要客用物品

了解邮轮客舱中的主要客用物品，介绍其中的多次使用物品与一次性消耗用品。

3. 撰写总结

撰写汇报材料（可以选择 PPT、思维导图等形式）。

任务评价

任务评价主要从同学们的职业素养、小组互评及汇报表现等方面进行评价，详细内容如下。

评价内容		配分	考核点	得分
职业素养 （20 分）	职业道德	10 分	具有实事求是的职业道德，设计方案不违背职业道德，认真负责	
	职业能力	10 分	具有分析及总结方案写作能力、查阅文献资料的能力、创新能力、整体把握总结方案的能力	
汇报表现 （70 分）	文字表达	30 分	文字编排工整清楚、格式符合要求，文字流畅、条理清楚、逻辑性较强	
	内容 数据资料 分析整理	30 分	对所获得的资料进行整理，能够对邮轮客舱客用物品分类进行总结归纳；表达条理清楚，有逻辑性	
	结构	10 分	简洁而明晰，思路清晰，内容结构合理	
小组互评 （10 分）	结构及表现	10 分	小组协作融洽，汇报逻辑清晰，内容翔实且合理	
合计			100 分	

习题

（1）简述邮轮客舱客用物品配置的原则。
（2）简述邮轮客舱一次性消耗用品的类型。

自我分析与总结

存在的主要问题：	收获与总结：

改进措施：

模块2　邮轮客舱部各岗位职责

2.1　邮轮客舱在邮轮中的地位

2.1.1　邮轮客舱部业务范围及特点

任务导航

客舱部是邮轮的主体和存在的基础，在邮轮中占有重要地位。客舱是宾客在邮轮上停留时间最长的地方，宾客对客舱更有"家"的感觉。因此，客舱的清洁卫生是否到位、装饰布置是否美观宜人、设备与物品是否齐全完好、服务人员的服务态度是否热情周到、服务项目是否周全丰富等，宾客都会有最敏锐的感受。

学习目标

▶ 能力目标

能够描述客舱部的业务范围及特点。

▶ 知识目标

熟悉客舱部在邮轮中的功能与地位。

▶ 素质目标

培养爱岗敬业的服务意识。

M2-1　客舱部业务范围

案例引导

2023年7月，爱达邮轮有限公司（Adora Cruises Limited）正式宣布任命船长、轮机长和酒店总监等首批邮轮海上高级管理人员。新任邮轮高管团队由专业的国际化人才领衔，拥有海事运营、技术管理、酒店管理、旅客服务等多领域资深行业管理经验；船长、轮机长和酒店总监长期在国际邮轮公司担任高级海员，具有丰富的亚洲运营经验，在国际邮轮领域累计工作服务年限长达近80年。

点评

爱达邮轮有限公司前身为中船嘉年华邮轮有限公司，是全球最大造船集团——

中国船舶集团与全球最大邮轮集团——嘉年华集团于2018年在中国成立的合资公司，于2023年6月更名为爱达邮轮有限公司。该公司在组建初期就建构了涵盖航线规划、收益管理、市场营销、财务管控、新造船管理等核心能力的邮轮运营专业团队。爱达邮轮邮轮为了顺应中国市场需求，进行了本土人才队伍建设，尤其是本土海员的培训。

新知探索

一、业务范围

邮轮是生产及消费集合的产品，客舱部作为邮轮运营中的重要组成部分是主要负责生产的部门，其生产的产品就是客舱以及客舱服务。衡量此产品的标准是客舱服务质量以及客舱的装修、氛围档次。根据客舱部特殊的工作环境与工作方式可知其业务范围有：

（一）提供高质量的客舱清洁与服务

客舱的清洁是客舱部的基本业务以及中心工作。客舱工作人员要确保客舱的每一个角落都保持洁净，无论客舱档次高低，干净的室内卫生是最基本的要求。在此基础上客舱内部也需要营造出宁静、平和、温馨的环境，以使乘客进入客舱后能度过舒适的时光。为了提供高质量的服务，需要从客舱的软件与硬件上着手。客舱的软件是抽象的，多指客舱服务，如有效的叫醒服务、及时满足乘客需求、优质的干洗服务等。客舱的硬件则是比较具体的，如客舱的装修、陈列、设施设备等。因此，各项服务质量标准和服务水平的不断提高，是客舱部赢得客人满意的重要保证。

（二）负责邮轮布草、员工制服及乘客衣物的洗烫服务

洗衣房是客舱部不可缺少的组成部分，主要负责邮轮各部门布草和员工制服的洗涤、熨烫、缝补等工作。这项工作是所有工作人员为乘客提供标准化服务的基础，可保障所有的员工能够以统一合身的服装展现在所有乘客面前。除了为邮轮内部各部门服务外，洗衣房还会承担乘客衣物的洗烫服务。这要求洗衣房员工根据乘客衣物的材料、长短等选取合适的洗涤品进行清洗并熨烫，然后按照乘客要求的时间送到指定位置。

（三）负责邮轮公共区域的清洁与保养

客舱部在做好客舱清洁与服务工作之余，还需要负责公共场所的清洁与服务。公共区域是邮轮的重要组成部分，直接代表着邮轮的形象、文化及管理水平，公众对邮轮的第一印象以及评价往往始于对公共区域的感受，所以客舱部必须重视公共区域的清洁保养工作。

（四）搞好协调配合，保证客舱服务需要

客舱服务的质量，不仅与客舱部内部管理有关，还受其他有关部门的影响。例如，负责客舱销售的部门和负责客舱部设备设施维修保养的工程部等，其工作能否跟得上、质量是否过硬，对客舱服务质量会产生很大的影响。所以，客舱部要经常主动地同有关部门沟通协调，使其了解、熟悉客舱服务过程中的各种需求，做好协调配合工作，为提高客舱服务质量创造良好的条件。

（五）增收节支，获得良好的经济收益

客舱部是邮轮经济收益的重要来源之一，所以作为客舱部员工首先需提供高质量的服务，提高顾客的满意度及忠诚度，在此基础上才能让乘客再次选择以及口口相传，吸引更多的新乘客。除了客舱房间本身的收入外，客舱部还有其他手段能够创收，如洗衣服务或客舱内小吧台的小食、饮料酒水服务。在邮轮上，某些游客由于生活习惯或特殊情况，如早起、生病、会客等，会要求在客舱内用餐，因此客舱送餐服务同样是满足乘客饮食需求、增加经济收入、提高服务质量的重要环节。

客舱部人员费用、物品消耗的控制及管理、客舱设备的维护和保养等方面也需要采取科学合理的方法降低成本、减少浪费，这也是客舱部的主要任务。比如加强对员工节俭意识的教育，做好废物利用工作，对损坏的设施设备及时做好修补工作，延长其使用寿命。

（六）保障邮轮客舱和宾客的安全

客舱及宾客的生命财产安全是基础，如果这项工作没有做好，再洁净的客舱环境也没有意义。对于大多数乘客来说，邮轮的客舱就是"家外之家"，所以乘客对客舱的安全性也有很高的要求。这项工作需要客舱部自上而下地贯彻邮轮相关安全制度，比如消防制度、安全操作流程、房卡管理制度等。只有从细小的工作抓起，落实安全工作流程，才能保证邮轮客舱以及宾客的安全。只有做到有效保证宾客及邮轮员工的人身和财产安全，才能更好地保证邮轮整体运营，从而提高和促进邮轮的经济效益。

拓展阅读

2023年3月30日交通运输部办公厅发布《国际邮轮运输有序试点复航方案》，宣布将按照"先开展试点、再逐步放开"的要求，率先在上海、深圳启动国际邮轮运输试点复航，这也标志着中国向重启国际邮轮航线运营、复苏国际邮轮市场迈出了重要一步。"蓝梦之星"作为先期试点邮轮，将做技术性停靠，为其后续推出的营运航次做准备。上海海事局表示，考虑到邮轮此次恢复运营前曾经历漫长空窗期，组织此次联合安全检查的主要目的在于保证各项设施和关键性设备保持良好性能，船员各项设备操作与应急操作能力不生疏，这也正是为确保邮轮安全复航、保障旅客安全出行的必行之举。7月11日，天津东方国际邮轮公司"梦想"号邮轮入驻仪式在天津东疆国际邮轮母港举行。"梦想"号邮轮是首次靠泊天津国际邮轮母港，所以海事部门制作并向船方发布了《邮轮安全提示卡》，从通航环境、生活污水排放、使用低硫燃油等多方面进行了提醒，并提前对码头靠泊设施进行了现场检查。东疆海事局联合邮轮母港指导船方开展了消防、救生、紧急疏散等方面的船岸综合演练，全方位保证邮轮及旅客安全，确保旅客享有安全舒适的邮轮体验。

（七）做好员工队伍建设

客舱部需要的人员较多，加强对员工队伍的管理和建设，是确保客舱服务工作顺利开展和不断提高服务质量的关键之一。

（1）提高员工的思想素质。教育员工树立正确的世界观和人生观，全心全意为乘客服务，维护国家和民族的尊严。教育员工树立正确的专业思想，热爱本职工作，激发员工的工作积极性。教育员工树立高尚的职业道德，在工作中尽忠职守，一心

一意为客人着想,不损害消费者的利益。教育员工要有严格的法治观念,自觉遵守邮轮的规章制度,严守国家法律和外事纪律。

(2)提高员工的业务素质。业务素质是提高邮轮工作效率和服务质量的基本条件,它要求员工具备相应的外语会话能力,掌握业务操作技能,懂得服务工作中的礼貌礼节知识。客舱部一方面要抓好员工的文化科技知识学习,提高员工的文化水平和文化修养;另一方面要进行业务技能培训,提高员工的业务操作技能和技巧。

(3)认真执行奖惩制度。要发挥激励职能的功能,定期表彰和奖励服务质量高、服务技能精、完成任务好、协作风格优良的优秀员工。平时要注意对员工的思想状况及业务水平进行认真考察,根据每个人的特长合理安排工作。注意培养和选拔人才,形成一支骨干队伍,在各项工作中发挥骨干作用。

二、业务特点

现代邮轮客舱服务内容广泛,与以往仅能满足客人基本生活需要相比,要求更多。总体来说,客舱服务具有如下特点和作用。

(一)劳动强度大,劳动技术含量较低

客舱部 24 小时昼夜运作,是邮轮运营时间最长的部门之一。在一年的业务高峰中,有许多时间段客舱的入住率是高于年平均入住率的。因此在这些时间段中,员工工作时间更长,劳动强度更大。由于客舱部的工作可量化程度高,劳动强度大,且劳动的技术含量又不高,同时客舱部的管辖范围较广,除了客舱的业务以外,一般还负责公共区域清洁、绿化以及布件洗涤发放等工作,因此客舱部一定要加强对员工的管理工作以及培训提升工作。

(二)工作琐碎,随机性大

客舱是客人休息、工作、会客、存放行李/物品及清理个人卫生的场所。不同的客人身份地位不同,生活习惯相异,文化修养与个人爱好也各有差异,所以对客舱服务的要求也是多方面的。在提倡个性化服务的今天,许多服务要根据客人喜好要求而定,事先难以掌握,这样势必给员工的劳作增加了难度,使得客舱部业务具有很强的繁杂性和随机性。而且客舱的卫生与服务工作也比较琐碎,从客舱的整理、物品补充、查房、设施设备的日常维修保养到各项客舱服务,都具有很强的随机性、复杂性。

(三)私密性要求高

客舱在售出之后就成为客人在邮轮的私人领地,因此客舱服务对私密性的要求很高。未经客人同意不能随意进入客舱,在提供服务时要尽量少打扰客人,而且服务人员在客舱内不能随意移动、翻看客人物品,应尊重客人的隐私权。私密性是客人最基本的需求,因此作为客人在旅途中留宿场所的客舱,每个邮轮都必须确保其安全私密。

(四)安全生产任务繁多,责任重大

客舱区域情况复杂,有不同国籍、不同类别的客人,人来人往,昼夜运作,安全要求高。客舱是客人停留最久的地方,因此,可能产生的治安、消防、盗窃等安全问题是最为集中的。各种资料表明,大多数邮轮的安全事故发生地是在客舱。因此,客舱部所担负的安全生产任务是最为繁重和切实的,稍为不慎,就会造成不可挽回的损失。

（五）业务面广，协助性强

客舱部管理范围大、人员众多，工作涉及营销、餐饮、工程、安保等，需要与各部门保持良好的协作关系，才能提供高效优质的服务。邮轮业务活动之所以称为团队活动，就是因为上述的各部门协作性强。

（六）窗口示范性

客人最为关心的就是邮轮设施状况，尤其是客舱的清洁状况。一间清洁大方、优雅舒适的房间，代表了整个邮轮的档次、格调及其服务水平，具有窗口和示范作用。若再有合理的价格，客舱将成为吸引游客再次光临邮轮的重要因素。

工作任务

【任务名称】

认识邮轮客舱部业务内容。

【任务准备】

同学们分为两大组，复习客舱部业务范围及特点相关内容。其中一组搜集邮轮客舱部的主要业务范围，另一组搜集邮轮客舱部的业务特征。

【任务实施】

1. 查阅文献

查找与本任务相关的资料，对获取的资料进行整理与总结。

2. 掌握客舱部业务范围及特点

熟悉客舱业务范围及业务特征的认知相关内容并讨论。

3. 撰写总结

根据所整理的资料总结形成汇报材料。

任务评价

任务评价主要从同学们的职业素养、小组互评及汇报表现等方面进行评价，详细内容如下。

评价内容		配分	考核点	得分
职业素养（20分）	职业道德	10分	具有实事求是的职业道德，设计方案不违背职业道德，认真负责	
	职业能力	10分	具有分析及总结方案写作能力、查阅文献资料的能力、创新能力、整体把握总结方案的能力	
汇报表现（70分）	文字表达	30分	文字编排工整清楚、格式符合要求、文字流畅、条理清楚、逻辑性较强	
	数据资料分析整理	30分	对所获得的资料进行整理，能够对邮轮客舱部业务范围及业务特征进行分析；表达条理清楚，有逻辑性	
	结构	10分	简洁而明晰，思路清晰，内容结构合理	
小组互评（10分）	结构及表现	10分	小组协作融洽，汇报逻辑清晰，内容翔实且合理	
合计			100分	

习题

简要描述邮轮客舱部的业务特点及如何做好员工队伍建设。

自我分析与总结

存在的主要问题：	收获与总结：

改进措施：

2.1.2 邮轮客舱部地位与作用

任务导航

客舱部是邮轮业务运营中的一个重要部门。客舱是邮轮的基本设施,是供客人暂时留宿、休息的主要场所。为确保客舱洁净、舒适以及安全,能让乘客体会到家外之家的温馨,从而为邮轮创造更大的经济效益,客舱部要保持高质量的专业服务,使顾客满意。

学习目标

▶ 能力目标

能准确总结邮轮客舱部的地位。

▶ 知识目标

（1）熟悉邮轮客舱部的地位。
（2）了解客舱部对于邮轮运营的意义。
（3）熟悉客舱部与其他部门的业务关系。

▶ 素质目标

树立良好的职业道德,遵纪守法,敬畏规章。

M2-2 客舱部在邮轮中的地位

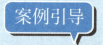

国产首艘大型邮轮到底多硬核？中船集团实现国人蔚蓝梦想！

2018年11月6日，在国务院国资委举办的中央企业国际合作论坛上，中国船舶工业集团有限公司与美国嘉年华集团、意大利芬坎蒂尼集团正式签订2+4艘13.5万总吨Vista级大型邮轮建造合同，并举行了中船集团大型邮轮项目工程正式启动仪式。

这是我国首次签订真正意义上的大型邮轮建造合同，标志着中国首艘具有世界先进水平的大型邮轮开始实质性地设计建造。为更好推进邮轮工程，中船集团战略组建中船邮轮科技发展有限公司。作为中船集团发展邮轮产业的平台企业和总体责任单位，中船邮轮将负责首批大型邮轮设计建造、运营和邮轮供应链建设，外高桥造船将承担本次合同建造任务。根据合同，首艘国产大型邮轮将于2023年9月30日交付。

中船邮轮科技发展有限公司董事长杨国兵告诉记者，与三大主流船型相比，大型邮轮在设计理念、建造工艺、运营管理等方面存在天壤之别。大型邮轮技术含量高，设计和建造难度极大，直接体现了一个国家的综合科技水平和综合工业能力。它是现代工业与文化艺术的结晶，融合了高端制造业和高端服务业，是高度集成化、系统化、信息化的"海上移动度假村"。

首艘大型邮轮总长323.6米，最大船宽达37.2米，船高72.2米，最大吃水8.55米，最大航速22.6海里/时。船上客舱配备达2000多间，其中套间34间，阳台房969间，海景房287间，内舱房826间，阳台房比例达45.8%，最大可载乘客5260人。

外高桥造船邮轮项目部部长、大型邮轮工程H1508项目副经理吴晓源介绍，国产首艘大型邮轮高达16层的庞大上层建筑生活客舱区域拥有大型演艺中心、大型餐厅、特色餐馆、各色酒吧、咖啡馆、购物广场、艺术走廊、儿童中心、水疗、水上乐园等丰富多彩的休闲客舱设施，是一座名副其实的"海上移动度假村"。

点评

我国首艘大型邮轮在客舱配备以及房间类型分配上体现出客舱对于邮轮经营的重要性。大型邮轮是船舶工业"皇冠上最耀眼的明珠"，被誉为设计建造难度最高的船型，是我国目前唯一尚未攻克的高技术船舶产品。实现国产大型邮轮的设计建造，是中国几代造船人孜孜以求的蔚蓝梦想。党的二十大报告中也提到，我国基础研究和原始创新不断加强，一些关键核心技术实现突破，战略性新兴产业发展壮大，已进入创新型国家行列。

新知探索

一、邮轮客舱部的地位

（一）邮轮客舱是邮轮经营中最主要的产品之一

邮轮的主体部门是客舱，如果一艘邮轮没有了客舱，那就不可能成为一个完整的邮轮，为乘客提供全面的服务，更不可能生存或发展。客舱最基本的业务就是为乘客提供休息的场所，所以客人除了进行休闲活动之外，大部分时间都会在客舱中度过，因此，客舱是邮轮重要的产品之一。

（二）邮轮客舱收入是邮轮整体收入的重要来源

邮轮的主要收入包含客舱、餐饮以及其他综合服务设施的费用。从整体范围来看，客舱的租金收入通常占邮轮营业收入的50%以上，是邮轮经营非常重要的经济收入。邮轮客舱在初建时投资大，但是耐用性强，后期只需要客舱人员仔细地维护和清洁以及补充一些消耗品，就可以循环销售，持续创造效益。除了提高客舱入住率来提高邮轮收入外，还应该合理降低成本来降低邮轮整体成本支出。例如能源、低值易耗品和其他资料的日常消耗都是很大的，所以客舱部也需要加强成本管理，开源节流。

（三）邮轮客舱的服务质量直接关系到邮轮的声誉

乘客在进入邮轮之后，除了就餐、娱乐以外，大部分时间都是在客舱中度过的。因为邮轮旅游是一种高级消费形式，乘客不仅对于物质消费有高的要求，而且还会追求高水平的精神消费。也就是说乘客不仅仅要求客舱设施设备的便利舒适，同时也要求高水平、高质量、高效率的客舱服务。因此，如果在实现乘客物质要求的基础上，最大化地满足乘客合理的精神要求，那顾客满意度等重要的指标就会上一个台阶，从而直接影响到客源。比如，乘客在邮轮旅游住宿期间体验到了非常专业、周到、热情的服务，他们再次选择该邮轮的可能就会增大，同时也会向其周边亲友推荐，这样就会提高邮轮的声誉与竞争能力。所以客舱服务水平不仅能够体现邮轮服务质量以及管理水平，也直接关系到邮轮的声誉。

（四）邮轮设备和服务是宾客衡量邮轮等级水平的主要依据

邮轮的设备无论从外观、数量还是使用来说，体现最多的还是在客舱。宾客在客舱停留的时间最长，对设备完善与否的认识最直观。因而，客舱的整体标准常常被客人们作为衡量邮轮等级和水平的一个标准。客舱整体标准一般包括两个方面：一是客舱的设施和设备，包括房间、家具、地面和墙壁的装饰以及客舱内的电气设备和卫生间设备等；二是客舱服务水平，一般是指客舱服务员的服务技能、方法、工作态度、应急处理能力等。

二、客舱部与邮轮其他主要部门的关系

客舱部作为邮轮的重要部门之一，向客人提供最重要的产品，但是如果没有各个部门的相互配合协作，那产品的质量和效率将无法保证。因此客舱部必须和邮轮其他相关部门保持紧密的联系及配合，使得客舱部的工作能有条不紊地进行。

（一）与宾客服务部（前厅部）的关系

1. 相互知晓客情信息

宾客服务部门有很多职位的职责是负责特定宾客的服务工作，其中很多工作内容是与客舱部的工作内容相连接的。比如，套房管家负责提供细致化、个性化服务，满足宾客作为专属贵宾的尊贵优越感；团队协调专员负责会员宾客的欢迎、疑问解答，要求、投诉、意见、建议处理。一旦这些特定乘客有需求、建议就会

联系相应的管家,而当这些需求涉及客舱范围时,宾客服务部门就会联系客舱部共同解决乘客的问题。两个部门通报客情信息,互相沟通,才能高效率解决乘客需求及问题。

2. 为宾客服务部提供洗烫修补服务

宾客服务部的员工制服通常由客舱部洗衣房清洗、熨烫或修补。因为宾客服务部门直接与乘客交流且很多职位是为贵宾或会员服务的,所以制服清洗以及熨烫维护都是非常重要的,会帮助宾客服务部门员工留下好的第一印象。因此客舱部门的洗衣房要按照标准清洗熨烫,仔细查看制服质量情况以及进行及时修补。同时,宾客服务部门也应爱惜制服,延长制服使用时间。

(二)与餐饮部的关系

1. 为餐饮部提供清洁保养服务

客舱部公共区域部门负责邮轮公共区域的清洁工作及设施设备的正常运行。餐饮场所有大量的清洁工作,比如地毯的清洁、吸尘、墙面等的清洗等方面。每个邮轮对此工作职责划分不尽相同,因此需要客舱部与餐饮部共同商讨并确定切实可行的清洁计划及负责区域或项目,明晰每个部门的职责才能保证工作正常运行。

2. 为客舱提供餐饮服务

房内送餐服务由餐饮部负责,但是客舱部也需要协助餐饮部将用餐菜单放置在房内,同时及时收取房内用餐的餐车及餐具。客舱内若有特别布置的需求,也需要餐饮部的配合。比如,贵宾房内按照不同的标准应配置相应的水果、点心、酒水等。

3. 为餐饮部提供洗烫修补服务

餐饮部在日常运营中需要大量的布件及员工制服,这些布件通常由客舱部洗衣房清洗、熨烫或修补。因为用餐时间相对固定,所以为了配合餐饮部工作,洗衣房应根据餐饮部工作时间的特点按时收发布件并按照标准清洗熨烫。同时,餐饮部也应爱惜布件以及制服。比如尽量避免用台布当抹布清洁餐桌转盘,在送洗的布件中也要避免夹带餐具、垃圾的现象。

(三)与工程维修部门的关系

客舱部与工程部工作沟通协调的主要内容有:

(1)客舱部负责客舱设施设备的日常保养工作,而工程部则主要负责客舱设备的维修事宜。

(2)客舱部要及时向维修部提供客舱设备的维修信息,并为维修人员进入客舱进行工作提供一切方便。

(3)客舱部向工程部提供客情预报,以便工程部对客舱进行大修理。

(4)客舱部安排及时封闭房间以便进行保养修理。

(5)工程部维修时,客舱部做好各项配合工作,如维修后房间的清洁等。

以上列举的三个部门是与客舱部工作关系较紧密的部门(图2-1)。在与上述部门共事或者解决问题时,客舱部一定要树立大局观,有全局观念和服务意识,发扬团队精神,加强沟通,相互理解,主动配合,只有与各个部门密切配合,才能有效保证为乘客提供优质的服务,为邮轮取得良好的经济效益。

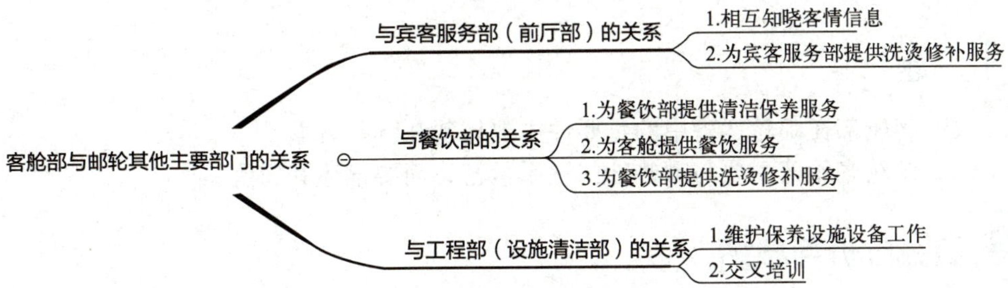

图2-1　客舱部与邮轮其他主要部门的关系图

工作任务

【任务名称】

认识邮轮客舱部与相关部门的关系。

【任务准备】

学生们组成学习小组，查阅客舱部与邮轮其他部门的关系（除了前述的宾客服务部、餐饮部、工程部），每个小组代表一个部门制作 PPT 并进行阐述。

【任务实施】

1. 查阅文献

查找与本任务相关的资料，对获取的资料进行整理与总结。

2. 理清与其他部门的关系

（1）各小组总结相关资料，理清客舱部与其他部门的业务关系并完成PPT的制作。

（2）小组汇报。

（3）教师对学生的表现进行点评，并总结出客舱部与其他部门的关系。

任务评价

任务评价主要从同学们的职业素养、小组互评及汇报表现等方面进行评价，详细内容如下。

评价内容		配分	考核点	得分
职业素养（20分）	职业道德	10分	具有实事求是的职业道德，设计方案不违背职业道德，认真负责	
	职业能力	10分	具有分析及总结方案写作能力、查阅文献资料的能力、创新能力、整体把握总结方案的能力	
汇报表现（70分）	文字表达	30分	文字编排工整清楚、格式符合要求，文字流畅、条理清楚、逻辑性较强	
	内容	数据资料分析整理	30分	对所获得的资料进行整理，能够对邮轮客舱与其他部门的关系进行归纳分析；表达条理清楚，有逻辑性	
		结构	10分	简洁而明晰，思路清晰，内容结构合理	
小组互评（10分）	结构及表现	10分	小组协作融洽，汇报逻辑清晰，内容翔实且合理	
合计			100分	

习题

(1) 客舱部在邮轮运营中的重要性主要体现在哪些方面？

(2) 邮轮客舱部主要与哪些部门联系紧密？简要描述其原因。

自我分析与总结

存在的主要问题：	收获与总结：
改进措施：	

拓展阅读

深度解析歌诗达邮轮服务员日常生活（节选）

1. 长期在邮轮上工作，会不会觉得有些枯燥？

刚来的时候感觉每天都不一样，时间长了，工作久了，肯定会有每天都在重复的感觉。

2. 那睡眠会不会不太好？

这倒是不会。因为一直在大海上航行，可能员工房间会有一些潮气，需要一直开着空调除湿。宿舍睡眠环境挺不错。

3. 你们的脏衣服怎么清洗呢？

工作时间需要穿工作服，工作服由工作人员统一清洗的。自己的服装则需要自己到员工洗衣房去洗。

4. 你们的非工作时间是什么时候？

一般是晚上10点之后和早上7点之前，下午还会有2~3小时休息的时间。这个是客舱的非工作时间，其他部门各不相同，有的需要通宵工作。

5. 船员在邮轮靠港的时候还会做些什么？

我们可以下船去买东西或者逛逛，感受一下当地的风土民情。

6. 船上会有付小费的要求吗？

小费是自发性的，不在于多少，而是对服务人员的一种肯定和鼓励。大部分中国游客没有给小费的习惯，但是曾去过欧美国家旅游的游客会给小费。

7. 这里的中国员工岗位提升空间大吗？

由于这艘邮轮主要针对中国客户，所以很多中高层岗位是需要中国员工参与的，我觉得机会有很多。

8. 为什么有些员工会坚持不下去？

可能因为中国人的家庭观念，父母在，不远游。大家在船上工作久了还是希望回到陆地上，回到家人身边。

2.2　邮轮客舱部组织机构

2.2.1　邮轮客舱部组织机构设置原则

 任务导航

客舱部组织机构的模式因邮轮的性质、规模、管理和运行机制不同而不同。但邮轮客舱部组织机构的设置原则都是更好地为乘客服务，传递邮轮公司文化，让客人感受到关怀。同时，不同的组织模式需明确每一个职位的职责，为员工工作内容、流程、方式提供依据。

 学习目标

▶ 能力目标

能了解客舱部组织机构设置原则及原因。

▶ 知识目标

（1）了解客舱部的组织机构设置原则。
（2）熟悉客舱部的业务分工。

▶ 素质目标

树立良好的职业道德，遵纪守法，敬畏规章。

新知探索

组织机构是部门存在和运行的制度体现与保障，也是部门实现有效治理的基础。部门组织机构设置是指在公司章程及部门章程的框架下构造部门的组织机构，明确各自的职权范围，协调相互运作关系，以实现良好的公司治理时所应贯彻的基本精神和规则性要求。为了实现上述目标，部门组织机构设置过程中应遵循和坚持下列原则。

一、目标一致原则

企业目标是部门管理活动的动身点和落脚点。应按企业目标要求进行组织设计，将企业目标与每一个职工连成整体网络，使企业目标与部门及个人目标保持高度一致，这是企业提高效能的前提条件，也是团结和鼓舞全体员工同心协力地完成预定目标的动力。

二、统一指挥原则

统一指挥原则是组织管理一个基本原则。统一指挥原则是建立在明确的权力系统上的。权力系统依靠上下级之间的联系所形成的指挥链形成。指挥链即指令信息

和信息反馈的传递通道。为确保统一指挥，应当切忌多头领导。多头领导必定政出多门，使下级疲于应付甚至无所适从，严重影响工作效率。

三、权责对应原则

权责对应原则也是组织管理一项极为重要的原则。理论研究和实践经验都证明，权责不对应对管理组织的效能损害极大。权责对应的建立需要依靠科学的组织设计，建立起一套完整的岗位职务和相应的组织法规体系。在组织运行过程中，要解决好授权问题，在布置任务时，应当把责任权力及其对应条件一并说清，防止责权分别而破坏系统的效能。

四、因事设职与因人设职相结合的原则

组织设计的根本目的是保证组织目标的实现，使目标活动的每项内容都落实到详细的岗位和部门，即"事事有人做"，而非"人人有事做"。因此，组织设计中，首先考虑工作的特点和需要，要求因事设职，因职用人，而非相反。但这并不意味着组织设计中可以忽略人的因素，忽视人的特点和人的能力。组织设计过程中必须重视人的因素，要考虑到组织内外现有人力资源的特点。任何组织，均是人的集合，而不是事和物的集合。人之所以会参与组织，不仅有满足某种客观需要的要求，也期望通过工作来提高能力、呈现才华、实现自我的价值。现代社会中的任何组织，通过活动向社会供应的均不仅是某种特定的产品或服务，也是具有一定素养的人。可以说，为社会培育各种合格有用的人才是社会组织不可推卸的社会责任。为此，组织的设计也必须有利于人的能力的提高、人的发展，必需考虑到人的因素。

五、有效管理幅度原则

管理幅度，又称为管理跨度、管理宽度和控制幅度等，它是指一名管理者有效管理、控制直接下属的人数。邮轮组织可以用一个金字塔来非常形象地表示，一般可分为3～4个管理层。上层是邮轮的高级管理人员，其主要职责是对邮轮重要经营管理活动进行决策。中层是邮轮各个部门的负责人，其主要职责是按照上层管理人员的决策具体安排本部门的日常工作。中层管理人员在邮轮中的作用是极为重要的，因为他们在邮轮中起着承上启下的作用，而且他们是完成邮轮经营目标的直接责任承担者。基层管理人员的主要职责是执行部门下达的计划。

任何人的时间和精力都是有限的，其能够管理的直接下属的人数也是有限的，也就是说，管理者的管理幅度是一定的，因此，在设计组织结构时，应将管理人员直接管理的下属人数控制在合理的范围内。因为客舱部工作任务相似，员工们的工作场所一定，所以扁平结构比较适用于客舱部的管理，可以减少层次，加大管理幅度。此方法管理费用较低，信息交流速度快，有利于发挥下级的主动性。

六、有序的原则

邮轮要进行高质量、高标准的服务，人和物就必须保持良好的秩序。要做到人有其位，位有其人，物有其位，位有其物，就要以工作定岗设位，使组织内每个人员都有明确的工作位置，不需要的闲人一律精简。经过严格的定岗设位后，每名员

工都应坚守其工作岗位，真正做到工作时间位有其人。

工作任务

【任务名称】

深入认识客舱部组织机构设置原则。

【任务准备】

分组复习并整理任务内容。同学分为两大组，通过查找文献资料，对比金字塔形组织与扁平化组织，讨论其优缺点，结合前述邮轮客舱内部管理特点，深入认识客舱部组织机构设置原则。

【任务实施】

1. 查阅文献

查找与本任务相关的资料，对获取的资料进行整理与总结。

2. 厘清两种组织结构的优缺点及应用范围

（1）对本书的内容形成初步认识，选择任意两家邮轮公司，比较它们客舱部组织结构的特点。

（2）两组同学互相陈述提问。

（3）教师对学生的表现进行点评，并总结出适合客舱部的组织形式。

3. 撰写总结

各小组根据汇报结果进行组内总结。

任务评价

任务评价主要从同学们的职业素养、小组互评及汇报表现等方面进行评价，详细内容如下。

评价内容		配分	考核点	得分
职业素养（20分）	职业道德	10分	具有实事求是的职业道德，设计方案不违背职业道德，认真负责	
	职业能力	10分	具有分析及总结方案写作能力、查阅文献资料的能力、创新能力、整体把握总结方案的能力	
汇报表现（70分）	文字表达	30分	文字编排工整清楚、格式符合要求，文字流畅、条理清楚、逻辑性较强	
	内容 数据资料分析整理	30分	对所获得的资料进行整理，能够对邮轮客舱组织形式进行分析；表达条理清楚，有逻辑性	
	结构	10分	简洁而明晰，思路清晰，内容结构合理	
小组互评（10分）	结构及表现	10分	小组协作融洽，汇报逻辑清晰，内容翔实且合理	
合计			100分	

习题

简要描述邮轮客舱部组织机构设置过程中遵循和坚持了哪些原则。

📁 **自我分析与总结**

存在的主要问题：	收获与总结：

改进措施：

2.2.2 邮轮客舱部组织机构形态

 **任务导航**

　　合理的组织机构是客舱部实现高效管理、完成各类接待任务的重要保证。由于各邮轮规模不同、管理体制不同、部门分工不同，因此其组织机构也会有所区别。

 **学习目标**

📢 **能力目标**

（1）能掌握客舱部各机构形态。
（2）能描述客舱部在乘客邮轮旅行期间各阶段的职责。

📢 **知识目标**

（1）了解客舱部的组织机构分支。
（2）掌握客舱部各机构职能。
（3）明确客舱部组织机构设立时应考虑的要素。

📢 **素质目标**

通过学习本模块的内容，学生应能逐渐拥有良好的服务意识。

 案例引导

邮轮上生活与工作怎么洗衣服

　　邮轮上的洗衣房不仅给客人提供洗衣服务，同时也免费为船员提供清洗、熨烫制服的服务，不过这些服务是有固定时间的。制服在洗的时候要记得标记好记号。床单、浴巾等的洗涤也是免费的，只需要把用过的放在指定地点，然后去领一套新的就可以了。

点评

邮轮客舱部中的洗衣房是统筹负责整个邮轮员工及客人衣物、布草清洗、熨烫及整理的部门。洗衣房产出的"产品"都将直接面对宾客,所以"产品"质量的好坏也是评价邮轮服务质量的一个重要因素。

新知探索

一、客舱部组织结构

一般大中型邮轮管理层次多,主要有经理、副经理(助理)、主管、服务员四个层次(图2-2)。小型邮轮管理层次少,基本上为经理、主管、服务员三个层次。目前,邮轮的发展趋势是遵循精简、高效的原则,尽可能地减少管理层次,提高沟通和管理效率,降低管理成本。

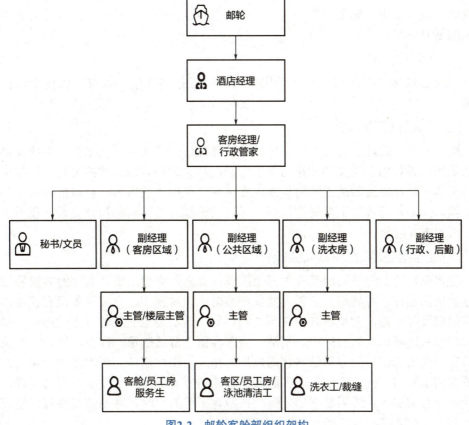

图2-2 邮轮客舱部组织架构

(一)客房区域

负责邮轮全部客舱的房间整理、用品配备、设施保养、清洁卫生和客人住宿服务工作,保证客舱用品、卫生、服务达到品牌邮轮的标准。负责邮轮客舱各种客用消耗物品、清洁用品、服务用品等的配备、使用和日常管理工作,实行定额配备、定额使用制度，降低费用消耗，提高经济效益。

（二）公共区域

公共区域服务组则负责邮轮公共区域，如各部门办公室、餐厅、公共洗手间、接待大厅、电梯间、通道、楼梯、甲板区域以及门、窗等的清洁保养工作。除此之外，还包括一些专业性较强的清洁保养工作，随时检查设施和设备是否正常运转以及故障报修。比如，邮轮公共区域的绿化，楼层中一些家具、地毯的维护清洁。

（三）洗衣房

负责员工制服以及所有布件的清洁与消毒、收发、分类保管及修补工作，并为宾客提供洗衣服务。

二、机构设置考虑要点

（一）清洁范围

各邮轮公司在客舱清洁管辖的范围方面都是有所不同的。有些大型邮轮公司会将公共区域卫生清洁范围划分到其他部门进行管理，而大部分邮轮公司还是将公共区域清洁直接交由客舱部管理。所以，在设置客舱部组织机构时，就应考虑好清洁范围的划分情况。

（二）管辖区域

邮轮客舱岗位在区域的管辖范围方面应当根据实际统一安排，以便于日常的管理。

（三）人员管理动态化

岗位人员的设置应是动态的，根据邮轮及部门的经营目标、工作任务的调整以及组织内部各种相关因素的变化而作出适时的调整。如客源结构的变化、科技手段的应用等，可能创造新的工作岗位或改变某些工作岗位的内容，也可能淘汰一些工作岗位。又如，随着员工素质的提高，可适当调整分工过细的岗位设置，使员工的工作内容丰富起来。

（四）游客在邮轮上的活动周期

游客在邮轮上的活动周期分为四个阶段：首先是乘船之前，此时游客需要提前进行舱房的预订，客舱部员工首先要保证客舱能正常使用，设施设备没有损坏；如果有问题及时维修，避免游客预订到故障房间。其次是登船之时，客舱部员工要保证邮轮公共区域以及客舱干净、整洁，给乘客留下舒适的第一印象。同时，客舱部人员应协助安保部门向登船的宾客提供房间路线的指引服务。再次是乘船期间，此时游客需求非常广泛，不单单是客舱部，邮轮的所有部门都需要满足游客需求，提供优质满意的服务。最后是下船之际，在游客下船的同时，客舱部需要及时整理客舱及邮轮公共区域，为迎接下一批乘客做好准备。

三、邮轮客舱部主要工作任务

邮轮客舱部在乘客各个活动周期中都发挥着举足轻重的作用，其主要工作任务有维护客舱设施设备的正常运转、客舱以及公共区域整理清洁服务、为乘客提供各种综合服务等（表2-1）。

表2-1　客舱部工作任务

周期	任务	岗位
乘船之前	客舱清理	客舱部
	公共区域清洁	邮轮公共区域
	设备检查与保修	客舱部/邮轮公共区域
	邮轮船员的制服以及布件的分发与准备	洗衣房
登船之时	保证邮轮公共区域干净	邮轮公共区域
	保证客舱整洁	客舱部
	指引服务	客舱部/邮轮公共区域
乘船期间	满足乘客对客舱服务需求	客舱部
	按标准整理客舱并补足相关消耗品	客舱部
	维持邮轮公共区域整洁	邮轮公共区域
	为邮轮各部门提供制服、布件清洗、修补服务	洗衣房
	对客洗衣服务	洗衣房
下船之际	及时清洁整理客舱	客舱部
	及时清洁整理邮轮公共区域	邮轮公共区域
	检查基本的设施设备状态	客舱部/邮轮公共区域
	清洁制服及布件	洗衣房

工作任务

【任务名称】

熟悉客舱部重要岗位职责。

【任务准备】

同学们分为三组，复习客舱部机构设置相关内容，收集邮轮客房区域组、邮轮公共区域组、洗衣房的工作职责，在此基础上分析各机构在工作中需要特别注意的要点并以小组为单位制作PPT。

【任务实施】

1. 查阅文献

查找与本任务相关的资料，对获取的资料进行整理与总结。

2. 理清客舱部各机构职责

（1）归纳总结邮轮各机构职责的相关资料并完成PPT的制作。

（2）小组汇报，互相提问。

（3）教师对学生的表现进行点评，并总结出客舱部机构的工作要点。

3. 撰写总结

各小组根据汇报结果进行组内总结。

 **任务评价**

任务评价主要从同学们的职业素养、小组互评及汇报表现等方面进行评价,详细内容如下。

评价内容		配分	考核点	得分
职业素养（20分）	职业道德	10分	具有实事求是的职业道德,设计方案不违背职业道德,认真负责	
	职业能力	10分	具有分析及总结方案写作能力、查阅文献资料的能力、创新能力、整体把握总结方案的能力	
汇报表现（70分）	文字表达	30分	文字编排工整清楚、格式符合要求,文字流畅、条理清楚、逻辑性较强	
	内容 数据资料分析整理	30分	对所获得的资料进行整理,能够对邮轮客舱组织结构进行分析;表达条理清楚,有逻辑性	
	内容 结构	10分	简洁而明晰,思路清晰,内容结构合理	
小组互评（10分）	结构及表现	10分	小组协作融洽,汇报逻辑清晰,内容翔实且合理	
合计			100分	

 习题

在设置客舱部组织机构时,首先应考虑的要点有哪些？

 自我分析与总结

存在的主要问题：	收获与总结：

改进措施：

2.2.3 邮轮客舱部员工素质要求

 **任务导航**

邮轮客舱服务人员是在邮轮客舱部门为邮轮提供服务需求的海乘。由于工作的

特殊性，对于客舱部员工来说除了应具备良好的职业技能外，还需达到更高的素质要求。

学习目标

▶ 能力目标

能总结客舱部员工素质要求。

▶ 知识目标

（1）了解邮轮客舱服务工作的特点。
（2）掌握邮轮客舱部员工素质要求。

▶ 素质目标

提高学生的职业道德素养，使其具备邮轮客舱部员工的职业素质。

M2-4 客舱服务员的一天

案例引导

民族邮轮之星——记鼓浪屿邮轮轮机长王立晓

王立晓，于 2008 年在全球第三大邮轮公司——马来西亚丽星邮轮开始实习。丽星邮轮公司要求非常严格。王立晓不畏艰难、刻苦学习、努力工作，经过漫长的 18 个月实习，经过两位轮机长的严格考核和公司的各种评估、心理测试，终于在 2010 年年底正式提升为三管轮。在做三管轮期间，王立晓在努力做好自己本职工作的同时，经常主动加班，就像长在机舱一样，追随北欧的大管轮、二管轮认真地学习专业邮轮知识，不停地充实自己，丰富阅历。王立晓的突出表现赢得了邮轮公司和船舶管理层的充分认可。2013 年王立晓取得二管轮证书后，即刻被轮机长 Folke WARM 和船长 Luka 亲自向公司积极推荐提职二管轮。于 2013 年 3 月份正式提职二管轮后，王立晓更加专注于二管轮的各种工作职责，得到了轮机长 Peter Ivason 的高度认可，多次获得公司的嘉奖。他在担任二管轮期间，工作过的邮轮有海娜号、宝瓶星号、双子星号，并于 2016 年 6 月正式升职为第一个国际邮轮界的中国籍大管轮。这是中国邮轮历史的又一个突破。同年，王立晓前往德国造船厂接豪华邮轮云顶梦号回国，经过一个月的航行将船顺利地接到了中国香港。

功夫不负有心人，2017 年公司特批王立晓——唯一的一位亚洲大管轮前往德国 MAN 主机公司深造学习；2018 年，安排其前往芬兰的 ABB 公司进修高压电技术并深入学习电推 Azipod；2019 年，安排其前往瑞典学习防污染设备 Marinfloc，同时参观学习分油设备 Alfa Lavel。正当他的海外事业如日中天之际，王立晓毅然决然地选择回国发展中国的民族邮轮事业，报效祖国。2020 年 6 月，王立晓以中国第一位豪华邮轮轮机长的身份开始参与鼓浪屿邮轮的经营和管理工作。

点评

习近平总书记在党的二十大报告中寄语广大青年，"怀抱梦想又脚踏实地，敢想敢为又善作善成，立志做有理想、敢担当、能吃苦、肯奋斗的新时代好青年，让青春在全面建设社会主义现代化国家的火热实践中绽放绚丽之花。"王立晓这样的中国豪华邮轮界屈指可数的人才，像一群冉冉升起的明星，为中国的民族邮轮崛起而努力奋斗，助力了中华民族邮轮事业的起步和发展。

新知探索

一、邮轮客舱服务工作的特点

（一）心理承受压力较大

在邮轮上工作，邮轮客舱服务员要经受许多复杂因素的影响。如海上的自然条件多变、工作环境复杂、居住空间狭小、长期与家庭及社会分离、生活单调、获得信息少且迟缓、新鲜食品蔬菜供应受限等。所有这些因素都严重影响邮轮服务员的身心健康，再加上海上作业以及随时都可能发生的不可预测的各种特殊情况及事故，会导致邮轮服务人员情绪波动大、精神紧张和疲劳，对职业产生矛盾和厌倦心理。

（二）跨文化工作环境

邮轮客舱服务人员一般来自不同的国家，所以在邮轮上工作会对跨文化有很深的理解。中国籍海员加入到国际邮轮服务行业当中，不仅需要用娴熟的英语接待服务来自世界各地的具有不同语言、文化背景、生活习惯的乘客，还要和来自世界各地的同事朝夕相处、并肩工作。因此要重视跨文化工作能力的培养，创造更好的条件融入邮轮这个多元化国际环境。

（三）工作强度较大且时间长

国际邮轮客流量集中，在港口停泊的时间也不固定，各方面都要接受检查，客舱清洁保养等工作量非常大，且标准要求较高，这些都导致客舱服务人员工作强度大。另外，合同期内一般没有周末和专门的休息日。航海日一般工作量大概在10小时，到港日会稍微轻松些。所以，不管是工作强度还是工作时长都是客舱服务人员需要坚持的。

（四）员工技能要求高

一般客舱员工上船后会直接入职，邮轮客舱部希望员工是技能熟练的，能够及时补上空缺并发挥作用。所以对于客舱员工来说在上岗前需要掌握各类服务技能，以满足邮轮客舱的基本要求。

二、邮轮客舱服务人员的素质要求

（一）具备服务意识

传统的服务大多是任务服务，即把服务当作任务去完成。这种任务服务很难达到理想的服务水平，不能使客人真正满意，并获得较高层次的享受。这种服务已不能适应现代邮轮客舱乘务服务工作的要求。因此，客舱服务人员要具备邮轮服务精神，即用心服务。其具体要求是服务要诚心、精心和尽心。

（1）诚心：服务要真心诚意，而不能流于形式，只做表面文章。

（2）精心：服务要注意细节，追求完善，精心设计，精心操作。

（3）尽心：服务人员在服务工作中要尽心尽力地做好每一件事，一次到位，争取百分之百合格，而不能指望重来。

（二）良好的身体素质

国际豪华邮轮每个航次需要同时接待几千名旅客上下船，有时邮轮服务人员的工作时间达到12小时，这就要求邮轮服务人员必须具备良好的身体素质。如果是寒暑假邮轮旅游高峰期，客人数量翻倍，客舱服务人员就需要加班超负荷去完成工作，所以对身体素质的要求是很高的。

（三）较好地融入跨文化工作环境

如果邮轮客舱服务人员想要更好适应跨文化工作环境，更快接受新的生活方式、习惯、观念、习俗等，首先需要进行语言的学习。邮轮部门之间的工作交流都用英语，因此英语的娴熟程度，尤其是听说能力，直接影响客舱工作质量。其次是正确处理中外之间的文化差异，对不同国籍同事的文化习俗和观念有所了解，并尊重彼此的差异，这样才能维持邮轮客舱员工之间较好的互动和交流。所以要主动积极学习其他文化，并融入整个邮轮客舱工作环境。

（四）较强的心理排解能力

按照心理学理论，角色的不断变化，是促进一个人身心健康的重要因素之一。而邮轮员工在一段时间里角色相对固定，长期缺乏与社会的交流，容易造成心理活动的模式化，从而导致心理疲劳，产生心理问题。邮轮客舱员工可以通过适当宣泄情绪、转移注意力以及进行积极的心理暗示三种途径进行疏导。首先，当出现各种负性情绪时，应及时、适度、合理地宣泄负性情绪，从而获得心理平衡，恢复积极的心境。其次是转移注意力，例如在传统节日，思乡情绪浓厚，可以选择做自己喜欢做的事调适自己的心情，转移注意力。最后是积极地进行自我暗示，要对自己充满信心，不断给自己积极的心理暗示。积极乐观的心理暗示会对心情产生积极的影响。

（五）有特定的职业技能

作为邮轮客舱部服务人员必须具备岗位相应的职业技能。在校学习时积累的能力只能满足客舱岗位最基本的需求，更贴近岗位的技能与知识是在入职之后学习到的，这就需要从业人员根据邮轮企业对岗位要求的不同以及行业标准的变化，通过学习及培训不断提升专业业务能力，实现从学校到职场的转变。

（六）必备的专业证书

邮轮的工作环境不同于陆地上的酒店，且航行的范围较为广泛，因此需要取得相应的海上适任证书和其他相关证件。

（1）护照、签证与工作邀请函。通过邮轮公司的面试之后，员工会收到邮轮公司寄出的工作邀请函。员工持工作邀请函与护照可办理相应的签证手续。

（2）健康证、国际预防接种证书。近年来，随着国际交流的增多，出、入境人员均有卫生检疫要求，需要办理健康证以及国际预防接种证书。

（3）中华人民共和国海员证、船员服务簿。通过相关海事部门专业考核所获得的海上从业证书。

（4）船员适任证书。其获取以及使用要遵循《中华人民共和国海船船员适任考试、评估和发证规则》的规定，这一证书是在中国籍海船上任职的海员在可以任职的职务、可以任职的船舶以及可以任职的航区的重要凭证。

中华人民共和国海员证、船员服务簿

中华人民共和国海员证是由中华人民共和国海事局统一印制并签发的中国海员出入中国国境和在境外使用的有效身份证件，是海员的专用护照。它表明持证人具有中华人民共和国国籍，其职业为船员。海员证签发给在中国籍国际航线船舶和外国籍船舶工作的中国海员。

船员服务簿是记录船员本人的资历、有关训练和参加体格检查情况的证件，是船员申请考试、办理职务升级签证和换领船员适任证书的证明文件之一。为了加强对中国籍船员的服务和监督管理，记载并核定船员的服务资历，中华人民共和国海事局于1985年1月1日颁布并实施了船员服务簿制度。船员服务簿由各海事机关负责签发、监督、管理。

邮轮乘务员申请中华人民共和国海员证与船员服务簿，需要经过系统培训并获取相关专业培训合格证书、特殊培训合格证书以及国际航行船舶船员专业英语考核合格证明。

【任务名称】

认识邮轮客舱部员工工作的特点及要求。

【任务准备】

同学们分为两大组，复习客舱部员工工作特点以及员工素质要求相关内容。一组搜集邮轮客舱部员工工作特点，另一组搜集邮轮客舱员工素质要求。

【任务实施】

1. 查阅文献

查找与本任务相关的资料，对获取的资料进行整理与总结。

2. 理清邮轮客舱部员工素质要求

熟悉客舱服务工作特点及员工素质要求的相关内容并进行小组讨论。

3. 撰写总结

各小组根据汇报结果进行组内总结。

任务评价主要从同学们的职业素养、小组互评及汇报表现等方面进行评价，详细内容如下。

评价内容		配分	考核点	得分
职业素养（20分）	职业道德	10分	具有实事求是的职业道德，设计方案不违背职业道德，认真负责	
	职业能力	10分	具有分析及总结方案写作能力、查阅文献资料的能力、创新能力、整体把握总结方案的能力	
汇报表现（70分）	文字表达	30分	文字编排工整清楚、格式符合要求，文字流畅、条理清楚、逻辑性较强	
	内容 数据资料分析整理	30分	对所获得的资料进行整理，能够对邮轮客舱工作特点及员工素质进行分析；表达条理清楚，有逻辑性	
	结构	10分	简洁而明晰，思路清晰，内容结构合理	
小组互评（10分）	结构及表现	10分	小组协作融洽，汇报逻辑清晰，内容翔实且合理	
合计			100分	

 习题

简述邮轮客舱服务人员的素质要求。

 自我分析与总结

存在的主要问题：	收获与总结：
改进措施：	

2.2.4 邮轮客舱部人员选择及重点岗位职责

 任务导航

彼得·德鲁克说："没有什么决策比人员选择更难做出。总的来说，经理们所做的员工选择决策平均成功率不大于三分之一，即在多数情况下，三分之一的决策是正确的，三分之一的决策有一定效果，三分之一的决策彻底失败。"由此可见，作出高质量的员工选择至关重要，但难度很大。所以邮轮客舱想要找到适合岗位的员工首先要认识到选择邮轮客舱员工的差异性，在此认识的基础上确定人员需求量，然

后根据各岗位的岗位职责与任职资格挑选员工。作为用人部门，客舱部需要全程参与，才能保证找到真正合适的员工。

学习目标

► 能力目标

能掌握邮轮客舱部重点岗位职责。

► 知识目标

（1）明确客舱管理人员应具备的素质。
（2）明晰邮轮客舱部员工需求。

► 素质目标

具备良好的职业道德，遵纪守法，敬畏规章。

美国皇家加勒比邮轮 2021 年招聘简章

一、招聘职位
（1）洗衣房员工。
（2）公共区域服务生。
（3）客舱服务生。
二、招聘要求
（1）性别不限，年龄 18～32 周岁之间，婚姻情况不限，女身高 160 厘米以上，男身高 170 厘米以上。
（2）具备一定的英语沟通能力，需要参加英文面试。
（3）有志在多元化文化工作环境中接受挑战者。
（4）具有邮轮/旅游等服务行业相关工作经验。
（5）身体健康，身体裸露处没有文身以及明显的疤痕，五官端正，无家族遗传病史。
（6）无拒签史，无犯罪记录。
（7）有邮轮工作经验者优先。
三、招聘流程
（1）报名时提交电子版个人简历（英文）、身份证复印件，并通过视频进行英语初试。
（2）初试合格者按要求准备复试材料并参加船东在国内的面试。
（3）面试合格后参加国家海事局的海员专业培训，办理签证等上船证件。
讨论：邮轮客舱员工应该具备哪些素质要求？

 点评

根据本案例中招聘要求可以看出，邮轮客舱员工应具备以下素质：有一定的应用沟通能力；对跨文化知识有一定的了解；在相关领域或者岗位有工作经验；身体健康，体能较好，有良好的适应能力。

新知探索

一、邮轮客舱员工部选择

（一）邮轮客舱服务人员与一般酒店服务人员的差异

（1）工作地点不同。一般酒店服务人员大多在宾馆内工作，通常是在陆地上且距离员工生活场所较近，是在自身比较熟悉的区域内工作。邮轮客舱服务人员的工作地点是邮轮，多数的时间航行在海上，某种意义上可以称为海上移动的宾馆。

（2）工作环境不同。一般酒店服务人员多是在自己熟悉的环境与文化背景下工作，而邮轮客舱服务人员属于国际服务人员的行列，同事大多来自不同国家，服务对象也来自不同的国家，语言、文化、生活习惯、风俗习惯等各不相同，所以对于初次前往邮轮工作的人员来说，这是一个完全陌生的环境，要求其具有较强的适应能力。

（3）对外语水平、身心素质要求高。作为国际服务人员行列的一员，邮轮客舱服务人员要具有较高的英语水平。在邮轮上工作的通用语言是英语，服务人员在工作和生活中都要使用英语，有的甚至要求掌握多门外语。在邮轮上工作，可能会出现晕船等身体不适应的情况，除此之外，在邮轮上工作一般没有休息日（邮轮上医生开具休息证明的除外），因此员工要有较好的身体素质。初次在邮轮工作，面对复杂的工作环境还要有良好的心理素质。

M2-5　邮轮客舱员工的选择

（二）确定客舱部人员资源需求

客舱部门的员工是有相应数量标准的，这个数量标准受很多因素的影响。比如，邮轮客舱的规模、数量以及邮轮空间等。邮轮客舱的规模越大、数量越多以及邮轮空间越大，意味着乘客容纳量会更多，所以也就需要更多的客舱员工。邮轮旅游分为旺季和淡季，所以淡、旺季也是影响人员需求的一大因素。针对国内的情况，一般寒暑假为邮轮旅游旺季，所以此时就需要考虑增加人员的数量；淡季时就应减少需求，降低人员成本。

在一艘大型邮轮上，员工与乘客的比例约为1∶3；在更为高端豪华的邮轮上，这个比例可以达到1∶1。所以客舱部可以根据这个比例再结合季节及市场需求的变化确定员工数量需求，并提前上报给人力资源部门，然后人力资源部门根据客舱部门提供的人员需求选择合适的方法甄别人才。

（三）邮轮客舱部员工岗位用人标准

客舱部如果想要招聘到适合岗位需求的理想员工，那么就必须制定出一个完善的客舱岗位用人标准，并设计好客舱部每个具体工作岗位的职责。具体来看，客舱管理人员用人标准包括岗位知识、能力及经历要求（表2-2）。

表2-2 客舱管理人员用人标准

岗位	知识要求	能力要求	经历要求
副经理（客房区域）	（1）熟悉邮轮管理 （2）熟悉邮轮客舱经营管理专业知识及全面质量管理知识，懂得成本管理与核算，了解市场营销和公共关系知识，熟悉经济合同法、旅游法规、消防和治安管理条例、宗教常识和各国风俗习惯	（1）具有组织、指挥和控制、协调所辖部门完成工作目标的能力 （2）具有协调各方关系，并调动和激励下属工作积极性，提高服务质量和经济效益的能力 （3）能保持与客户的良好关系以及与其他部门的协作关系 （4）能果断灵活处理突发事件和客人投诉 （5）有较强的文字和语言表达能力 （6）外语会话流利 （7）具有良好的沟通和团队合作意识	曾任客舱部经理助理一年或主管三年以上
副经理（公共区域）	（1）掌握客舱管理知识，熟悉公共卫生及绿化的工作规范、清洁服务规程和质量标准，掌握清洁剂的性能、操作及保养方法 （2）了解治安和消防管理条例	（1）能组织和指挥班组按规范要求和质量标准完成公共区域工作 （2）能与邮轮各部门保持良好的工作关系 （3）能对员工进行思想教育和业务培训 （4）能书写工作报告 （5）能正确使用和保养清洁机械及用品 （6）具有良好的沟通和团队合作意识	从事公共卫生组或绿化组领班工作一年或客舱工作三年以上
副经理（洗衣房）	（1）掌握客舱管理知识，了解物质地及使用保管常识，熟悉布草房工作规范 （2）了解安全消防和卫生防疫法规	（1）能组织和指挥班组按规范要求和标准完成布草房的各项工作 （2）能与邮轮各部门保持良好的工作关系 （3）能对员工进行思想教育和业务培训 （4）能书写工作报告 （5）具有良好的沟通和团队合作意识	从事布草领班工作一年或客舱工作三年以上

拓展阅读

邮轮旅游日渐回温 人才培养要"叠浪"加速

2023年5月19日至21日，邮轮人才培养合作论坛在江苏海事职业技术学院举办，来自全国航海类职业院校和邮轮企业的专家学者齐聚，探讨职业院校人才培养如何为邮轮旅游发展"叠浪"加速。

2023年"五一"假期，全国国内旅游出游合计2.74亿人次，旅游行业复苏势头强劲。邮轮旅游作为旅游业的高端业态也在逐渐恢复。目前，"三亚—西沙航线"的南海邮轮和沿海航线的"招商伊敦号"邮轮已正常运营。

行业复苏，对人才的需求将愈加迫切。航海类职业院校一直是邮轮旅游产业的主要人才输送基地。不过，中国邮轮产业起步较晚，配套的职业教育相对也很薄弱，专业邮轮人才培养不足，高素质复合型人才比较匮乏。2022年8月，工信部、国家发改委等五部门联合发布了《关于加快邮轮游艇装备及产业发展的实施意见》，提出大力发展邮轮旅游。对专业人才培养也提出了明确要求，加强邮轮从建造、运营管理、旅游服务到法律咨询的全产业链人才队伍建设。论坛上，不少专家学者认为，虽然中国邮轮业处在全产业链构建的初级阶段，人才培养却不能滞后。

针对邮轮人才培养过程中出现的诸多难点，目前国内大多数职业院校正积极加强学科专业建设，改革现有教育教学机制，在学生专业技能、综合素养养成以及师资队伍建设上，寻求解决之道，以人才培养的"叠浪"加速，助力邮轮旅游高质量发展。

二、邮轮客舱部重点岗位职责

客舱部主要负责邮轮所有客舱的清洁和保养工作，配备各种设备，提供各种生活用品及多种服务项目，满足宾客各方面的需求，为客人创造一个清洁、美观、舒适、安全的理想住宿环境。为了达到这个目标，就需要对各个岗位的职责进行清晰的划分。岗位职责可以用于员工培训、员工评估以及员工招聘。因为邮轮客舱部规模、内部组织以及岗位职责设定划分存在不同，下面选择比较有代表性的岗位进行介绍。

M2-6 客舱部的各岗位职责

（一）邮轮客舱经理/行政管家工作职责

直接上级领导：邮轮酒店总经理。

直接管理对象：副经理（客舱区域）、副经理（公共区域）、副经理（洗衣房）。

职责提要：全面负责客舱部工作，向邮轮酒店总经理负责。依靠计划、组织、指导、协调或控制等管理手段，全面实施客舱部的管理工作。在客舱部建立起有效的管理系统，将客舱部的人力、物力资源合理地组织起来以保证计划的实现。借助管理系统，根据部门的计划，对下级部门的管理人员及员工下达任务，布置工作，并进行指导和监督。

具体职责：

（1）全权负责客舱部的管理工作，对总经理负责，并接受总经理的督导。

（2）负责客舱部各项工作的计划、组织和指挥工作，带领客舱部全体员工完成总经理下达的各项工作指标。

（3）制定客舱部的各项经营目标和经营管理制度，组织和推动各项计划实施，组织编制和审定客舱部工作程序及工作考评。

（4）主持部门日常业务和经理、领班例会，参加总经理主持的每周部门经理例会，并负责本部门主管以上人员的聘用、培训及工作考评。

（5）控制各项支出，审查各项工作报表。

（6）检查客舱部的设施和管理，抽查本部工作质量及工作效率。

（7）巡查本部所属区域并做好记录，发现问题及时解决，不断完善各项操作制度。

（8）定期维护重要客人关系，虚心听取客人意见，不断改进和完善工作。

（9）对客舱部的清洁卫生、设备折旧、维修保养、成本控制（预算）和安全等负有管理之责。

（10）检查消防器具，做好安全工作和防火防盗以及协查通缉犯的工作。

（11）检查、考核主管的工作情况并作出评估。

（二）副经理（客舱区域）工作职责

直接上级领导：客舱经理/行政管家。

直接管理对象：主管/楼层主管。

职责提要：全面负责客舱部的管理工作，制定并监督实施本部门的工作计划，确保实现客舱部的经营目标，达到邮轮的质量标准，为住店客人提供符合标准的客舱服务及干净、美观、舒适、安全、体验感好的住宿环境。

具体职责：

（1）根据邮轮的总体经营目标，编制客舱部预算，制定客舱部年度工作计划并负责实施。

（2）负责制定本部门的岗位职责、工作秩序、规章制度；定期评估客舱部组织机构，并提出相应的修改方案。

（3）负责客舱部的安全管理工作，尊重各项安全责任制，督促本部门各责任区落实各项安全管理制度，切实做好安全防范工作。

（4）建立良好的客户关系，广泛听取和收集客人意见，处理投诉，不断改进工作。

（5）合理安排、使用人力，并根据客情变化及时做好调整，在确保服务质量的前提下，努力降低人力成本。

（6）负责客舱部的日常质量管理工作，督促各管区严格按照工作标准和质量要求进行工作，实行规范作业。

（7）审阅各管区每天的业务报表，密切注意客人动态，掌握重要接待任务情况，及时督促各管区认真做好接待工作。

（8）与其他部门建立良好的合作关系。

（9）负责本部门经营物资的管理与控制工作，在不降低标准的前提下，努力控制客舱部成本。

（10）改进并创新客舱产品及服务，根据邮轮具体情况提出改进建议。

（11）学习先进的管理方法，不断提高经营管理水平。

（12）完成上级布置的其他各项工作。

（三）客舱楼层主管工作职责

直接上级领导：副经理（客舱区域）

直接管理对象：客舱服务员。

职责提要：楼层主管应该协助客舱部副经理进行楼层及客舱中心的日常管理，监督实施各项服务程序和规章制度，确保为乘客提供符合标准的客舱服务及清洁、安全的住宿环境。

具体职责：

（1）执行客舱部经理的工作指令，向其负责和报告工作。

（2）合理安排人力，组织和指挥员工严格按照工作规范和质量要求做好客人的迎送和服务以及客舱和环境的清洁卫生工作。

（3）认真做好员工岗位业务培训，保证优质规范服务。

（4）负责每天巡视楼层，检查管区内部分客舱，监督检查领班、服务员的工作情况，发现问题及时指导和纠正。

（5）负责落实部门安全管理制度，确保安全。

（6）负责处理客人的遗留物品。

（7）负责处理客人的特殊要求及投诉。

（8）主持每天的例会和组织员工全会，并做好记录。

（9）负责管区的成本费用控制，督导库房保管员做好财产物料的管理工作，定期检查部门财产物料的领用、调拨、转移等情况，做到账物相符。

（10）负责教育和督导员工做好维护保养和报修工作，定期安排设备维修、用品添置和更新改造计划。

（11）负责按照服务工作规范的质量标准要求，做好客舱服务中心的各项工作，认真查阅每天的各种业务报表和工作记录。

（12）坚持现场督导和管理，保证客舱服务中心 24 小时电话有人接听，监控值班台的服务质量，发现问题及时指导和纠正。

（13）做好与其他部门的沟通协调工作。

（14）了解员工思想状况，做好思想工作。

（四）客舱服务员工作职责

直接上级领导：客舱楼层主管。

职责提要：为乘客提供干净、整洁的客舱环境，确保客人在入住期间能够感受到温馨的环境和优质的服务。

具体职责：

（1）按照公司政策的规定，穿上适当的制服。

（2）参加该班次前后的每日简报会。

（3）保管好万能钥匙，并在轮班结束时交给楼层主管。

（4）记录日常工作表和登录考勤日志。

（5）执行以下任务：

① 为所有的客人提供一切可能的帮助。

② 按照程序进行清洁和供应客舱。

③ 保持手推车整洁，供应充足。

④ 保持所有设备处于正常的工作状态。

⑤ 保持布草和清洁储物柜的清洁与有序。

⑥ 向楼层主管报告床单、家具、固定装置或设备的任何损失或损坏。

⑦ 向楼层主管报告设备问题。

（6）检查指定的客舱状态，并向楼层主管报告是否存在问题需要检修。

（7）上交所有"遗失招领"的物品，列出客舱号码或发现的区域。

（8）每天清洁和维护所有的清洁设备，如真空吸尘器、鼓风机（包括手推车）。

（9）立即向楼层主管报告楼层发生的异常情况。

（五）副经理（公共区域）工作职责

直接上级领导：客舱经理/行政管家。

直接管理对象：公共区域主管。

职责提要：负责公共区域的日常管理工作，为客人提供符合标准的清洁、舒适、安全的公共区域环境。

具体职责：

（1）保证所辖区域的清洁卫生情况达到邮轮的标准以及保证服务质量符合邮轮要求。

（2）掌握所属员工的思想和工作情况。

（3）负责安排公共区域班次、工作时间和假日轮休。

（4）做好各项清洁工作的计划。

（5）检查当班人员的仪容仪表；检查所辖区域是否整洁、美观，发现问题及时纠正、处理。

（6）检查所辖区域的装饰品、公用设施设备是否完善，保证能达到邮轮标准。
（7）制定合理的清洁用品消耗限额，控制清洁用品的发放。
（8）负责对员工进行业务培训。
（9）指导和检查地毯保养、虫害控制、外窗清洁等专业工作。
（10）完成客舱经理交给的各项临时任务。

（六）公共区域清扫服务员工作职责

直接上级领导：公共区域主管。

职责提要：按照工作要求和规范，做好公共区域设备设施保养维护工作以及清洁工作。

具体职责：
（1）按照公司政策的规定，穿上适当的制服。
（2）参加该班次前后的每日简报会。
（3）保管好万能钥匙，并记录考勤日志。
（4）执行以下任务：
① 用吸尘器清洗地毯和家具。
② 清洗窗户和墙壁。
③ 清理垃圾箱和烟灰缸，随时保持区域清洁。
④ 清扫公共区域卫生间，并保持清洁和秩序。
⑤ 每天在公共区域吸尘。
⑥ 清洁玻璃门和周围的公共区域。
⑦ 为所有的客人提供一切可能的帮助。
⑧ 保持所有设备处于正常的工作状态。
⑨ 保持储物柜清洁有序。
⑩ 向公共区域主管报告任何家具及设备的损失或损坏。
（5）承担由公共区域主管人员指定的其他职责。

（七）洗衣房主管工作职责

直接上级领导：副经理（洗衣房）。

直接管理对象：洗衣房员工。

职责提要：负责洗衣房的日常管理工作，确保为客人提供高质量的洗衣、熨烫等服务，为员工提供符合邮轮标准的布草及制服。

具体职责：
（1）执行客舱部副经理的工作指令，并向其负责和报告工作。
（2）督导员工做好各类布草和工作服的质量检查和收调保管工作，防止短缺以及不符合质量要求的布草和工作服流入使用部门。
（3）加强成本费用控制，掌握各类布草和工作服的使用、损耗情况，及时提出更新、报废和添置计划，防止调换使用时脱档。
（4）督导洗衣房员工严格按照洗涤、熨烫工作规范，做好各类布草、客衣及工作服的洗涤、熨烫工作，确保质量。
（5）负责洗衣房财产和设备的使用管理，督导员工做好日常的维护保养和清洁卫生工作，做到账物相符。

（6）负责各班组日常工作考核、员工考勤和业务培训。

（7）负责员工的工作安排和对新员工的带教工作。

（8）负责与各使用部门的联系协调工作。

（9）搞好消防保卫工作，确保员工人身和邮轮财产安全。

（10）了解和掌握员工思想状况，做好思想工作，搞好各管区文明建设。

（11）负责处理客人各类投诉、需求及咨询。

（12）负责员工工作情况的记录、考评工作。

（13）不断完善库房管理制度及岗位职责。

（14）培训员工掌握库房管理的基本功。

（八）洗衣房员工职责

直接上级领导：洗衣房主管。

职责提要：为乘客提供优质的洗衣、熨烫等服务，能够按时、按要求完成各种布草、制服的洗涤工作。

具体职责：

（1）根据邮轮客舱（床位）数量，核定各种布草的需要量和替补率，保证布草能满足周转需要。

（2）检查实物摆放、库容、账目登记是否符合要求，按手续进行布草管理。

（3）做好防火安全工作，保证布草符合卫生质量要求。

（4）做好报废布草的回收再利用工作。

（九）邮轮客舱服务中心文员/秘书

上级领导：客舱经理/行政管家。

职责提要：接听客人电话，及时反馈来自客人的服务要求。督促相应的员工及时满足客人需求，为客人提供高效率的服务。同时在部门内部准确传达各种信息，为部门的正常运行提供基础。

具体职责：

（1）熟悉邮轮所有客舱的房型、设施与其他服务；认真阅读交班记录及应注意事项。

（2）接听客人的电话，并做好来电详细记录，及时反馈给相应的客舱人员。

（3）受理客人的服务要求，将客人的要求等信息准确、及时反馈，保持与邮轮其他部门的密切联系，确保为宾客提供高效率的客舱服务。如在工作中发现异常情况，须及时向部门主管报告。

（4）随时掌握房态，准确、及时无误地将已登船或已离船宾客的房号和客舱资料输入电脑，并与前台保持密切联系。遇有特殊事项时，及时向上级报告。

（5）负责客舱部全体员工考勤记录、假条管理，客舱服务中心档案及信息资料的保管工作，准确无误地做好交接班记录及各项登记工作，并向客舱部主管汇报交接记录内容。

（6）做好维修记录，及时与邮轮工程维修部门进行跟进。

（7）整理客人投诉报告，并向客舱部主管汇报，同时做好相应的记录。

（8）执行及有效完成上级安排的其他事务。

（9）了解相关证书内容、规定，并及时整理船员相关证书。

拓展阅读

在邮轮上工作是一种什么样的体验？

爱看电影的小伙伴可能会觉得，在邮轮上工作不仅实现了环游世界的梦想，还能与来自世界各地的同事和乘客聊天，体验着异域文化，更重要的是还能赚到不菲的收入。那么，真的是这样吗？邮轮上都有哪些职位呢？

了解这个问题之前，先要搞清楚自己的诉求，上了邮轮工作，主要想达到什么目的，毕竟不同的岗位是为不同诉求的人而准备的。

诸如客房服务、餐饮服务这种基础岗无需特殊的技能，也无需过多的工作经验，只要工作勤奋，不怕吃苦，就能胜任这类工作。

小伙伴们可能会有所担心，国际邮轮对英语的要求是不是很高？其实基础岗位对英语水平要求一般，会基本的日常交流和服务用语即可。

英语基础较好的小伙伴，可以竞聘西餐厅服务生，整体服务待遇较高。但是在西餐厅做服务生，则需要英语水平和西餐知识水平兼顾，并且有日常的相关考核，较客房服务生严格了许多。

如果不想从事这么辛苦的工作，酒吧服务生是一个不错的选择，如果技能升级，还有机会竞聘调酒师。

对于只想跟随邮轮出海增长见识，且不想做过多体力活的小伙伴来说，免税店、SPA间是比较合适的，但这些岗位存在销售指标，虽然体力上没那么累，压力却也是有的。

除了上述服务岗位以外，机电师、工程师、大副、二副、轮机工等日常航海职位也会对外招聘。

那么，怎样才能竞聘邮轮上的岗位呢？想去邮轮工作的小伙伴，一定要选择有相关资质的招聘代理机构。在国际邮轮上工作，本质是在海外工作，在选择好心仪的邮轮公司和邮轮职务后，要选择有相关资质的人力资源派遣公司去报名竞聘。通过初试、培训之后，参加邮轮公司的复试，通过后，度过等待船期，就可以上船了。

邮轮环球虽然风光，但工作环境远没有想象的那么轻松，对人的心理素质考验极大，最短的服务合同一般也不低于半年，如果择位失误，则会十分不愉快，因此，小伙伴们一定要多方了解，慎重考虑。

工作任务

【任务名称】

实际讲解邮轮客舱部各岗位职责。

【任务准备】

对前述所学知识进行复习，各组分别扮演客舱服务中心文员、客舱服务员、公共区域清扫服务员、洗衣房员工，深入了解各岗位职责。

【任务实施】

1. 查阅文献并分别进行阐述

（1）以小组为单位查阅文献并结合前述所学知识进行陈述，各小组对所代表的岗位职责及工作要点进行说明。

（2）小组汇报，小组互相提问。

（3）教师对学生的表现进行点评，并总结出客舱部各岗位人员的工作职责及工作要点。

2. 撰写总结报告

各小组根据汇报结果进行组内总结。

任务评价

任务评价主要从同学们的职业素养、小组互评及汇报表现等方面进行评价，详细内容如下。

评价内容		配分	考核点	得分
职业素养（20分）	职业道德	10分	具有实事求是的职业道德，设计方案不违背职业道德，认真负责	
	职业能力	10分	具有分析及总结方案写作能力、查阅文献资料的能力、创新能力、整体把握总结方案的能力	
汇报表现（70分）	文字表达	30分	文字编排工整清楚、格式符合要求，文字流畅、条理清楚、逻辑性较强	
	内容 数据资料分析整理	30分	对所获得的资料进行整理，能够对邮轮客舱各岗位人员的工作职责及工作要点进行分析；表达条理清楚，有逻辑性	
	结构	10分	简洁而明晰，思路清晰，内容结构合理	
小组互评（10分）	结构及表现	10分	小组协作融洽，汇报逻辑清晰，内容翔实且合理	
合计			100分	

习题

总结客舱部各岗位人员的工作职责及工作要点。

自我分析与总结

存在的主要问题：	收获与总结：

改进措施：

2.2.5 邮轮客舱员工培训及激励

任务导航

员工培训是指组织为开展业务及培育人才的需要，对员工进行有目的、有计划的培养和训练的管理活动。公开课、内训等均为常见的员工培训及企业培训形式。邮轮客舱各岗位实操性强，需要企业定期开展培训，提高员工服务意识及工作效率。

学习目标

▶ 能力目标

能描述客舱部员工培训的方法。

▶ 知识目标

（1）了解邮轮客舱培训工作的意义。
（2）掌握邮轮客舱部员工培训的方法。
（3）明确激励的方式方法。

▶ 素质目标

提高学生们的职业道德素养以及学习能力，使其具有与客人沟通的技巧、与同事共事的团队意识，能进行良好的团队合作。

案例引导

A邮轮公司的培训现状

A邮轮公司在制订年度培训计划时，人力资源部主要根据企业外部市场环境的变化和企业内部员工的绩效情况，以调查问卷的方式，结合各部门主管申报的培训项目或计划，在年初制订当年的培训计划。由于每年都有大量新员工加入，公司对新员工的培训投入较多，而对老员工（尤其是高层管理者）的培训投入相对较少。公司的培训方式基本以"师带徒"模式和授课方式为主；培训内容以传授岗位操作的基本知识和技能为主；培训时间大多安排在周末。培训课程结束后，除偶尔会对参加培训的员工进行测试外，公司没有对培训效果进行实质性评估。当邮轮经营业绩下滑或服务质量下降时，公司就会突击开展全员培训；当邮轮生意好时，为了正常经营，基本上不安排培训。在选拔人才方面，公司更倾向于从市场上直接招聘所需人才。

试分析A邮轮公司目前在培训上存在哪些问题？

点评

本案例中，A邮轮公司目前在培训上存在着培训理念有偏差、培训缺乏系统性、培训方法单一等多种问题。如此现状会使员工的能力不能得到有效提升，会使员工对邮轮发展失去信心，从而加剧员工流失并导致服务质量下降。所以邮轮仅仅有培训是不够的，还要建立培训体系，确保培训的针对性、连续性、有效性。

新知探索

一、员工培训

员工培训是组织在将组织发展目标和员工个人发展目标相结合的基础上，有计划地组织员工从事学习和训练，提高员工的知识技能，改善员工的工作态度，激发员工的创新意识，使员工能胜任本职工作的人力资源管理活动。若要对邮轮客舱部员工培训准确理解，还需要把握以下几点：

（1）培训对象要面对邮轮客舱所有员工，而不是部分员工。需要把每一位客舱员工都纳入培训体系中。这样可以使员工产生归属感，同时感受到被公司看重。

（2）培训内容应与员工工作内容相关，并且要全面。客舱部门员工的培训内容可分为职业服务礼仪、心理建设、岗位技能、服务态度以及相关规章制度的培训学习。

（3）培训的目的是在实现员工自身的提高基础上不断提升邮轮的整体效益，这是培训工作的根本出发点。通过各方面的培训后，客舱工作人员应能够提供高质量、高水平的服务，促进邮轮服务质量的提升。

（4）培训的主体是邮轮公司。组织培训活动的一定是邮轮企业，如果员工通过参加一些活动自学提升，虽然也能够帮助改善工作绩效，但不属于培训。比如员工个人线上报名参加英语培训，虽然口语能力得到了提升，在客舱服务中与客人、同事的交流更加地流利，但是因为培训的主体不是邮轮公司，所以也不能称为员工培训。

二、员工培训的种类

（一）员工职业生涯发展

员工职业生涯发展培训就是公司在员工职业生涯发展各个阶段进行相关联的培训，以使员工在各个阶段都能有完备的素质去完成工作。其主要包括岗前培训、员工上岗适应性培训、员工转岗培训、专业技术人员的培训、管理人员的培训、员工退休的培训。在邮轮客舱部门，主要集中在岗前培训以及员工上岗适应性培训。

M2-7 员工岗前培训

（1）岗前培训：新员工上岗前的入职培训主要包括对邮轮的历史发展、产品的介绍，公司规章章程以及企业未来发展的培训，可让员工更直观地了解邮轮业务，对于日后工作流程等有进一步的认识，同时也能培养员工对公司的归属感。

（2）员工上岗适应性培训：为了使员工不断适应工作岗位而进行的培训。此类培训包括所有员工的日常培训，可以定期或不定期展开，如邮轮客舱安全培训。

（二）员工专门项目培训

员工专门项目培训，是为了解决员工在工作中的问题进行的更有针对性的培训。针对客舱部门工作职责，这类培训包括：

（1）转变观念的培训：在组织发生变化或者外部形势发生变化时，就需要对员工进行思想观念上的培训，让员工能够及时了解新的变化，理解新的政策，为达到新的目标做好思想上的准备。

（2）专项技术培训：主要是指企业为了完成某些项目，需要员工掌握相关的理念与方法时，对员工进行的培训。比如清扫客舱、整理床的流程和标准。

三、员工培训的作用

（一）提高员工对服务工作的认知

首先，通过培训可以提高客舱员工对服务工作的认识，引导他们正确地对待人生，正视各种社会现象，摆正金钱、物质和本职工作的关系，提高遵守职业道德标准的自觉性。服务工作是社会工作非常重要的一部分，在社会中，我们每个人既是服务员又是顾客，既是生产者又是消费者。作为一名服务员，必须具备爱岗敬业的职业道德。其次，通过培训可以提高员工的质量意识，使员工认识到"宾客至上，服务第一"的重要性，在服务态度、礼貌、礼节、操作技能、工作效率、心理素质等方面自觉地加强修养，在工作实践中为客人提供优质服务。

（二）使员工掌握专业技能

邮轮客舱部门内不同岗位之间存在着明显差异，因此服务员除了应具备基本的服务技能外，还要掌握某些项目的专业服务技能。这些专业服务技能必须通过较认真的培训才能掌握。

（三）有助于培育企业文化

很多企业在注重业务工作能力的培养同时也非常注重企业理念的文化建设。被业界誉为"邮轮之王"的嘉年华邮轮一直秉持着"欢乐之船（fun ship）"的企业文化建设及目标，强调动感欢乐气氛。所以员工在接受过系统的企业文化培训后就能够上下一条心将这一文化融入对客服务中，时刻让顾客沉浸在欢乐的气氛中。

（四）改善企业绩效

高效的员工培训不仅可以帮助员工提高个人知识、技能等，也能够帮助员工更深入地了解公司发展战略、岗位工作要求及标准，从而帮助员工提升工作能力，为晋升奠定基础。企业的绩效以及发展离不开每一位员工，所以当员工业务能力不断提升后，企业的发展才会更有未来。

四、培训方法

M2-8 客舱部员工培训方法

（一）讲授法或专题讲座法

通过培训师语言表达，能够非常系统且有逻辑地向被培训者传授知识。讲授法一般适用于专题及学科类知识的学习或普及。通过讲授法不仅可以使员工更加系统地了解新知识，也可以同时对多人进行培训，操作比较方便，经济高效。但是此方法的学习效果与培训师的水平有比较大的关系，而且由培训师讲授是一种单向的信息传递，员工处于比较被动的状态，学习的积极性有待加强。

（二）演示法

运用相关的实物与教具，实地示范使员工了解某一种工作应该如何完成。通过演示法能够激发员工运用多种感官，做到看、听、想、问相结合，加深对所学内容的印象。但是因为其需要特定的工具展现，所以会对培训场所有特定的要求。

（三）角色扮演法

通过扮演乘客、同事、领导等不同的角色，在模拟真实工作环境下，感受所扮演角色的心态和行为，模拟处理工作事务的流程。通过直观的工作场景重现，不仅仅能充分调动员工解决问题的积极性，同时提供了换位思考问题的机会。

（四）工作轮换法

这是一种在职培训的方法，主要是让员工通过岗位变换，获得不同的工作技能。比如可以安排客舱服务人员与公共区域服务人员进行岗位互换，这样可以使员工深入了解其他工作岗位的工作内容，为员工的岗位调动奠定基础。但是因为考虑到实际工作的效率及质量，培训对象在新岗位培训的时间不会很长，所以受培训者可能获得的知识技能不够深入。

（五）工作指导法

工作指导法也叫"师带徒"，这种方法需要有一位经验技术能手或者主管人员在工作岗位上对员工进行培训。通过工作指导法，可以让员工非常直观地领会到工作岗位职责以及工作流程。特别是对于实操类岗位员工，这种培训方法效率会很高。此培训方法非常考验师傅的能力，不仅要求专业业务能力好，同时也要求沟通能力、人际交往能力强。

（六）案例研究法

给受训者提供相关工作案例，让他们分析、评价并给出解决问题的建议和方法。通过案例研究法，可以让员工主动参与到分析当中，从正面案例中发现启示，从反面案例中总结问题，使员工把在案例研究法中学习及总结到的知识迁移到现实工作中。案例研究法的缺点在于对案例的选择，因为案例需要有代表性、启发性以及实用性，所以培训前期需要花大量时间甄别优秀案例，否则培训效果就会大打折扣。

五、培训成果的转化

培训相关课程的结束非但不代表员工培训的结束，反而是真正应用的开始。如果培训的内容不能转化成员工在实际工作中的工作能力，那培训就是在做无用功，不仅浪费经费而且浪费精力。只有员工将培训中学到的内容运用到工作当中去，培训才具有现实意义。所以培训成果的转化是非常重要的一环。针对客舱部门来说，培训成果的转化需要下面几个基本的条件。

（一）上级的支持

上级支持员工将培训所学的内容积极应用到实际工作当中，那么培训的成果就有更大的可能得到转化。上级的支持表现在以下几个方面：首先提醒员工将培训所学的知识进行运用，这是因为员工可能学习了，但是并没有意识要将所学真正地应用。其次要给员工提供机会，让他们能在工作中应用培训所学的技能。最后也要在员工应用新知识新技能的时候及时给予反馈，这样才能形成一个高效的循环。

（二）同事的支持

不仅可以和一起参加培训的同事积极讨论培训成果的转化，分享经验，也可以一起分析失败的原因，为下一次更好地实践做准备。对于没有参加培训的同事，也应该积极分享培训成果，这也是一种对培训内容的复习提升。

六、培训成果的评估

培训的最后一步就是培训成果的评估与反馈。这一措施不仅仅是检查培训目的是否达到，同时也是为下一次更有效的培训提供支撑。在各类评估培训成果的方法中柯氏四级评估是应用于评估培训效果最普遍的方法之一。柯氏四级评估主要包括反应层评估、知识层评估、行为层评估、组织层评估。

（一）反应层评估

反应层评估考察学员对培训课程、培训师和培训组织的满意程度。在培训中可以通过观察学员的反应、与学员进行面谈了解学员的感受；在培训后可以通过问卷调查法获得学员对此次培训的满意程度。通过面谈和满意程度的调查可以检验本次培训组织和安排是否合理，培训师是否称职等。

（二）知识层评估

主要是评估学员对培训内容、技巧的掌握程度。在培训开始之前先测试学员对知识和技能的掌握情况，培训之后采用笔试、口试、模拟练习等方法再一次进行测试，以了解学员的进步之处。比如，在教授客舱消毒步骤后，可以请受训员工实操，通过他们的实际操作发现问题并及时改进。

（三）行为层评估

主要聚焦学员培训后的行为。在测定员工的反应和学习成果时，培训成果的得分往往很高，但在实际工作中往往会发现，由于某些原因学员未能在工作中表现出行为的转变。所以行为层评估就需要滞后一些，在培训结束后的3～4个月进行。可以通过观察，与受训者工作相关的人进行谈话来进行培训效果的评估。

（四）组织层评估

前三层评估都是着眼于员工个人能力的提升，而员工个人能力的提升其实也是为了更好地服务于企业的发展，所以组织层评估主要从企业的层面上来衡量此次培训对公司业绩的影响，也这是培训成果评估的最高层次。可以通过受培训员工后期投入工作中的事故率、合格率、离职率等一系列指标进行测定。

七、客舱员工评估与激励

在对员工进行激励之前，一定要对其工作业务以及工作水平进行考核或评估，在此基础上才能确定给予怎样的激励。一般邮轮公司会对照员工的工作目标或岗位说明书，运用合理的考核方法评定员工工作任务完成的情况。考评的结果不仅能用于激励员工，而且还可用于员工的升职、调动以及培训甚至工资调整等方面。

（一）评估的方法

1. 强制分布法

强制分布法是将被考评对象的考核结果分配到近似正态分布的标准中去。正态

M2-9 客舱部员工评估面谈的技巧

分布的概念是法国数学家棣莫弗在1733年首次提出的。理论上的正态分布曲线是一条中间高、两端逐渐下降且完全对称的钟形曲线。正态分布在市场经济或者生活中是比较常见的一种形态或者趋势。使用这样的一种方法进行评估需要提前划定一个固定比例，然后按照比例将被考评者放入相应的等级当中去。比如按照以下比例来对洗衣房员工清洗衣服达到标准的人数进行评估：完全达标的占总人数的15%，完成较好的占总人数的20%，完成一般的占总人数的30%，完成较低的占总人数的20%，未达到标准的占总人数的15%（图2-3）。

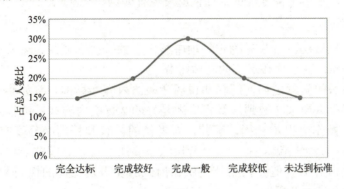

图2-3　强制分布法

此种方法有利于管理团队，特别是当邮轮客舱引入淘汰机制时，强制分布法可以明确地筛选出工作能力不符合要求或者标准的员工。同时因为员工担心落入评估最低区间，会努力工作不断提升技能，所以这也是一种激励与鞭策的工具。但是这种方法也存在弊端，如果员工的业务能力差异不明显且都非常优秀时，强行使用这种方法分等级可能会使员工的积极性受到打击。

2. 360°考核法

360°考核法又称全方位考核法。该方法是指通过员工自己、上司、同事、下属、顾客等不同主体来了解其工作能力，评论各方面的意见，使得被考核者清楚自己的长处和短处，来达到提高工作能力的考核方法。360°考核法主要对员工进行定性考核，即对员工的胜任特征进行考核，而不是仅仅考核员工在工作上的产出，所以得出的考核结果全面且深刻。

对于客舱部门员工来说，部门领导对员工进行评估是考核中最常采取的一种方式。但是领导考核时一定要注意，领导应对考核的内容非常清楚，且最好是直系领导进行考核。同级的考核就是一个部门或者一个团队的工作人员对其进行评估。因为同事之间工作关系更加紧密，相互也了解更多，所以同级评价主要是让被考核者了解自己的人际交往能力、团队合作能力、处理问题的能力以及与人沟通的能力。但是同级考核时需要注意团队气氛，如果处理不当，可能会让团队的人际关系紧张或者员工的重心从工作能力的提升转变到对人际关系的维护上。针对有下属的员工，主要是考察其管理能力。但是应注意最好使用匿名评估的方法，这样才能收集到较为真实的信息。对于客舱部门员工，乘客的评价是非常重要的，因为乘客在客舱及公共区域停留的时间比较多，所以其在房间及公共区域清洁与维护及服务态度等方面都是有发言权的。最后的自我考核就需要员工对自己阶段性的工作进行评估，总结阶段性的成果，分析自己的不足。但是员工自评往往带有主观性，所以在使用自我考核时要注意甄别有效信息。

3. 重要事件评估法

如果有些工作的实际成绩难以量化，管理人员就可采用重要事件评估法。其基本做法是对有关员工在某期间或某项工作中的突出成就或缺点错误进行评估。这一做法实际上与抽样评估相似，但没有全面评估可靠，且管理人员必须将平时所了解和掌握的情况及时记录下来（否则容易遗忘或疏漏）。另外，如果管理人员对被评估的员工有成见，采用这种方法进行评估就难免有偏见。

4. 计分考核法

所谓计分考核法，就是先确定每项考核内容的分值和要求，考核时，根据客舱员工的具体表现，评定出该员工的具体得分。

计分考核法的问题是如何解释和说明考核的内容和标准。例如整洁，什么是整洁？对整洁有什么要求？做到什么程度才是好的？有些内容和标准很抽象，也很难解释和说明，操作中很难把握。因此，对考核的内容和标准必须要有统一的解释，考核双方的理解必须一致。采用计分考核法还要注意权重分配的合理性，要有所侧重。每项考核内容的分值要根据员工所在岗位的职责及工作的性质和特点来确定。另外，评分要有统一的尺度。

（二）员工激励

M2-10 客舱部员工激励

在使用各种方法对员工进行评估考核后，就需要及时对评估结果进行反馈并采取正强化或者反强化。如果在考核后没有将结果运用，那不仅仅浪费了考核的时间，同时也不能对员工有任何的激励或者提高。使用激励的手段也是一种将优秀客舱部员工留下的有效途径。邮轮客舱房间多、负责空间区域大，工作要求高等特点使得客舱部员工流动性较高，所以为了减少员工流动率，有效地使用激励机制刺激员工，可以让员工在工作中时刻保持专注、谨慎、关切。

激励的方式包括正强化与反强化。在合适的时机运用正确的激励方式，就能修正问题、鼓励或者鞭策员工。正强化包括责任激励、物质激励及情感激励，通过以上方式可强化员工正确或者优秀的表现。通过正强化不仅能让员工得到鼓励，同时也能让其他员工有学习榜样。

1. 责任激励

即让员工认识并担负起应有的责任，激发其奉献精神，满足其成就感，促使其发挥自身最大的潜力。工作岗位的调整、工作量的增加、责任范围的扩大、决策权的给予等，对某些员工来说都是极大的鼓励和肯定，可以促使他们更加努力勤奋地工作。相反，如果员工认识不到自己应负的责任，就会放松对自己的要求，甚至出现"油瓶子倒了也不去扶"的现象。所以，管理人员应帮助员工充分认识到自己的责任。对员工进行激励时应注意：

（1）交给员工与其能力相当或稍大于其能力的工作。这样会使员工感受到管理者对自己的重视和尊重，从而体会到自己工作的意义，进而积极努力地完成任务。

（2）给予员工一定的自主权。员工在其职责范围内应有独立工作的权力和一定的自主权，这样既能方便客人，又可激发员工的责任心。否则，管理人员事事都不肯放手，既耗费自己过多的精力，又使员工感到管理者对其能力不够信任，挫伤他们工作的积极性。例如，应给予客舱部员工一定的优惠权，让其能够根据具体情况给予客人小礼品，既提高乘客的满意度，又激发其责任心。

2. 物质激励

即通过满足个人的物质利益需求来调动个人工作的积极性和主动性。在目前的生活水平和消费水平下，物质激励仍然是一种行之有效的激励方法。尤其是对基层员工来说，他们本身收入水平不高，一定数额的奖金、实物或工资调整都具有相当大的激励作用。例如，对受到客人表扬的客舱部员工进行物质奖励，鼓励员工提高服务水平，保证服务质量。物质激励除了正面的奖励之外，还应该有相应的物质处罚，使员工明确是非标准和服务规范，严格遵守规章制度，保证服务质量和工作业绩。很多邮轮实行的浮动工资等制度都是为了保证员工的基本工作表现而采取的物质激励方法。

升职加薪是一种非常直接也是员工更倾向获得的物质激励，但是这种鼓励一定要基于完备制度的建立，也就是对于升职加薪的门槛要制定得非常清晰，这样判断一个人是否可以升职加薪，就可以做到有规矩或者有条例可依。这些标准也可以成为员工在工作岗位上奋斗的目标，让员工在工作中能做到更有计划性。

M2-11 邮轮客舱基层岗位晋升路径

3. 情感激励

管理人员除了应对员工的工作严格要求外，还应在生活上关心理解员工，以"情"动人，重视"感情投资"。加强同下属员工的沟通和交流，同员工做朋友，用真情感动员工，获得员工的信任和信心，提高员工的工作热情，能起到较好的激励效果。当完成员工考核评估后，对于员工的优秀表现或突出的业务能力应及时作出肯定。可以选择领导与其面对面谈话，认可其工作能力并表扬；也可以在例会上对表现优秀的员工公开表扬，使优秀员工有获得感，激发员工工作积极性。关心员工，即应心系员工，尽可能解决员工的实际困难；理解员工，即应把握员工的精神和物质追求。具体应注意以下两点：

（1）应经常为员工"理气"，使员工"气顺"。员工之所以缺乏工作热情，多是因为"气不顺"，一怨管理者搞特殊化，二怨分配不公，三怨官僚主义。因此，管理者应充分理解、认真分析，并采取改进措施，为员工"理气"。

（2）应多一些培训、指导和实干，少一些指责、惩罚和埋怨。有些管理人员一旦出现问题，则埋怨、指责与惩罚一齐上，殊不知问题并非都是员工所致。事实上，许多问题寻求根源，则往往来自于管理制度有漏洞，管理手段不得力。因此，管理人员平时应多些培训、指导和实干，以身作则，以自己的工作热情和干劲去影响和激励员工。

在使用正向刺激办法的时候要注意，物质激励与精神激励相辅相成的关系。物质激励主要满足员工的基本生活需求，而精神激励主要满足员工"自我实现"等高需求。物质激励中也包括精神激励的因素。客舱部管理人员应当正确认识二者的作用，正确处理二者之间的关系，不能厚此薄彼。

4. 反强化激励

反强化一般是指当员工做出不符合要求的行为时，用惩罚、批评、处分等方式控制员工的行为。因为这类手段使用不恰当可能会引起负面情绪，所以在使用时要注意以下方面。

（1）注意客观公正。领导者要一切从事实出发，关注员工的行为，不能以自身主观去判断员工。如果做不到客观对待，就会在一定程度上有失公正。

（2）注意标准建立。基于人喜欢被认可的心理特征，反强化并不是员工希望得到的，但是工作中出现了问题时企业也不得不进行矫正，以免未来更多的问题发生。所以事前对反强化标准的建立就非常重要。标准的建立，一方面可使员工积极反思自身能力的不足，而不会对领导或者企业产生负面情绪；另一方面员工在日常工作中可将标准看作工作的底线，规范自身的行为。

（3）制定违规处理程序。不仅要清楚什么样的行为会得到反强化，同时也要制定违规处理程序，以保证反强化措施的准确性和一致性。

（4）要正确对待员工的过错。每个员工都有上进心，都不愿出现差错。由于主、客观原因员工出现差错时，作为管理者绝不能过多地指责和训斥，甚至暴跳如雷，而应冷静分析，根据过错的性质，给予必要的指导、帮助、处罚。即使批评员工，也不应该在公开场合，特别是在客人、异性面前斥责员工。更不能有意无意抬高自己，这样会使员工产生逆反心理，造成感情的隔阂。

（5）慎用"惩罚"。虽然惩罚是一种"负强化"的激励手段，在一定条件下能够起到一定的积极作用，但是，管理人员应当记住，惩罚只是一种手段而非目的，不能滥用。否则，不仅起不到激励作用，反而会引起对抗情绪，造成员工怨声载道，不利于团队精神的形成。

总之，使用正强化或者反强化的手段都是为了使员工能够明确工作方向，提高工作效率，从而为乘客提供更优质的服务，最后提升邮轮公司的服务品质。

工作任务

【任务名称】

如何开展客舱部培训。

【任务准备】

了解邮轮培训的方法及内容。

【任务实施】

1. 查阅文献，制作培训方案

查阅文献的同时结合前述所学内容，整理出一份客舱员工培训方案（主要包括培训方法的选择、培训内容的确定和培训评估）。

2. 以小组为单位进行培训方案专题汇报

（1）总结相关资料，完成培训方案。

（2）每个组对自己的培训方案做陈述，其他组的同学对各组陈述提问。

（3）教师对学生的表现进行点评，并根据培训方案的合理性做出评价。

模块2 邮轮客舱部各岗位职责 097

3. 撰写总结报告

各小组根据汇报结果进行组内总结。

任务评价

任务评价主要从同学们的职业素养、小组互评及汇报表现等方面进行评价详细内容如下。

评价内容		配分	考核点	得分
职业素养（20分）	职业道德	10分	具有实事求是的职业道德，设计方案不违背职业道德，认真负责	
	职业能力	10分	具有分析及总结方案写作能力、查阅文献资料的能力、创新能力、整体把握总结方案的能力	
汇报表现（70分）	内容	文字表达	30分	文字编排工整清楚，格式符合要求，文字流畅、条理清楚、逻辑性较强	
		数据资料分析整理	30分	对所获得的资料进行整理，能够对邮轮客舱培训计划进行分析；表达条理清楚，有逻辑性	
		结构	10分	简洁而明晰，思路清晰，内容结构合理	
小组互评（10分）	结构及表现	10分	小组协作融洽，汇报逻辑清晰，内容翔实且合理	
合计			100分	

习题

（1）员工培训的作用是（　　）。
A. 提高员工对服务工作的认知　　　B. 使员工掌握专业技能
C. 有助于培育企业文化　　　　　　D. 改善企业绩效
（2）员工评估的方法包括（　　）。
A. 强制分布法　　B. 重要事件评估法　　C. 计分考核法　　D. 面授法
（3）正强化的激励方式包括什么？
（4）柯氏四级评估包括哪四级？

自我分析与总结

存在的主要问题：	收获与总结：

改进措施：

模块3　邮轮客舱清洁和保养

3.1　邮轮清洁前准备工作

3.1.1　邮轮员工仪容仪表准备

任务导航

客舱清扫是邮轮每天都要进行的工作。客舱的清洁规程是客人最关心的问题之一，同时也是客人选择邮轮的标准之一。整洁的房间和优雅的环境能使客人心情舒畅、轻松愉快，因此客舱经理必须安排服务员按时、按服务规程和标准的要求，认真、高效地清扫客舱。

学习目标

▶ 能力目标

掌握服务员各种仪态的表现形式。

▶ 知识目标

了解服务员的仪容要求、仪态要求。

▶ 素质目标

塑造服务人员优雅的形象，培养良好的服务意识。

案例引导

在北京2022年冬奥会的颁奖场上，身着瑞雪祥云、鸿运山水、唐花飞雪三套颁奖服饰的礼仪志愿者们将"中国之美"展现得淋漓尽致。礼仪志愿者们的规范与优雅，传递出对运动员们最高的敬意。

点评

在北京2022年冬奥会上，数以万计的赛会志愿者、城市志愿者用灿烂的笑容、勤勉的行动向世界传播和平与友善，展示最美中国形象，为冬奥盛会增添亮丽色彩。

志愿者们向各代表团展现了阳光自信的中国青年形象。

新知探索

一、服务员仪容要求

作为客舱服务员，首先容貌要端庄、大方，体态应匀称。其次头发要梳理整洁。男服务员发脚前不过耳，后不过衣领（图3-1）。女服务员头发不宜过肩，不能蓬松和披散，过长则应当扎起，以给人一种端庄、整洁的感觉（图3-2）。最后，应保持头发、皮肤、牙齿、手指的清洁，口气的清新，可适当用些无刺鼻气味的香水。

图3-1　男服务员展示

图3-2　女服务员展示

男、女服务员皆不能留长指甲。男服务员不能留胡子或文身，女服务员则不可浓妆艳抹和涂有色指甲油。女性化妆应根据场合与需要而定，但化妆的原则应是淡雅自然。化妆要突出自己最美的部分，掩饰不足的部分。

二、服务员着装要求

工作服虽因岗位不同而有不同的样式，但许多款式却是约定俗成的。有些款式已沿用了几十年，虽没有明确的官方规定，但已被本行业普遍认可。每个服务人员都有自己的服饰，客人往往根据每位员工的服饰，来鉴别服务人员的身份。制服美观、整洁既突出了员工的精神面貌，也反映了企业的管理水平和卫生状况。每天上岗前，员工要细心检查制服上是否有菜汁、油渍，扣子是否齐全、有无松动，衣裤是否有漏缝和破边等。

鞋是服装的一部分。在工作岗位上应穿皮鞋，每天应把皮鞋擦得干净、光亮，不要穿白色线袜或露出鞋帮的有破洞的袜子。如果有些工种需穿布鞋，同样也应保持洁净。男员工的袜子颜色应跟鞋子的颜色和谐，通常以黑色最为普遍；女员工应穿与肤色相近的丝袜。

三、服务员站姿要求

（一）服务员站姿基本要求

（1）站正，双腿立直；两脚与肩同宽，身体重心落在两脚中间；挺胸收腹，双

M3-1　三姿正确示范

肩舒展，头正，颈直，双眼平视前方，面带微笑。

（2）女士站姿应优雅，男士站姿要刚健、英武。

（二）服务站姿

（1）垂臂式站姿，如图3-3所示。同服务员站姿基本要求。

（2）腹前握指式站姿，如图3-4所示。在垂臂式站姿的基础上，两手交叉握于腹前，右手在上握住左手手指部位。女士脚位呈"V"形或"丁"字形（右脚跟靠于左脚弓内侧），身体重心平稳。男士站姿在基本站姿的基础上，两脚自然平行分开与肩同宽，身体重心平稳。

图3-3　垂臂式站姿　　图3-4　腹前握指式站姿　　图3-5　后背握指式站姿　　图3-6　单臂前曲式站姿

（3）后背握指式站姿，如图3-5所示。在站姿基本要求的基础上，两手在身后相握，右手握住左手手指部位，左手在上，两臂肘关节自然内收。

（4）单臂前曲式站姿，如图3-6所示。在站姿基本要求的基础上，左臂（或右臂）肘关节弯曲，前臂位于前腹部，左手（或右手）手心向里、手指自然弯曲，右手（或左手）置于身后或身体一侧，身体重心平稳。

知识拓展

对于客舱服务员站姿来说，最忌讳的有以下几点：

（1）东倒西歪。站姿东倒西歪，站没站相，坐没坐样，不雅观。

（2）耸肩驼背。耸肩驼背或者懒洋洋地倚靠在墙上或椅子上。

（3）双手乱放。将手插在口袋里，随随便便，悠闲散漫。

（4）做小动作。摆弄打火机、香烟，玩弄表带、发辫、咬手指等。

四、服务员坐姿

（一）服务员坐姿基本要求

入座时，从座位左边入座。首先背向座位，双腿并拢，右脚后退半步，让腿肚贴在座位边，轻稳坐下，然后将右脚与左脚并齐，身体挺直。女服务员入座，如果穿的是裙装，应整理裙边，用手沿大腿侧后部轻轻地把裙子向前拢一下，并顺势坐下，不要等坐下后再来整理衣裙。起座时，首先右脚向后收半步，蹬地，然后起身站立，右脚再收回与左脚靠拢。

坐立时，头要正，颈要直，平视前方，嘴微闭，面带微笑；身体自然坐直，挺胸收腹，腰背挺直；双腿并拢，小腿与地面垂直，双膝和双脚跟并拢；双手自然放在腹前双腿上或座位扶手上。

（二）常见坐姿

男士常见坐姿包括前后交叉式、正坐、重叠式，女士常见坐姿包括前后交叉式、正坐、斜放式，如图3-7所示。

图3-7 常见坐姿

（三）坐姿注意事项

1. 不要坐满椅子

可就座的服务员，无论是坐在椅子上还是沙发上，最好不要坐满，应只坐椅子的1/2或2/3，注意不要坐在椅子边上。在桌前，注意膝盖不要顶着桌子，更不要双脚高于桌面。站立的时候，右脚先向后收半步，然后站起。

2. 切忌两膝盖分得太开

男子坐下可膝盖分开，女子坐下则双膝并拢。但无论男女，无论何种坐姿，都切忌两膝盖分得太开，两脚呈八字形。

3. 切忌脚尖朝天

最好不要随意跷二郎腿。即使跷二郎腿，也不可跷得太高，脚尖朝天。

4. 不可抖脚

坐立时，腿部不可上下抖动，左右摇晃。在社交过程中，腿部动作经常不自觉地露出人的潜在意识。如小幅度地抖动腿部，频繁地交换架腿的姿势，用脚尖或脚跟拍打地面，脚踝紧紧交叠等动作，都是人紧张不安、焦躁、不耐烦情绪的反映。

5. 双手自然放好

双手可相交自然放在大腿上，或轻搭在沙发扶手上，但手心应向下。手不要到处乱摸。有的人有边说话边挠痒的习惯，有的人喜欢将裤腿捋到膝盖以上，这些动作要绝对避免。

五、服务员走姿

（一）服务员走姿基本要求

行走时要大方得体、灵活，给客人一种动态美。训练行走时，可先空手行走，然后再手端托盘（上放适量物品），直至熟练、正确、自然。

（1）步速。适宜的步速反映出服务员积极的工作态度，是客人乐于看到的。

（2）步幅。一般要求客舱服务员行走时步幅不要过大。步幅过大，人体前倾的角度必然加大，而服务员经常手捧物品来往，较易发生意外。同时，步幅过大，再加上较快的步速，容易让人产生"风风火火"的感觉。

（3）靠右原则。在行走时，服务人员一般靠右侧。与客人同行时，服务人员应让客人先行（咨客引座及接待员除外）。通道比较狭窄，有客人从对面走来时，服务人员应主动停下来靠在边上，让客人通过，但切不可把背对着客人。

（4）遇有急事或手提重物需超越行走在前的客人时，应彬彬有礼地征得客人同意，并表示歉意。

（5）注意步态。走路姿势与心情有关。心理学家认为，低垂着头、双肩晃动和驼背表示此人精神不振、消极自卑。因此要使自己对事业、对生活充满信心和乐趣，这样走起路来也会精神百倍，富有活力。

（二）具体要求

（1）行走时上体要保持正直，身体重心可稍向前倾，头部要端正，双目平视，肩部放松。

（2）两臂自然摆动，男员工步伐要稳健，女员工步伐要轻盈。

（3）两脚行走线迹应相对为直线，不要内八字走路，或者过分地外八字走路。

（4）步幅不要过大，步速不要过快。

（5）行走时不要将手插在衣服口袋里，也不要背着手，摇头晃脑，要控制身体，不可扭来扭去。

（6）走路步伐要利落，要有韵律与弹性，但不要有操练的感觉，不要鞋跟拖蹭着行走。

（7）遇见客人时，员工应主动靠右边行走，右脚向右前方迈出半步，身体向左边转，右手放在腹前，左手为客人指引前进方向，行30°鞠躬礼，并向客人问候。

（8）客人从身后过来，员工应先停步，然后身体向左转或向右侧稍退半步，一手放在腹前，另一手为客人指引前进方向，行30°鞠躬礼，并向客人问候。

（9）所有员工在邮轮内行走，均靠右行。两人以上列队行走，不得与客人抢道。如遇急事必须超越客人时，不可不声不响地跑步超越，而应先表示歉意，再快步超越，绝不可气喘吁吁或因动作过急导致身体失衡冲撞了客人。

（10）上下楼梯时，腰要挺、背要直、头要正，收腹挺胸，臀部微收，不要手扶楼梯扶手。

六、服务员手势

（一）基本手势

规范的手势应当是手掌自然伸直，掌心向内或向上，手指并拢，拇指自然稍稍分开，手腕伸直，使手与小臂成一直线，肘关节自然弯曲，使大、小臂呈140°为宜（图3-8）。

图3-8　服务基本手势

（二）常用服务手势

1. 引导手势

引导，即为客人指示行进方向，也就是指路。引导客人时，首先轻声对客人说"您请"，然后采取"直臂式"指路。具体做法是：将左手或右手提至齐胸高度，手指并拢，掌心向上，以肘关节为轴，上臂带动前臂，朝欲指示的方向伸出前臂，手和前臂成一直线，整个手臂略弯曲，肘关节基本伸直。在指示方向时，上体微前倾，面带微笑，身体侧向来宾，眼睛看着所指目标的方向，直到来宾表示清楚了，再放下手臂。

2. "请"的手势

"请"的手势是服务员运用得最多的手势之一。根据场景不同，"请"有着不同的语义："请进""这边请""里边请""请跟我来""请坐""请跳舞"等（图3-9）。

（1）横摆式。具体做法是：五指伸直并拢，掌心斜向上方，手掌与地面呈45°；腕关节伸直，手与前臂成直线，整个手臂略弯曲，弯曲弧度以140°为宜。做动作时，应以肘关节为轴，上臂带动前臂，由体侧自下而上将手臂抬起，到腰部并与身体正面成45°时停止。同时，头部和上身微向伸出手的一侧倾斜，另一手下垂或背在背后，面向客人，目视来宾，表示出对宾客的尊重、欢迎。至于用哪只手做，这要根据情况来定，哪只手做起来方便就用哪只手。做手势时，必须面对客人，不得背对客人。

（2）曲臂前摆式。具体做法是：五指伸直并拢，掌心向上，手臂由体侧自下而上地向体前方抬起；当上臂抬至与身体成45°时，以肘关节为轴，手臂由体侧向体前摆动至与身体相距20厘米，身体略微前倾，头略往手势所指方向倾斜，面向客人，目视来宾（图3-9）。

(a)　　　　　　　　　(b)　　　　　　　　　(c)

图3-9　"请"手势

（3）双臂横摆式。当面对较多的来宾表示"请"时，可采用双臂横摆式。如果是站在来宾的侧面，可将两只手臂向一侧摆动。

3. 握手的手势

握手表示友好、欢迎、愿意交往及祝贺、感谢、慰问、鼓励、告别等意义。世界上大多数国家都把握手作为一种礼节来运用，人们在见面或告别时常采用握手礼。握手有单手握和双手握之分。

（1）单手握。施礼者应距受礼者约一步的距离，两脚立正（或两脚展开成八字步站立），上体微前倾，目视对方，伸出右手，四指并拢，拇指张开，手掌与地面垂直，肘关节微屈抬至腰部，与对方右手相握，并上下抖动，以示亲热。

（2）双手握。同时伸出双手，握住对方右手，其他与单手握相同。

（三）项目具体要求

（1）在鞠躬的同时问候"您好"。
（2）指引客人时应五指并拢、手掌伸直，指向所在方向。
（3）不能用单个手指指示方向。
（4）引领宾客时应走在宾客左前方1～1.5米处。
（5）有客人路过时要让路，不与客人抢道。
（6）引领过程中不时回头示意客人，遇有楼梯或拐弯、不平之处时要提醒客人注意。

工作任务

【任务名称】

礼仪训练。

【任务准备】

分组学习操作要领，准备适当服装。

【任务实施】

分组进行礼仪操展示。

M3-2　礼仪操小组实训

任务评价

任务评价主要由小组互评及教师评价两部分组成，详细内容如下。

评价内容		配分	考核点	得分
教师评价	服装	10分	着装大方得体，搭配精致、高雅的化妆和端庄的发型	
	礼仪举止	20分	有至少6个以上的标准礼仪动作，动作规范得体，体现学生风采	
	神情风度	10分	眼神认真专注、微笑真诚随和自然	
	团队精神	10分	团队的协调性佳，体现默契、沟通及友爱	
	艺术创意	20分	全套动作编排新颖、突出主题	
	表演	10分	动作、情感及面部表情要符合情节的发展，充分表现该情景的特点和寓意，且表演过程中的举止要符合礼仪规范	
小组互评		20分	根据标准进行评价	
合计			100分	

习题

（1）服务人员主观愿望的本质表现为（　　），是提供优质服务的基础。
　A. 主动热情　　　B. 微笑服务　　　C. 耐心细致　　　D. 敬语服务
（2）员工在接待服务中，回答宾客问话时的礼貌用语属于（　　）语。
　A. 迎送　　　　　B. 应答　　　　　C. 称呼　　　　　D. 问候
（3）服务人员的（　　），直接影响邮轮生产活动的质量。
　A. 素质　　　　　B. 外表　　　　　C. 年龄　　　　　D. 性别
（4）邮轮员工正确的服务思想是邮轮提供优质服务的基础。（　　）
（5）员工是否具有强烈的服务意识是邮轮优质服务的主要标志之一。（　　）
（6）良好的专业技术能力是邮轮优秀服务员应具备的基本条件之一。（　　）

自我分析与总结

存在的主要问题：	收获与总结：
改进措施：	

3.1.2 员工综合素质准备

任务导航

为适应当今服务行业的要求，员工应具有高度的责任感和同情心，培养尊重顾客、关怀顾客的高尚职业道德，树立"以人为本"的价值观，做到爱岗敬业、无私奉献，注重服务以外的知识学习和自身综合素质的提高。

学习目标

▶ 能力目标

能为客人提供迅捷、优质的客舱服务。

▶ 知识目标

了解工作岗位职责需要具备的各项素质。

▶ 素质目标

做到爱岗敬业、无私奉献，注重综合素质的提高。

案例引导

客人拿走的玻璃杯

一位客人临走时拿了房间的玻璃杯，但玻璃杯属于邮轮的非赠品。"客人拿了两个玻璃杯，硬是不拿出来，我们实在没办法说服他。"此事报告给经理后，经理微笑着走向客人，"您好！我是经理，能帮助您吗？""我是拿了两个玻璃杯，怎么样？要退还，你自己去包里取。有的邮轮还奉送玻璃杯，你们凭什么说我私拿？"客人气愤地嚷着。该客人事前一定不知道邮轮玻璃杯属于非赠送品，但知道后又死要面子，不肯承认。经理这样想着，于是便微笑着对客人说："有些邮轮赠送玻璃杯，但我们邮轮尚未实行，我可以向总经理建议，不如您付成本价带走您喜欢的玻璃杯！"客人平静下来，无奈地按成本价结账。客人离开时，经理微笑着与他道别，"对不起，耽误您结账的时间了，欢迎您下次再来！"

点评

本案例中，当客人发现自己的行为已被邮轮察觉之后，处于一种矛盾心理，在邮轮给予机会的情况下，客人最终花钱买了玻璃杯。所以，无论如何，作为旅客即使做错了事，也仍然希望得到尊重，应为他设计一个"体面的台阶"，这是一种明智的做法。

高素质的邮轮员工善于观察和了解客人的情况，因此在处理邮轮问题时，要讲究处理问题的技巧。入职准备就是要让新员工具备良好的从业心理准备、正确的从业观念准备。

新知探索

M3-3 客舱部员工服务态度与意识

一、员工从业心理准备

（一）从业态度

态度是邮轮员工从业心理中一个重要的组成部分，是否能摆正从业态度，决定着邮轮员工从业中的努力程度、待人接物的情绪等。这可以从以下两方面进行阐述。

（1）有的员工认为邮轮服务人员是专门给人赔笑脸的行业，地位低下，工作起来没干劲，这是一种非常消极的从业态度。邮轮员工确实应当对客人笑脸相迎，这不仅是由其服务业性质决定的，而且也是人与人之间表达尊重的方式。但对客人笑脸相迎并不意味着邮轮员工就低人一等，而是让客人在邮轮有一种宾至如归的感觉，感受到对他的友好与热忱（图3-10）。

(a)

(b)

图3-10　员工热情的服务态度

（2）有些邮轮员工对客人不是采取一视同仁的态度，而是因人而异，对贵客热情备至，对一般客人则冷脸相迎。客人之间不论背景、地位、经济状况、国籍、外观衣着如何，在人格上都是平等的，如果邮轮员工在服务中厚此薄彼，那么受到轻慢的客人必然会对其产生不好的印象，使邮轮的发展受到损失。

（二）从业意志

意志是一个人在面对事物时所表现出来的克服困难、达成目标的决心。企业员工意志的培养主要表现在以下几个方面。

（1）恒心。虽然每天面临的客人不一样，但所从事的工作具有相当的重复性，如果没有足够的恒心作支持，就容易畏难而退，对客人的服务工作就无法很好地开展了。

（2）耐心。当客人产生误会时，耐心地向客人解释，直到客人理解为止；当客人对询问的事情没有听明白时，邮轮员工耐心地将事情说清楚，直到客人得到满意的答复为止。

（3）自律。自律就是将工作要求内化为自己的言行举止。所谓内化，强调的是在无须外来监督管理的前提下，充分地发挥自己的主观能动性，自觉地将工作做得井井有条。

（4）自控。每个邮轮员工都有自己的情感、尊严和正当权利。在邮轮服务工作中，经常会碰到客人与员工之间产生误会，有时候原因可能出现在客人身上，这时邮轮员工产生的情绪，采取一定的行为，纯粹地来看可能是合理的。但所涉及的双方也不是纯粹的人与人的关系，而是员工与客人、服务者与被服务者、拥有权利者和承担义务者的关系，因此这类矛盾的处理方式、处理主导思想就要强调邮轮员工的自控意识。

（三）对工作的情感

情感是一个人对所从事的工作以及与工作相关人、事的喜欢、爱好、厌恶等积极或消极的情绪。情感是坚定意志的基础，是紧紧联系员工与邮轮的纽带，是促使员工忘我地投入工作的催化剂，其主要表现在以下两方面：

（1）作为一名邮轮员工，首先应当充分地认识到邮轮服务业的光荣、高尚。

（2）邮轮员工应当热爱自己的同事，处理好与上、下级的关系。与同事和上、下级拥有良好的关系，有助于工作中时时保持愉快、健康的心态；如果员工之间关系不和谐，则会影响对客人的整体服务，给客人留下不好的印象。

二、正确的从业观念

（一）大局观念

（1）每个员工都要树立牢固的大局观念，时时想着邮轮的整体利益，考虑邮轮的整体形象，避免邮轮受到不应有的损失。

（2）邮轮员工应当认识到自己的言行对整个邮轮的意义，做好了获益就大，做差了邮轮就受损。每个员工都是邮轮这座大厦的支柱，只有每一个人都充分发挥自己的才干，邮轮的经营基础才会异常牢固，邮轮的经营才会蒸蒸日上。

（二）主人翁观念

（1）要想邮轮之所想，把邮轮的整体目标当作自己的目标，努力在岗位上履行自己的职责，不仅要使邮轮整个服务链不在自己的岗位上受到损失，而且要使自己的这一环为邮轮的整体形象做出突出的贡献。

（2）要想客人之所想，把客人需要的服务及时、完善、高效地提供到位，使客人在邮轮受到热情的礼遇和完满的接待，尽兴而去。

（3）要想邮轮、客人之未想，在充分履行岗位职责的基础上，把那些邮轮没有想到的，规定没有涉及的，别人没有想到或考虑不周的，客人没有想到的等，都要纳入自己的服务范围。

（三）质量观念

邮轮员工树立质量观念，首先应当对邮轮服务的质量有一个全面而深刻的认识。

1. 邮轮产品质量构成的特殊性

服务质量包括设备设施的质量、安全保卫的质量以及员工服务水平的质量。在所有的质量中，员工服务水平的质量是最为重要的，它最终表现为客人享受服务后感受到的舒适度与满意度。

2. 邮轮产品质量的整体性

整体性是指一个人的过错会使全体员工的劳动付之东流。服务质量是由一次次服务质量综合构成的，每一次服务的质量使用都是一次性的，不像其他产品一样可以更换返修，即其质量具有不可补偿性，并随着时间的延续，付出的补偿成本成倍翻升。

三、系统的培训准备

员工准备系统培训内容见表 3-1。

表3-1 员工准备系统培训内容

序号	培训内容	序号	培训内容
1	邮轮人员的仪表仪容	25	布草运送规程
2	礼节、礼貌、体语	26	领货规程
3	邮轮及邮轮的产品	27	报纸分发规程
4	邮轮概述	28	客衣送洗
5	邮轮组织机构	29	物品租借服务
6	客舱部运作模式	30	应急事件的分析及处理
7	客舱职员的沟通	31	客舱的各类房态
8	岗位职责（客舱）	32	饮料查补
9	铺床、撤床方法	33	房间计划卫生及清扫要求
10	各岗位班前准备工作	34	婴儿床服务
11	各岗位收尾及交接工作	35	夜床服务
12	客舱服务的项目、要求	36	特殊客人服务
13	客舱物品的配备及管理	37	钥匙管理
14	客舱工作车的配备及管理	38	特殊房间布置
15	客舱工作规程	39	协助叫醒服务
16	工作班次安排及考勤考核	40	遗留物品的登记和保管
17	清洁客舱的规程	41	报维修
18	特殊房的服务及注意事项	42	巡视楼层
19	协助VIP宾客接待	43	损坏宾客物品的处理
20	安全知识	44	做空房卫生
21	客人投诉处理	45	杯具洗涤、消毒
22	与其他各部门的沟通、协调	46	查虫工作
23	如何开好班前会	47	公共区域卫生
24	夜间客舱服务		

工作任务

【任务名称】

如何做好入职前准备。

【任务准备】

分组复习并整理任务内容。

【任务实施】

1. 查阅文献

查找与本任务相关的资料，对获取的资料进行整理与总结。

2. 理清任务要求

将本书的内容形成初步认识，整理相关内容并讨论。

3. 撰写汇报材料

可以选择PPT、思维导图等形式进行汇报。

任务评价

任务评价主要从同学们的职业素养、小组互评及汇报表现等方面进行评价，详细内容如下。

评价内容		配分	考核点	得分
职业素养（20分）	职业道德	10分	具有实事求是的职业道德，设计方案不违背职业道德，认真负责	
	职业能力	10分	具有分析及总结方案写作能力、查阅文献资料的能力、创新能力、整体把握总结方案的能力	
汇报表现（70分）	文字表达	30分	文字编排工整清楚、格式符合要求，文字流畅、条理清楚、逻辑性较强	
	内容 数据资料分析整理	30分	对所获得的资料进行整理，能够对邮轮客舱部服务员所需综合素质进行整理分析；表达条理清楚，有逻辑性	
	结构	10分	简洁而明晰，思路清晰，内容结构合理	
小组互评（10分）	结构及表现	10分	小组协作融洽，汇报逻辑清晰，内容翔实且合理	
合计			100分	

习题

客人下船后，客舱服务员小陈在打扫客房时在衣柜里发现了一条非常漂亮的围巾，禁不住诱惑，看周围没人，就偷偷将围巾塞进了口袋。不巧，正在检查的领班发现了此事，结果小陈丢了工作。这一案例给您什么启示？如果您是这名服务员，您会怎么做？

自我分析与总结

存在的主要问题：

收获与总结：

改进措施：

3.1.3 岗前准备工作

任务导航

客舱清扫是邮轮每天都要进行的工作。客舱服务员的岗前准备工作包括熟悉设施设备及用品，按照要求进行房务工作车的布置。房务工作车整理的基本要求为清洁整齐、物品摆放齐全、清洁剂和清洁工具充足，服务员应根据规定做到统一规范。

学习目标

▶ 能力目标
能够按照要求和标准进行房务工作用品的准备。

▶ 知识目标
了解房务工作车布置的标准。

▶ 素质目标
熟练运用相应的业务知识和服务技能，为客人提供整洁舒适的住宿环境。

案例引导

客舱服务员小陈今天第一次进行客舱清洁工作。在他工作之前，老员工跟他说："不累不累，邮轮靠岸后，有时间还可以上岸游览呢！"他按照要求准备好了工作车，即将开始打扫时发现清洁剂不够用了，于是只好先去申领清洁剂；清洁剂申领回来之后，发现防护的手套没有拿，又跑去拿手套；整理房间的时候，发现床单不够了……如此反复多次，一整天过去了，他也没有把他负责的房间清洁完。回来之后，他跟老员工讲述了今天的辛苦工作，老员工语重心长地说："邮轮客舱清扫累不累，要看准备工作做得好不好。"

点评

本案例中要点在于掌握所有标准化任务的操作规程，能够按照邮轮客舱分类布局要求和服务规程，完成各类客舱的保持工作，包括清洁整理、开夜床服务等。工作中，要求工作人员能够按照规程要求正确布置物品（按照要求摆放并养成良好习惯）。

新知探索

一、熟悉客舱房内用品

（一）邮轮客舱布草
布草是客舱部对客舱放置的毛巾、台布和床单、枕套等的统称，泛指一切跟"布"有关的东西。常用布草分为客舱布草、卫浴布草。

（二）邮轮客舱低值易耗品
客舱的低值易耗品或一次性用品主要包括肥皂、洗发水、淋浴液、护理套、杯套、杯盖、袋泡茶、文具等。

（三）邮轮客舱其他物品
其他物品主要包括窗帘、垃圾桶、服务指南、洗衣袋、衣架、挂画、鞋篮、花

M3-4 客舱清洁卫生准备工作

瓶、药箱、纸巾盒、酒具等。

二、班前准备

（一）工作流程

（1）班前准备。整理仪容仪表、服装，佩戴好工作牌。

（2）领取工作报表、对讲机、层卡，领用人签名。

（3）参加会议，听取领导的工作安排［图3-11（a）］。

（4）清洁准备。检查工作车与物品配备是否卫生、完整，检查工具是否完好。在清点时若有设备缺少或损害的情况需及时上报［图3-11（b）］。

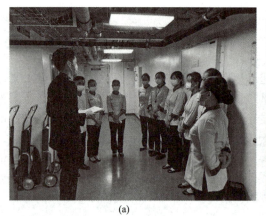
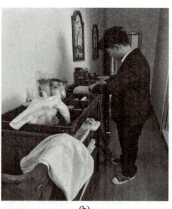

(a)　　　　　　　　　　　　(b)

图3-11　班前会及清洁准备

（二）工作车的整理

（1）取出使用过的需要送洗布草及需分类处理的垃圾。

（2）确保工作车能正常使用，物品工具齐全（图3-12）。

(a)　　　　　　　　　　　　(b)

图3-12　房务工作用品

（3）把干净的布草和客房用品放置在工作车中，摆放整齐，不要堆得太高。

（4）准备好清洁剂及工具。

（5）准备四五块干净抹布，并用颜色区分开。

（6）检查无误后将工作车推入规定位置。

（三）注意事项

工作车是客房服务员每天清洁房间的必备工具，工作车和清洁工具可以在每天下班前提前准备好，第二天工作前再例行检查一次。工作人员应责任心强、吃苦耐劳、爱惜公共财产，养成节约的好习惯，按质按量完成工作中的各项事项。

【任务名称】

整理房务工作车。

【任务准备】

（1）实训场地（建议在全真的实训环境中进行）。
（2）工作车及相关的布草和用品。

【任务实施】

任务	内　　容
班前会	1. 考勤、仪容仪表检查 2. 训练内容和项目
实训方法	多媒体和指导教师示范讲解，学生实训操作
实训步骤	1. 清洁工作间，并将工作车内外清洁干净 2. 将垃圾袋和布件袋挂在车钩上 3. 将床单、枕套、被套及各类毛巾置于格上，以上轻下重原则摆放 4. 将房间用品放置顶部格中，大件物品放在后面，小件物品放在前面 5. 将清洁用品置于清洁篮内（清洁剂、各色抹布、手套、刷子等）
训练	讲解、示范相结合
讲授	整理的标准要求
示范	教师示范如何整理并强调注意事项： 1. 装车前留意有无损坏，车内外还没干时，切勿摆放布巾及用品 2. 较贵重物品不要暴露在外，以防他人取走 3. 切勿放置过多的清洁用品于桶内
练习	让学生分组进行练习
总结	1. 各小组进行自评及组间互评 2. 教师评价，指出各小组成员的优点与不足

任务评价由会前准备、各小组自评、组间互评及教师评价构成，详细内容如下。

评价内容	配分	考核点	得分
班前会	20 分	会议内容安排合理，呈现效果好	
教师评价	60 分	1. 检查全车，内外清洁干净 2. 各类布巾置于格上，上轻下重；房间用品放置顶部格中，大件在后，小件在前 3. 清洁用品齐全 4. 物品摆放整齐、美观，方便取用	
小组自评	10 分	成员配合融洽，按照要求整理，效果符合要求	
组间互评	10 分	操作过程自然、有条理，分工明确；整体效果达到要求	
合计		100 分	

习题

结合本任务的内容将下面的知识导图填充完整。

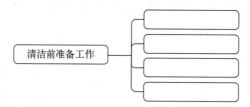

自我分析与总结

存在的主要问题：	收获与总结：

改进措施：

3.1.4 邮轮客舱房态及清扫方法

任务导航

客舱清洁整理前，每天早会由主管分配工作，服务员应了解客舱的房态（亦称客房状况），掌握当天的工作安排及相关要求。只有把这些工作做好后，客舱服务员才能有条不紊地进行后续工作。

学习目标

► 能力目标

掌握邮轮客舱房态，并能合理地安排客舱清扫整理顺序。

► 知识目标

熟悉房态、邮轮不同航次运行过程中不同类型客舱的清扫顺序及基本方法。

► 素质目标

使服务人员拥有按照规程开展工作的职业素养。

> **案例引导**
>
> 袁女士订购了一间豪华海景阳台房，可当她进到房间看到的却是满地垃圾，还有混乱的卫生间，整个房间根本没有打扫。随后，她要求工作人员尽快打扫，于是清洁人员急急忙忙地打扫了房间。虽然房间打扫了一遍，但还是存在异味，并且马桶存在漏水现象。袁女士认为，既然是乘坐邮轮度假，最看重的就是入住体验，花了高价钱却得到这样的环境和服务，显然是不能接受的。经理解释说当时正值旅游旺季，客房清洁工作没有及时衔接，所以才会出现上述情况。

点评

一般情况下，各邮轮到港后就会有下一批客人登船，客房需要提前收拾出来。客舱工作人员要做基本的准备，包括着装、房态表、清洁工具等。另外，还需要提前了解哪些是退房、住房，住房客人有无特殊要求等。了解房态的目的是确定客房清扫的顺序和对客房的清扫程度，避免随意敲门，惊扰客人。这是清扫客房前必不可少的规程。

新知探索

一、常见房态

（1）住客房（occupied，OCC 或 O）。表示客人正在租用。

（2）请勿打扰房（do not disturb，DND）。表示该房的客人不愿被服务人员或其他人员打扰。

（3）请即清扫房（make up room，MUR）。表示该房的住客因会客或其他原因需要服务员立即清扫。

（4）贵宾房（very important person，VIP）。表示该客舱的住客是邮轮的重要客人，在邮轮的接待服务过程中应优先于其他客人，给予特别的关照。

（5）加床房（extra，E）。表示该客舱有加床服务。

（6）走客房（check out，CO）。

（7）准备退房（expected departure，ED）。表示应在当天中午 12：00 以前退房，但现在还未退房的客舱。这种客舱应在客人退房前先进行简单的整理，等客人退房后再做彻底的清扫。

（8）未清扫房（vacant dirty，VD）。表示该客舱住客已结账并已离开客舱，但还未经过清扫，服务员可以按规定进房整理。

（9）已清扫房（vacant clean，VC）。表示该客舱已清扫完毕，可以重新出租，许多邮轮也称为 OK 房。

（10）空房（vacant，V）。空房即指昨日暂时无人租用的 OK 房。

（11）维修房（out of order，OOO）。维修房亦称待修房，表示该客舱因设施设备发生故障，暂时不能出租。

M3-5 客舱房态及清扫顺序

邮轮的主要房态术语详见表 3-2。

表 3-2　邮轮主要房态

房态	中文	缩写	描述
vacant clean	可租房	VC	已经打扫干净，可售
vacant dirty	走客房	VD	客人已离船，待打扫
occupied clean	住客房（已打扫）	OC	住客舱，已打扫
occupied dirty	住客房（未打扫）	OD	住客舱，未打扫
out of order	待修房	OOO	设施维护中，不能出售
house use	自用房	HU	自用，不能出售
blocked room	保留房	B	已预定，不能出售
doubled locked	双锁房	DL	舱房从内部双锁，普通钥匙无法打开
extra	加床房	E	舱房内有加床
do not disturb	请勿打扰	DND	乘客不需要打扫
make up room	请速打扫	MUR	乘客需要尽快打扫

二、邮轮客舱清扫顺序

（一）航次运行过程中

（1）第一优先：套房或 VIP 房。
（2）第二优先：通知整理、挂有"请即清扫"牌的房间。
（3）依房号顺序整理在住的客房。
（4）空房。

（二）停靠港口后

（1）乘客已经离船的客房，快速整理出来以迎接下一批住客。
（2）对空房进行常规检查。
（3）在住的其他客房。

三、客舱清扫的基本方法

客舱内的清洁按照六个方面（图 3-13）进行，可以省时高效地完成。

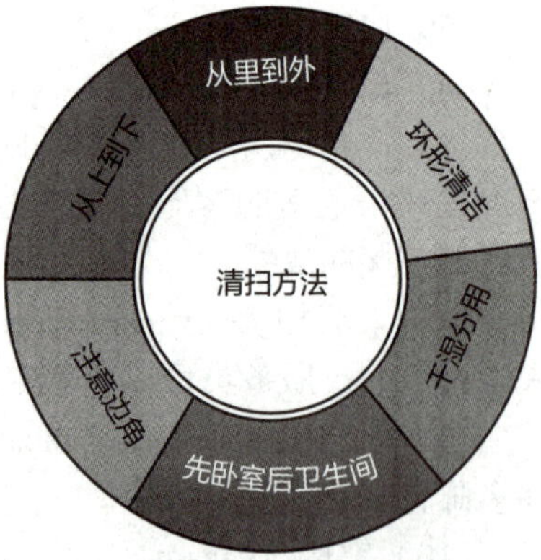

（一）从上到下

在清洗洗手间和房间抹尘时，采用从上到下的方法进行。

（二）从里到外

卧室地毯吸尘和擦拭洗手间地面时，应从里到外进行。

（三）环形整理

即在房间抹尘、检查房间和洗手间的设备用品时，应从房门口开始，按照顺时

M3-6　邮轮客舱清洁的基本方法

图 3-13　清扫方法

针或逆时针方向进行。这样可以避免出现卫生死角或重复整理，省时省力，且提高清洁的质量。

（四）干湿分用

擦拭不同的家具设备及物品的抹布，应严格区分开，做到干湿分用。例如，房内的灯具、电视机屏幕、床头板、音控板等处只能用干抹布，不能用湿抹布，否则易发生危险或污染墙面等。

（五）先卧室后卫生间

先完成卧室布草的撤换、物品补派、清洁除尘工作，再进行卫生间的清洁整理。

（六）注意墙角

墙角不仅是蜘蛛结网和灰尘积存之处，也是客人较关注的地方，清扫客舱时必须予以重视，不可遗漏。

四、常用的消毒方法

（一）自然消毒

（1）室外日光消毒。
（2）室内采光。冬季3小时、夏季2小时日照可杀死大部分微生物。
（3）通风。

（二）物理消毒

（1）高温消毒：煮沸消毒法、蒸汽消毒法。
（2）干热消毒法：干烤法、紫外线消毒法。

（三）化学剂消毒

浸泡消毒法、擦拭消毒法、喷洒消毒法。如常用的84消毒液等。

五、注意事项

客房清洁要求做到眼睛看到的地方无污迹；手摸到的地方无灰尘；设备用品无病毒；空气清新无异味。房间卫生要达到"十无""六净"。

"十无"：四壁无灰尘；地面无杂物、纸屑、果皮；床单、被套、枕套表面无污渍和破损；卫生间清洁，无异味；金属把手无污锈；灯具无灰尘；家具无污渍破损；茶具、水具无污痕；楼面整洁，无"六害"（指老鼠、蚊子、苍蝇、蟑螂、臭虫、蚂蚁）；房间内卫生无死角。

"六净"：客舱房间四壁净、地面净、家具净、床上净、卫生洁具净、物品净。

 工作任务

【任务名称】

掌握邮轮客舱房态及清扫方法。

【任务准备】

分组复习并整理任务内容。

【任务实施】

1. 查阅文献

查找与本任务相关的资料，对获取的资料进行整理与总结。

2. 理清邮轮客舱房态及清扫方法

对本书的内容形成初步认识，整理相关内容并讨论。

3. 撰写汇报材料

可以选择PPT、思维导图等形式进行汇报。

 任务评价

任务评价主要从同学们的职业素养、小组互评及汇报表现等方面进行评价，详细内容如下。

评价内容		配分	考核点	得分
职业素养（20分）	职业道德	10分	具有实事求是的职业道德，设计方案不违背职业道德，认真负责	
	职业能力	10分	具有分析及总结方案写作能力、查阅文献资料的能力、创新能力、整体把握总结方案的能力	
汇报表现（70分）	文字表达	30分	文字编排工整清楚、格式符合要求，文字流畅、条理清楚、逻辑性较强	
	数据资料分析整理	30分	对所获得的资料进行整理，能够归纳整理邮轮客舱主要房态术语及清扫方法；表达条理清楚，有逻辑	
	结构	10分	简洁而明晰，思路清晰，内容结构合理	
小组互评（10分）	结构及表现	10分	小组协作融洽，汇报逻辑清晰，内容翔实且合理	
合计			100分	

 习题

（1）客房有哪些房态？英文简写是什么？

（2）分类归纳客舱的清扫顺序。

 自我分析与总结

存在的主要问题：

收获与总结：

改进措施：

3.1.5　邮轮客舱清洁用具

邮轮内外装修使用的材料越来越丰富，这无疑给邮轮的清洁保养工作增加了新的内容，提出了新的要求。在我国政府提出打造节约型社会的背景下，传统的清洁保养方式已经很难适应现代邮轮清洁保养工作的要求。因此，应该采用节约能源和减少污染的环保型清洁器具和清洁剂。这既反映了邮轮对清洁保养工作的重视，又是文明操作的标志。了解和掌握清洁用具、清洁剂的正确使用方法是开展邮轮清洁服务工作的基础和前提。清洁器具的配置情况，直接影响清洁保养工作的效率和质量。邮轮清洁器具的来源主要有两种途径：一是自备；二是租赁。至于通过哪种途径获得清洁器具，则完全根据邮轮的自身情况和外部条件来选择。但从清洁保养工作需要来说，邮轮必须要有齐全精良的清洁器具。这样一方面可以提高清洁的质量，另一方面可以降低员工的劳动强度。

▶ 能力目标

掌握各类清洁用具及设备的使用方法。

▶ 知识目标

认识各类清洁用具及设备。

▶ 素质目标

培养服务人员正确操作清洁用具的岗位技能。

M3-7　邮轮客舱清洁卫生

案例引导

住在某邮轮803房间的耿先生回到房间，看到服务员小齐正在为自己清扫客舱，于是就饶有兴趣地站在旁边看。此时，小齐正在清扫卫生间。小齐非常娴熟地将卫生间的垃圾、客人用过的棉织品等撤出，然后在面盆内倒上清洁剂，开始使用一只长柄刷刷洗面盆，用清水冲净面盆后又用同一只长柄刷刷洗浴缸。当小齐准备用同一只长柄刷刷洗马桶时，耿先生大叫："不可以！"小齐停下手中的工作，诧异地看着耿先生，问："先生，有什么问题吗？"耿先生指了指小齐手中的长柄刷说："你怎么用它来刷马桶？"小齐理直气壮地说："我们一直就是这样用的，有什么不对吗？"耿先生非常生气地说："你刚刚是不是用这只刷子刷过前一个房间的马桶，然后又来刷我的面盆？"小齐看着盛怒的客人，无言以对。

点评

客舱部所使用的清洁器具。从广义上讲，是指从事清洁工作时所使用的任何器具，既有手工操作的、简单的工具，也有电动机驱动的、能完成某项特定清洁保养工作的机器。从使用管理的角度，可把清洁器具分为两大类，即一般清洁器具和清洁设备。在实际清洁过程中要求每一位服务人员按照规程正确使用清洁器具，严格按照流程规范操作。

新知探索

一、一般清洁器具

　　一般清洁器具，包括手工操作和不需要电动机驱动的清洁设备，如抹布、扫帚、拖把、房务工作车、玻璃清洁器等（图3-14）。需要注意的是根据清洁用途的不同，抹布应制成不同的尺寸，并选用不同质地和颜色的材料（图3-15）。这样既可防止抹布的交叉使用，又能方便操作和提高清洁质量。

图3-14　手工操作清洁器具

图3-15　各类拖把、抹布及清洁篮

二、清洁设备

（一）吸尘器

　　吸尘器［图3-16（a）］全称为电动真空吸尘器。它是通过管道将物品上附着的灰尘吸进机内集尘袋中，达到清洁的目的。吸尘器的应用范围很广，包括地板、家具、帘帐、垫套和地毯等。吸尘器不但可以吸进其他清洁工具不能清除掉的灰尘，如缝隙处、凹凸不平处、墙角以及形状各异的各种摆设上的尘埃，而且不会使灰尘扩散和飞扬，清洁程度和效果都比较理想。吸尘器是邮轮日常清扫中不可缺少的清洁工具。

　　（1）使用吸尘器时，必须注意检查各部件的连接是否严密，如有漏风的地方要及时修理；检查有无漏电现象，防止发生危险。

　　（2）在使用吸尘器时，要避免吸入硬物或尖锐的东西，以免集尘袋破裂、吸管堵塞或机件失灵。

（3）要避免吸入大片纸张、布片、棉花团等物，以防堵塞吸管和吸头。

（4）将吸尘器电源插头拔下前，要先把吸尘器开关关掉；应避免吸尘器在电线上碾过。

（5）吸尘器使用完毕后，要注意清理集尘袋，弄干净刷子和吸尘器的外壳；否则，不仅不卫生，还会影响吸尘器正常工作，严重的还会使吸尘器停止工作，甚至烧掉电源。

（二）吸尘吸水两用机

吸尘吸水两用机[图3-16（b）]可以干湿两用。它主要用于有水地板清洁或大面积的、没铺地毯的地板去除蜡层和清扫，效果很好。除了吸尘以外，吸尘吸水两用机还用于地面冲洗后的清扫工作或者地面发生漫水后的大量排水工作。使用吸尘吸水两用机时要注意经常打扫其过滤罩，每次使用完毕后都要把脏物取尽，检查电动机和容器之间的密封装置。

（三）打蜡机

打蜡机[图3-16（c）]用于硬性地面和木质地面的洁净、抛光。使用打蜡机时，服务员应检查联动圆盘是否水平，定期更换毛刷，并进行清洗。

图3-16 吸尘器、吸尘吸水两用机及打蜡机

工作任务

【任务名称】

掌握邮轮客舱清洁用具。

【任务准备】

分组复习并整理任务内容。

【任务实施】

1. 查阅文献

查找与本任务相关的资料，对获取的资料进行整理与总结。

2. 理清邮轮客舱清洁用具

对本书的内容形成初步认识，整理相关内容并讨论。

3. 撰写汇报材料

可以选择PPT、思维导图等形式进行汇报。

任务评价

任务评价主要从同学们的职业素养、小组互评及汇报表现等方面进行评价，详细内容如下。

评价内容		配分	考核点	得分
职业素养（20分）	职业道德	10分	具有实事求是的职业道德，设计方案不违背职业道德，认真负责	
	职业能力	10分	具有分析及总结方案写作能力、查阅文献资料的能力、创新能力、整体把握总结方案的能力	
汇报表现（70分）	文字表达	30分	文字编排工整清楚、格式符合要求，文字流畅、条理清楚、逻辑性较强	
	数据资料分析整理	30分	对所获得的资料进行整理，能够对邮轮客舱清洁用具分类及特点进行分析；表达条理清楚，有逻辑性	
	结构	10分	简洁而明朗，思路清晰，内容结构合理	
小组互评（10分）	结构及表现	10分	小组协作融洽，汇报逻辑清晰，内容翔实且合理	
合计			100分	

习题

（1）下列（ ）不属于一般清洁器具。

A. 扫帚　　　　B. 拖把　　　　C. 玻璃刮　　　　D. 吸尘器

（2）下列（ ）属于吸尘器的附件部分。

A. 电动机　　　B. 风机　　　　C. 软管　　　　　D. 吸尘部分

（3）清洁工具要放入（ ）。

A. 卫生间　　　B. 杂物间　　　C. 工具间　　　　D. 管理间

（4）不属于清洗地毯工具的是（ ）。

A. 吸尘器　　　B. 抹布　　　　C. 毛刷　　　　　D. 扫把

（5）机器清洁设备不包括（ ）。

A. 吸尘器　　　B. 洗衣机　　　C. 吸水机　　　　D. 洗地毯机

自我分析与总结

存在的主要问题：

收获与总结：

改进措施：

3.2 邮轮客舱清洁规程

3.2.1 基本操作规程

任务导航

客舱的清洁工作在客舱服务中占有关键的位置和作用，是邮轮服务质量的标志之一。客舱部服务人员需要按照邮轮客舱分类布局要求和服务规程，完成各类客舱的保持工作，包括清洁整理、房间检查、清洁保养等。好的邮轮客舱清洁工作，不仅能为邮轮带来收益和名气，更重要的是有助于客人在邮轮中消除疲劳，调节和预防疾病，提高邮轮满意度，为提升邮轮档次提供软件方面的支撑。

学习目标

▶ 能力目标

掌握走客房清扫规程。

▶ 知识目标

了解清扫规程标准及注意事项。

▶ 素质目标

培养服务人员达到邮轮要求的技能标准。

案例引导

2023年，诺唯真邮轮、大洋邮轮和丽晶七海邮轮的母公司诺唯真邮轮控股宣布，出于业务发展需要，公司经慎重考虑，决定对岸上员工团队做出重组和精简，裁减现有人员及岗位规模约9%。与此同时，诺唯真邮轮将减少客房服务次数。

M3-8 VD房清洁卫生

M3-9 客舱清洁中常见问题

点评

减少邮轮客舱的服务，这是邮轮公司在船员工资高涨和市场预期不佳的背景下所做出的不得已举措。只是不知道，这会不会对后续的游客满意度产生影响，进而影响下一步的市场需求。毕竟客舱的清洁程度是客人入住最关心的问题之一，也是客人选择邮轮品牌的标准之一，另外整洁的房间、优雅的环境能使客人心情舒畅、轻松愉快，因此，对客舱的清扫过程进行科学监管，加强客舱卫生质量的控制显得尤为重要。

新知探索

一、进房规程

（一）确定进房次数

一般来说，进房次数较多表示服务规格较高，但这样一来各方面的成本都将上升。所以，要全盘考虑确定进房的次数，尤其是客房的档次、客源对象和营业成本应作为主要考虑因素。当然，不应局限于规定，一旦客人需要整理客房，我们就应该尽量满足他们的要求。

（二）进房规程

客房是客人入住后的"私人场所"，服务员在任何时候进入，都必须遵守一定的规程。对于这一规程，客房经理须事先予以制定，见表 3-3。

表3-3　进房规程

进房规程	说明
1. 观察门外情况	进房前要注意客房门把手上有无"请勿打扰"牌或反锁标志，房门侧面的墙上是否亮着"请勿打扰"指示灯。如有则不能敲门，而应轻轻地将工作车推走，离开此客房
2. 敲门	用食指或中指第二关节敲门三下或按门铃，然后通报"客房服务员"或"Housekeeping"。不要用手拍门或用钥匙敲门。敲门应有节奏，轻重适度
3. 等候	敲门后应等候客人反应 3～5 秒，同时站在门前适当位置眼望门镜，以方便房内客人观察。敲门后切勿立即开门，或连续敲门，也不能通过门镜向房内窥视。若房内客人有回应，服务员应再通报，并征求客人意见。如客人不同意此时清扫客房，服务员应向客人道歉并轻轻离开此房；或视情况征询客人何时清扫较方便，并把客人要求清扫客房的时间记录在"客房清扫日报表"上，以免遗忘。如客人允许，则在房门口等候客人开门
4. 第二次敲门、等候	第一次敲门、等候时，若房内无动静，服务员应进行第二次敲门，并再次等候，操作要领与 2、3 的规程相同。若此时房内有反应，处理方法与规程 3 相同
5. 开门	若房内仍无动静，服务员可以开门进房。开门时，应先将房门打开三分之一，在房门上用手轻敲两下，同时通报，并注意观察房内情况，不要猛烈推门。若发现客人仍在睡觉，应马上退出，轻轻把门关上；若客人已醒但未起床或正在起床，应马上道歉后退出，不要解释，以免造成客人不便；若客人已经起床，则应询问客人是否可以清扫客房，并按照客人的意见去做
6. 进房	如客人不在房内或征得客人的允许后，服务员将房门敞开，进行客房清扫或服务

二、清扫规程

（一）开

即开门、开灯、开窗帘。

（1）按照进房的规程开门进房，将房门敞开，直到该客舱清扫完毕。

（2）将房务工作车横放在客舱门口，调整好工作车的位置，工作车开口向着房内。住客舱且客人在房内时，为方便客人进出，工作车须放在房门一侧；除此以外，为了客人财物安全，应用工作车将房门堵住。将吸尘器放置在客舱门口一侧，吸尘器的吸管应靠在墙壁上，不能倒在地上；电线也应整理好，不能随便扔在地上。

（3）拉开窗帘，打开窗户或调整空调开关。每天清扫客舱卫生时，应关上空调，拉开窗帘，打开窗户，使房内光线充足、空气流通；拉窗帘时应检查帘子是否有脱钩或损坏现象。但也有邮轮因其为高层建筑并使用落地大窗，为了客人安全或因采用全封闭空调系统，为节约能源，而不要求开窗；一般应打开空调开关，通过空调送风系统保持房内空气流通，但房内有异味时除外。

（二）清

即整理器皿，清理垃圾。

（1）如果客人在房内用过餐，则先将房内的送餐车、餐具等移至指定地点。

（2）将烟灰缸内的杂物倒入垃圾桶内（不可倒入马桶），放入洗手间备洗。清理烟灰缸时必须检查烟头、火柴梗有无熄灭。如有，应熄灭后再倒。

（3）撤换脏的茶具、饮具、酒具，倒空热水瓶或电热水壶。把茶具、饮具、酒具放到工作车上的指定位置。

（4）收拾垃圾，将纸篓内的垃圾连同桌面、地面及其他地方收拾起来的垃圾一起倒进房务工作车上的垃圾袋内，同时用抹布将纸篓里外擦拭干净，换上干净的垃圾袋，将纸篓放置于写字台右下侧（或左下侧）；也可以放在写字台的外侧，距写字台边沿约10厘米，距离墙壁25～30厘米。如果纸篓较脏时，应先在洗手间内洗净，用抹布擦干后再放回原处。收集房内报纸、杂志，撤出房间，视情况作为垃圾或遗留物品处理。

（5）撤出卫生间垃圾，放进工作车上的大垃圾袋中，换上干净的垃圾袋。

（三）撤

即撤床。

1. 撤床罩（常用于西式铺床）

（1）将床罩从床头一端拉至床尾折叠。

（2）将已折叠部分再对折。

（3）将床尾下垂部分床罩翻至床面，与床尾端齐平。

（4）将床两侧下垂部分床罩翻至床面，与床两端齐平。

（5）沿床罩中线对折，并将折叠好的床罩放在椅子或沙发上。

2. 撤枕套

打开封口，双手执枕头套角，将枕芯抖出；或左手执枕头套角，右手轻轻地把枕芯从枕套中拉出。同时检查枕下有无客人的遗留物品，如有，应及时妥善处理；检查枕头上有无污渍，如有则应单独放置，以做适当的去渍处理。

3. 撤床单（盖单、垫单）

从床尾部位开始将床单拉出，抖动几次，确认里面无衣物或其他物品；同时应注意床垫、床单有无破损、污渍等，若有，要单独放置，以便处理。

4. 撤走脏布草

按规程撤走卫生间用过的布草，将所有棉织品一次性拿出去，放入工作车上的布草袋内，并带进相同数量的干净布草放在一边待用。

（四）做

即铺床。按铺床的规程换上干净的床单、枕套，铺好其他床上用品，最后将床复位（具体步骤可参见中式铺床部分内容）。

（五）擦

即擦拭卧室灰尘，擦净卫生间污渍、水渍。卧室抹尘时，应注意将抹布折叠使用，以减少抹布洗涤次数，提高工作效率。抹尘时应从房门开始，按环形路线顺时针或逆时针方向用干、湿抹布从上到下依次把房内家具、设备、用品等擦净、擦亮。

1. 房门

应用湿抹布从上到下将门、门框抹净，并应用干抹布擦拭房号牌及门锁。检查门锁是否灵活,"请勿打扰"牌、防火疏散图是否完好,有无破损或污迹。

2. 衣橱

擦拭衣橱时应从上到下、从里到外。检查衣架数量是否齐全,并挂好;检查鞋篮是否完好,篮内物品如拖鞋、亮鞋器或擦鞋布、洗衣袋等是否齐全。

3. 行李架

用湿抹布擦拭行李架内外、表面和挡板,并将其摆放好。

4. 电视机

擦净电视机外壳和底座的灰尘,必要时用专用干抹布(柔软抹布,如绒布)擦净电视机屏幕,并摆正其位置,使其与写字台正面边沿相距10厘米;同时打开电视机,检查有无图像,频道选择是否准确,色彩是否适度。检查电视节目单是否完好,摆放是否符合要求。用湿抹布将电视机柜里外、上下各处擦拭干净。

5. 写字台、梳妆台

(1)用干抹布擦拭镜灯、镜框、台灯,如果台灯电线露在写字台外围,要将其收好,灯罩接缝应朝墙。

(2)梳妆镜要先用湿抹布擦拭,再用干抹布擦拭。擦拭完毕后,站在镜子侧面检查,看镜面有无布毛、手印和灰尘等。

(3)用湿抹布擦净台面,检查文件夹内有无短缺和破旧的物品,为添补物品做好准备。

(4)将写字台抽屉逐个拉开用湿抹布擦净。

(5)擦净椅子(注意椅子脚及桌脚也要擦拭)。

6. 客舱小酒吧

擦净小酒吧区域各处,检查冰箱运转是否正常,接水盒是否溢满,温度是否适宜。检查烈性酒和软饮料的品种、数量有无短缺,酒水单、酒杯、调酒棒、杯垫是否完好,有无破损,茶杯、水杯、热水瓶是否需替换;如果是电热水瓶,则应换水,并擦净表面浮灰和水迹。

7. 窗台

用湿抹布擦拭窗台、窗轨,落地窗则不必。

8. 沙发、茶几

扶手椅的软面可用干抹布掸去灰尘,木头部分应用湿抹布擦拭。茶几可用湿抹布擦拭。

9. 床头板

用干抹布擦拭灯罩、灯泡、灯架和床头板。注意床头灯的位置,灯罩接缝须朝墙。

10. 床头柜

(1)用湿抹布擦去电话机及话筒上的灰尘及污垢。电话线不能打结,同时应检查电话是否正常,然后放好电话机。

(2)用湿抹布擦净床头柜板面。检查"请勿在床上吸烟"牌、电视遥控器、便笺夹等物品是否齐全，有无污迹或破损。

（3）用干抹布擦拭床头柜控制板，检查各种开关，如有故障，应立即报修，并做好记录。

11. 空调开关

用干抹布擦去空调开关上的灰尘，将空调调至邮轮规定刻度。

12. 清理洗手间

（1）进入洗手间，打开换气扇，将清洁桶置于洗手间地面中央。放水冲净马桶，在马桶内喷上马桶清洁剂，注意不能将清洁剂直接倒在马桶釉面上。

（2）烟灰缸、皂碟清洗后应放回原处。

（3）擦洗面盆、浴缸、马桶、地面所需的抹布应分别备好或洗净拧干，放在一边待用。

（4）清洗面盆和梳妆台。先在海绵上倒上适量清洁剂，擦洗面盆、梳妆台以及水龙头等金属器件，再用抹布擦干、擦亮金属器件。

（5）清洗浴缸。先关闭浴缸活塞，在浴缸中放入少量热水和清洁剂，然后用浴缸刷清洗浴缸内外、墙壁、浴帘、金属器件，最后打开活塞，放掉污水，再用清水冲洗墙壁、浴缸；等清水流尽后，应用抹布把水迹擦干，不能留有任何污渍和水迹。如果洗手间内没有浴缸，只有淋浴设施，在清洁时，只需在海绵上倒适量清洁剂清洗淋浴花洒头、水龙头、墙壁、浴帘，再用清水冲净，用抹布擦干即可。

（6）清洁马桶。先用马桶刷刷马桶内壁，然后放水冲洗干净，最后用专用抹布将马桶外壁、盖板、垫圈以及水箱等抹净擦干。

（7）洗手间抹尘。准备好干、湿抹布，从洗手间门开始先用半湿抹布依次擦拭洗手间门内外、镜面、洗脸台四周瓷壁、电话副机等处，再用干抹布将镜面、金属器件擦亮。

（8）按规定方法将干净布草折叠、摆放。面巾一般对折挂在面巾架上；浴巾折叠好后齐口朝外放在浴巾架上；地巾对折，挂在浴缸沿上；方巾可以折叠好放在梳妆台上；浴衣可挂在洗手间门背后或衣橱里。布草摆放时标志均应朝外。

（9）按邮轮标准补充洗手间各种客用低值易耗品，并按规定摆放整齐。卷纸放在卷纸架里，外露部分折叠成三角形；其他消耗品如牙刷、牙膏、香皂等的摆放，一般要求正面（或有标志的一面）朝上或朝外。

（10）地面清洁。用专用湿抹布从里到外，沿墙角平行擦净整个地面。

（六）查

即检查房内设施设备及用品。

（1）从入口处进入，由一边开始按顺时针或逆时针方向（依个人的习惯），依序检查应有的备品。

（2）记下所缺的项目。

（3）检查置于楼层客舱的火柴是否已用完或仍美观好用。

（4）试用书桌上的圆珠笔是否流利好写。

（5）翻阅所有附封套内的"指南"或文具纸张（若客人使用过，应抽出换新）。

（6）应注意消耗品剩下的数量，任何物品，如烟灰缸、文具夹等遗失均须记录在报表上并告诉领班，填报销单补充。客人退房时，应立即报请房务办公室做适时的处理。

（七）添

按邮轮的摆放规定添补客舱用品。客舱内的备品可分为消耗品与非消耗品两大类。前者是指供旅客免费使用，须随时补充的用品，如香皂、洗发液等；后者则指可重复使用或耐用年限较久的设备、器具，如浴巾、床单、水杯等。可从备品车或库房拿取有需要的物品，依规定放置于正确的位置。需要注意的是补充书写用具前应先试用，补充品的标签向上或向外摆放。

（八）吸

即吸尘吸水。吸尘时应由里到外，须特别注意房间的四边、沙发上、窗帘后、墙角、床底等处。吸完尘后要把家具复位，然后关好窗户，拉闭纱窗帘，并顺手整理好电线，把吸尘器放到房门口。

（九）关

检查有无遗漏之处，撤走清洁用具，关掉卫生间电灯和换气扇，将洗手间门虚掩，关掉房间内其他灯具，以节约能源。

（十）登

即登记客舱清洁整理情况。每间客舱清扫完毕后，均要认真填写清扫的时间、客舱用品的使用与补充情况及需要维修的项目和特别工作等。

三、注意事项

（一）进入客舱

进入客舱时，应严格遵守进房的有关规定。如客人在房内，应礼貌地询问是否可以清扫客舱，征得同意后，方可进房（图3-17）；如客人不同意清扫客舱，则应将房号和客人要求清扫的时间写在工作表上，以免遗忘。

图3-17　征求客人同意

图3-18　清理客舱物品

（二）清扫客舱过程中

（1）清扫客舱时，客人的文件、报纸、书刊等可以稍加整理，但不能弄错位置，更不准翻看（图3-18）；客人的物品，如照相机、电脑、笔记本、钱包之类不能随意触摸；女性用的化妆品即使用完了，也不得将空瓶或纸盒扔掉。总之，除放在纸篓里的东西外，即使是放在地上的物品，也只能替客人做简单的整理，千万不要自行处理。

（2）房内有客人时，可将空调开到中档，或征求客人意见；如客人已将空调开到某一刻度，应尊重客人，不能重新调整开关。清扫时若客人回来，服务员应先礼貌地请客人出示客舱钥匙或房卡；确定是该客舱的住客后，应询问是否可以继续整理。如可以，应尽快清理好，以便客人休息；如不可以，应及时退出。

（3）清扫客舱时，若房内电话铃响，为了尊重客人对客舱的使用权，维护其隐私权，不能接听电话。

（4）客人放在椅子上或床上的衣服，外衣可挂在衣橱里，内衣、睡衣简单折叠后放在床上即可。女宾住的房间，不要轻易动其衣物。擦拭衣橱、行李架时，不要将客人的衣物弄乱弄脏，也不要挪动客人的行李，一般只要擦去大面积的灰尘即可。

（三）其他情况

（1）若发现房内有大量现金，服务员应及时通知主管，由经理在保安人员及领班的陪同下，将房门反锁；等客人回来后，由经理开启房门，并请客人清点现金，提醒客人使用保险箱。

（2）客舱整理完毕服务员离开时，若客人在房内，首先要有礼貌地向客人表示谢意，然后退后一步再转身离开客舱，并轻轻将房门关上。

四、空房除尘

（1）每天进房开窗、开空调，进行通风换气。

（2）每天用干抹布除去家具、设备及物品上的浮灰。

（3）浴缸、面盆、马桶每天要放水一两分钟。

（4）连续空着的客舱，隔几天要用吸尘器吸尘一次。

（5）检查房间有无异常情况（图3-19），如洗手间面巾、浴巾、地巾、方巾、浴衣等是否因干燥失去弹性和柔软度，如果不符合要求，要在客人入住前换好；设施设备有无故障，如有应及时报修，不能修复时，应及时通知前厅。

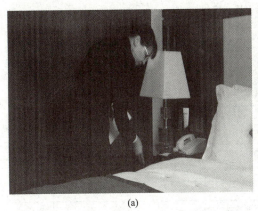
(a)

(b)

图3-19　空房检查

五、维修房的清理

（1）服务员接到通知后，应立即到达指定客舱。

（2）首先检查维修项目是否完好。如果故障未排除，马上报告进行登记，并再次报修。

（3）然后按正常清扫规程进行整理即可。

（4）整理完毕后，应立即报告领班，以便通过检查后及时出租。

工作任务

【任务名称】

邮轮客舱清洁。

【任务准备】

（1）实训场地（建议在全真的实训环境中进行）。

（2）工作车及相关的布草和用品。

（3）模拟一间走客房进行清扫。

【任务实施】

项目	内容
班前会	1. 考勤、仪容仪表检查 2. 训练内容和项目
实训方法	多媒体和指导教师示范讲解，学生实训操作
实训步骤	1. 按要求准备好工作车及相关清洁用具 2. 按照清扫规程依次清洁客房 3. 按照标准进行评价
训练	讲解、示范相结合
讲授	整理的标准要求
示范	教师示范并强调注意事项
练习	让学生分组进行练习
总结	1. 各小组进行自评 2. 根据测评表进行打分 3. 教师评价，指出各小组成员的优点与不足

任务评价

任务评价由各小组自评、组间互评等构成，详细内容如下。

评价内容	配分	考核点	得分
房间	4分	柜内有无毛发，物品是否齐全、干净	
	4分	抽屉里是否有杂物或客人的遗留物品、购物袋	
	4分	椅子是否完好，有无污渍	
	4分	茶几是否完好，有无灰尘、水迹	
	4分	垃圾桶外表是否干净，桶内有无遗留垃圾	
	4分	床上用品是否整洁，床上有无毛发、污迹	
	4分	床头柜边角及缝隙有无杂物及客人的遗留物品	
	4分	电话机、灯具有无灰尘	
	4分	遥控器、便笺本是否干净，摆放是否正常；杯具是否干净无污迹	

续表

评价内容	配分	考核点	得分
卫生间	4 分	面台、洗漱盆有无破损、污迹，水龙头有无水渍	
	4 分	镜面是否损坏，有无水迹、污渍	
	4 分	马桶有无漏水现象；地漏是否畅通，有无异味	
	4 分	浴室墙面有无污迹、水渍	
	4 分	卫生间地板是否完好、干净，有无毛发	
	4 分	所有一次性用品有无灰尘、水渍，是否按标准摆放	
	4 分	棉织品是否干净、无破损，有无毛发、明显变色	
	4 分	杯具是否洁净，有无水渍、手印	
	4 分	皂碟是否洁净，有无皂迹	
	4 分	洗发液、沐浴液外壁是否洁净，定位是否准确	
	4 分	卫生间内是否有客人遗留物品或使用过的物品	
小组自评	10 分	按照要求整理，效果符合要求	
组间互评	10 分	操作过程自然、有条理；整体效果达到要求	

 习题

（1）擦拭（　　）时，应用干抹布，切勿用湿布抹尘。
A. 行李架　　　　B. 梳妆镜　　　　C. 台灯和镜灯　　　　D. 写字台
（2）打扫客舱时应该（　　）。
A. 把门敞开　　　B. 关门　　　　C. 把门开 45°　　　D. 把门留一个小缝
（3）工作单上应该准确填写（　　）。
A. 房间号码和进房时间　　　　B. 客人姓名及联系方式
C. 身份证号及姓名　　　　　　D. 住房信息
（4）用吸尘器对地毯进行吸尘吸水时，应当（　　）进行。
A. 按照一定线路　　　　　　　B. 随心所欲
C. 从外到里　　　　　　　　　D. 从上到下
（5）下列属于一次性消耗用品的是（　　）。
A. 酒具　　　　　B. 烟灰缸　　　C. 礼品袋　　　　D. 衣架

 自我分析与总结

存在的主要问题：	收获与总结：

改进措施：

3.2.2 邮轮不同材质清洁保养

🔄 任务导航

除了公共区域、装饰物、硬地面、地毯以外，客舱内的清洁保养工作同样非常重要，丝毫不能忽视。客舱内的设备设施和配放的物品，包括浴缸、马桶、面盆、杯具、床上用品等都必须按时进行清洁、消毒、更换和保养。客舱设施、设备的维护保养工作，不仅可以延长其使用寿命，还将影响客舱的对客服务质量。

🌐 学习目标

▶ 能力目标

掌握常见的材质及行业中的新材料清洁保养的方法。

▶ 知识目标

熟悉邮轮客舱中常见的材质及其特性。

▶ 素质目标

培养服务人员严谨的工作态度及国际化的视野。

案例引导

2022年8月18日，工信部等五部委联合发布《工业和信息化部等五部委关于加快邮轮游艇装备及产业发展的实施意见》，提出稳步推进国产大型邮轮工程，包括推进邮轮安全消防、卫生防疫、环保材料、减震降噪等技术应用研究，全面提高邮轮安全绿色水平和质量可靠性等方面的要求。

👥 点评

党的二十大报告提出，构建优质高效的服务业新体系，推动现代服务业同先进制造业、现代农业深度融合。由此邮轮游艇产业人才更需要学习借鉴先进的产业政策、法规标准，进而指导工作过程中的实际操作。

⚙ 新知探索

一、铜器及镀铜器保养方法

将宽胶带紧贴于铜表面两侧，并注意不要留有任何空隙，必要时要以旧报纸铺在铜条下，以避免擦铜污渍污染周围的装潢。将铜油上下摇晃使铜油均匀，打开盖子，将抹布盖在瓶口压紧，倒转瓶身使抹布蘸上铜油擦拭铜质表面即可，但使用时应适量，避免流到其他非铜质部分。特别脏污处，可多蘸铜油，并使其浸于铜油的时间拉长（增强去污力），以干抹布擦拭清理铜质部分（不可用湿布，会造成氧化），擦至光亮为止，勿将铜油渍留在表面。细部或有雕花部分，可用牙刷蘸铜油处理，再以干布擦拭磨光。以牙刷蘸铜油时，刷面朝下，握柄略向上，并避免沾刷柄，造成牙刷腐蚀。物品本身铜质以外的其他材质部件以清洁剂擦拭。

二、银器保养方法

银器放置三四天后会先出现咖啡色斑纹，而后出现许多黑色污垢。可先应用海绵块蘸上银膏，轻轻擦拭银器（如刀、叉、洗手盅、水果盘等），去除污垢后，再用清水冲净（千万不可以用丝瓜布处理，以免造成银器刮伤）。应特别注意叉子的每个空隙及前后左右的边缘不要遗漏。淡季时银器应送至餐饮部餐务单位的专用洗银器槽彻底处理一遍，洗净后用塑胶袋包起，待旺季时再拿出使用。

三、家具清洁剂配制

家具清洁剂主要用于清洁餐厅内的柜橱、桌椅板凳、墙壁、瓷器、门窗、玻璃等硬质物体表面上的尘埃、茶渍、油污等。使用时一般选用低泡的非离子表面活性剂或中泡的弱碱性清洁剂，再加入溶剂、助剂等。所用溶剂一般为水溶性，以便配制成透明液体。加入溶剂，在清洁操作时能够更好地除去油污等。这类清洁剂污染小，因此使用范围较广，有"万能型清洁剂"的美誉。

四、通用型家具清洁剂配制方法

通用型家具清洁剂配制方法见表3-4。

表3-4 通用型家具清洁剂配制方法

组成	配比/%	组成	配比/%
烷基磷酸酯盐（50%）	4	焦磷酸钾	7
脂肪醇聚氧乙烯醚	1	水	余量
硅酸钠	5		

五、地毯清洁剂配制

地毯清洁剂又称为地毯香波。由于地毯的清洁不同于其他物品的清洁，具有一定的特殊性，因此必需配制与之相适应的清洁剂。对地毯清洁剂的要求除了应具有良好的清洁效果之外，更重要的在于对地毯纤维无损坏作用，有较好的湿润力与渗透性，且易于蒸发和干燥。地毯清洁剂配制方法见表3-5。地毯清洁剂一般分为通用型高泡地毯清洁剂和气溶胶型地毯清洁剂。通用型高泡地毯清洁剂由于用途较为广泛，因此邮轮使用得较多。

表3-5 地毯清洁剂配制方法

组成	配比/%	组成	配比/%
十二烷基硫酸钠	10	二丙二醇单甲醚	4
脂肪醇聚氧乙烯醚硫酸钠	2	三乙醇胺	5
6501	5	水	余量

六、餐、饮具常用的消毒方法

餐、饮具常用的消毒方法有煮沸消毒法、蒸汽消毒法、热水消毒法、氯液消毒法、干热消毒法、微波消毒法等,见表3-6。

表3-6 餐、饮具常用的消毒方法

方法	餐具	抹布、毛巾
煮沸消毒:100℃沸水	煮沸1分钟以上	煮沸1分钟以上
蒸汽消毒:100℃的蒸汽	加热2分钟以上	加热10分钟以上
热水消毒:80℃的热水	加热2分钟以上	
氯液消毒:200×10^{-6}以上	浸泡2分钟以上	
干热消毒:85℃的温度	加热30分钟以上	
微波消毒:高火力设置	加热2分钟以上	

不同洗手方法的除菌效果比较

实验证明,不同的洗手方法,杀灭细菌的效果是完全不同的,具体如下。

洗手方法	洗手5秒除菌率/%	洗手15秒除菌率/%
一般流水式冲洗	65	65
使用肥皂或洗涤液洗涤	84	90

【任务名称】

掌握不同材质的清洁保养方法。

【任务准备】

分组复习并整理任务内容。

【任务实施】

1. 查阅文献

查找与本任务相关的资料,对获取的资料进行整理与总结。

2. 理清任务要求

对本书的内容形成初步认识,整理相关内容并讨论。

3. 撰写汇报材料

可以选择PPT、思维导图等形式进行汇报。

任务评价主要从同学们的职业素养、小组互评及汇报表现等方面进行评价,详细内容如下。

评价内容		配分	考核点	得分
职业素养（20分）	职业道德	10分	具有实事求是的职业道德，设计方案不违背职业道德，认真负责	
	职业能力	10分	具有分析及总结方案写作能力、查阅文献资料的能力、创新能力、整体把握总结方案的能力	
汇报表现（70分）	文字表达	30分	文字编排工整清楚、格式符合要求，文字流畅、条理清楚、逻辑性较强	
	内容 数据资料分析整理	30分	对所获得的资料进行整理，能够对不同材质的清洁保养方法进行分析；表达条理清楚，有逻辑性	
	结构	10分	简洁而明晰，思路清晰，内容结构合理	
小组互评（10分）	结构及表现	10分	小组协作融洽，汇报逻辑清晰，内容翔实且合理	
合计			100分	

习题

（1）下面哪一种不是邮轮常用的清洁药液（　　）。

A. 酸性清洁剂　　　　　　　　B. 中性清洁剂

C. 碱性清洁剂　　　　　　　　D. 油性清洁剂

（2）清洁剂使用不当、管理不当，会出现的问题不包括（　　）。

A. 对使用者造成伤害　　　　　B. 对清洁保养对象造成损坏

C. 缩短设施设备的使用寿命　　D. 造成爆炸

（3）高温消毒属于（　　）。

A. 物理消毒　　　B. 化学消毒　　　C. 生物消毒

（4）在准备清洗的地方，首先应竖立（　　）告示牌。

A. 正在维修　　B. 禁止使用　　C. 禁止逗留　　D. 暂停使用

（5）根据玻璃受污程度，按比例用清水稀释（　　）。

A. 玻璃清洁剂　　B. 白醋　　C. 白酒　　D. 食用油

自我分析与总结

存在的主要问题：

收获与总结：

改进措施：

3.3 邮轮客舱服务基本技能

3.3.1 中式铺床

 任务导航

客舱清扫规程中,对客舱清扫标准进行了严格的规定,房间必须每天打扫。可以说,床铺的好坏,直接影响宾客入住的第一印象。铺床又称做床,是客舱服务员必须掌握的基本技能之一。能熟练地铺床,对提高客舱清扫效率、节省清扫时间起到关键性的作用。

 **学习目标**

▶ 能力目标

能按要求熟练完成中式铺床操作。

▶ 知识目标

熟悉中式铺床的规程。

▶ 素质目标

养成严谨细致、吃苦耐劳的职业习惯和职业素养。

M3-10 中式铺床

> **案例引导**
>
> "云驴通杯"第十三届全国旅游院校服务技能(饭店服务)大赛中式铺床技能比赛铺床时间 3 分钟,准备时间 2 分钟。比赛过程中裁判员统一口令"开始准备"后进行准备,准备完毕后,选手举手示意。选手在裁判员宣布"比赛开始"后开始操作。操作结束后,选手立于工作台侧,举手示意"操作完毕"。选手举手示意后不得再有其他操作动作,否则视为违例。操作过程中,选手不能跑动、绕床头、跪床或手臂撑床,每违规一次进行相应扣分。

 点评

为了学习贯彻党的二十大精神,培养技能型应用型人才,促进旅游教育高质量发展,提升旅游教育支撑旅游业发展的力度,中国旅游协会旅游教育分会举办了"云驴通杯"第十三届全国旅游院校服务技能(饭店服务)大赛。比赛项目分本科院校组、高职高专院校组和中职学校组。高职高专院校组包括餐厅服务、客房服务及鸡尾酒调制三个赛项,其中客房服务包含中式铺床及开夜床。中式铺床环节主要考察参赛选手的仪容仪表、操作熟练性及规范性。通过大赛有利于引导和激励参赛人员练好基本功、掌握真本领、提升职业技能。

新知探索

一、物品准备

（一）物品数量及规格

（1）床架（1个）；
（2）床垫（1个，2米×1.2米）；
（3）工作台（1个）；
（4）床单（1个，2.8米×2米）；
（5）被套（1个，2.3米×1.8米，不含5厘米飞边，底部开口）；
（6）羽绒被（1床，重量约1.5千克，不含被套）；
（7）枕芯（2个，75厘米×45厘米）；
（8）枕套（2个，开口方式为信封口）。

（二）准备要求

（1）床单和被套叠法：床单及被套正面在内，将宽边对折两次，再单边在内沿长边对折两次。
（2）被芯折叠法：沿长边S形三等分折叠，再两头向中间折，然后对折。
（3）不可在床头操作，其余位置不限。

二、中式铺床规程

（一）拉床

弯腰下蹲，双手将床架稍抬高，然后慢慢拉出（图3-20）。将床拉离床头板约50cm即可，注意要将床垫拉正对齐。

图3-20　拉床

（二）整理床

在撤布草的过程中，有可能使床垫移位、护垫翘角，应按顺时针方向整理将其复位。注意保护垫的正面要朝上，无污渍及毛发。

(三)铺床单

铺床单分为三个步骤:

(1)甩单:将折叠的床单正面向上,用左手抓住床单尾部商标,右手抓住床单另一端打松,并将其抛向床头位置,然后两手抓住床单分别向左右两边打开(图3-21)。

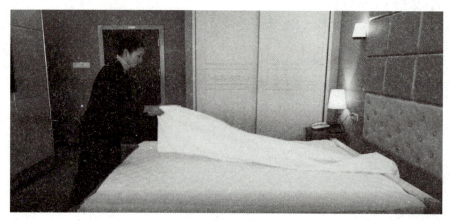

图3-21 甩单

(2)开单:两手将床单打开,手心向下,抓住床单一头,然后将床单提起约70cm 的高度,使空气进到床尾部位,呈鼓起状,身体稍向前倾,用力将床单甩出去;当空气将床单尾部推开的瞬间,顺势调整将床单往床尾方向拉至下垂,利用空气浮力定位,使床单的中线不偏离床垫的中心线,两头垂下部分相等(图3-22)。

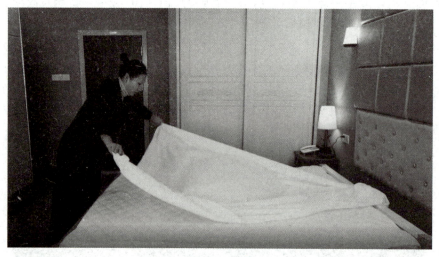

图3-22 开单

(3)包角:先包床头,然后将床头宽边下垂部分的床单掖进床垫下面,将宽边下垂的床单拉起折角并掖进床垫下面,最后将长边下垂部分拉紧掖进床垫下面,包成直角。所有角包法相同。包边包角时应方向一致、角度相等、紧密、不露巾角(图3-23)。

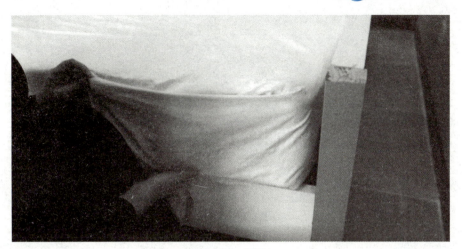

图3-23 包角

（四）套被套

（1）取被套，把被套打开平铺于床面（打开方式与床单相同），被套开口应在床尾处，然后打开被套开口方便套被芯（图3-24）。

（2）两手抓住被芯被头部分各一角，将被芯套进被套中，分清被尾（有商标的为被尾），保证被套里层的床头部分与被芯的床头部分固定。将被套内被芯的长边及被尾的两角整理平整，双手抓住被尾用力抖动，使被芯完全展开，被套四角饱满，并将被套开口处封好。

（3）调整棉被位置，使棉被床头部分与床垫床头部分齐平，将棉被床头部分翻折约45厘米，棉被的中线应位于床垫的中心线。床面应平整无水波纹，两边长度一致、自然垂直，被尾两个角应自然下垂。

图3-24 套被子

（五）套枕套

先打开枕套平铺于操作台上，使枕套开口向下，将枕芯宽边的一端对半折沿着枕套开口塞到枕套里，保证两角固定，再调整另一端，然后双手提住枕套两角，边提边抖动使其平整饱满，最后将枕套口处枕芯掖入，把袋口封好，使枕芯不外露。整理枕头，使枕套四角饱满、外形平整。手握枕头两端，分别将两只枕头并列放于床头，枕头与床头边线应平行，不能超出床头，枕套口应反向于床头柜（图3-25）。

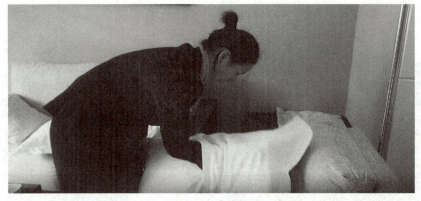

图3-25 套枕套

（六）推床

将铺好的床向前推进，使其与床头板吻合（图3-26）。

图3-26 推床

三、操作注意事项

（1）开单抛甩用力均匀，一次到位，正反面准确；
（2）床单表面平整光滑，床单包角平紧、无皱，四角包法一致；
（3）床单及被套中线居中，不偏离床中线；
（4）被套表面平整光滑，四边平整无折皱，被头与床头平齐；
（5）枕头四角饱满，外形平整，摆放居中，封口美观，枕芯不外露。

工作任务

【任务名称】

掌握中式铺床。

【任务准备】

床架（1个）、床垫（1个，2米×1.2米，高度20厘米）、工作台（1个，与床相距 1.4 米）、床单（1 个，2.8 米×2 米）、被套（1 个，2.3 米×1.8 米，不含 5 厘米飞边，底部开口，2 条系带）、羽绒被（1 床，重量约 1.5 千克，不含被套）、枕芯（2 个，75 厘米×45 厘米）、枕套（2 个，开口方式为信封口）。

【任务实施】

项目	内容
班前会	1. 考勤、仪容仪表检查 2. 训练内容和项目
实训方法	多媒体和指导教师示范讲解，学生实训操作
实训步骤	1. 明确操作要求，考核时间为 3～5 分钟，具体时间可按照实际情况调整 2. 准备用品 3. 操作规程（拉床—整理—铺单—套被套—套枕套—推床） 4. 按照标准进行评价
示范	1. 教师示范中式铺床并强调注意事项 2. 操作过程中，选手不能跑动、绕床头、跪床或手臂撑床，不可在床头操作，其余位置不限 3. 如果床架不带床头柜，靠近指导教师或裁判一头为床头 4. 开始和结束站立位置均在床尾
练习	让学生分组进行练习
总结	1. 进行自评及互评 2. 根据测评表进行打分 3. 教师评价，指出各小组成员的优点与不足

 任务评价

任务评价由小组自评（占比 20%）、组间互评（占比 20%）及教师评价（占比 60%）构成，详细内容如下。

评价内容	配分	考核点	得分
仪容仪表 （5 分）	1 分	头发干净、整体着色自然，发型符合岗位要求	
	2 分	服装、鞋子、袜子干净整齐	
	1 分	手部洁净，指甲修剪整齐，未涂有色指甲油，未戴过于醒目的首饰	
	1 分	仪态端庄，站姿、走姿规范优美，表情自然大方，面带微笑	
床单 （23 分）	1 分	开单一次成功（两次及以上不得分）	
	1 分	抛单一次成功（两次及以上不得分）	
	4 分	打单定位一次成功（两次扣 2 分，三次扣 3 分，三次以上不得分）	
	4 分	床单中线居中，未偏离床中线（偏 1 厘米以内不扣分，1～2 厘米扣 1 分，2～3 厘米扣 2 分，3～4 厘米扣 3 分，4 厘米以上不得分）	
	1 分	床单正反面准确（毛边向下，抛反不得分）	
	4 分	床单表面平整光滑（每条水波纹扣 1 分，四条以上不得分）	
	4 分	包角紧密垂直平整，式样统一	
	4 分	四边掖边紧密平整（每条水波纹扣 1 分，四条以上不得分）	
被套 （5 分）	4 分	一次抛开、定位（两次扣 2 分，三次扣 3 分，三次以上不得分）	
	1 分	表面平整光滑	

续表

评价内容	配分	考核点	得分
羽绒被（38 分）	1 分	羽绒被放于床尾，羽绒被长宽方向与被套一致	
	4 分	抓住羽绒被两角一次性套入被套内，抖开被芯，操作规范、利落（两次扣 2 分，三次扣 3 分，三次以上不得分）	
	4 分	抓住床尾两角抖开羽绒被并一次抛开定位（两次扣 2 分，三次扣 3 分，三次以上不得分）	
	4 分	羽绒被在被套内四角到位，饱满、平展（每角 1 分）	
	4 分	羽绒被在被套内两侧两头平整（每一侧一头 1 分）	
	4 分	被套表面平整光滑（每条水波纹扣 1 分，四条以上不得分）	
	4 分	被套中线居中，未偏离床中线（偏 1 厘米以内不扣分，1～2 厘米扣 1 分，2～3 厘米扣 2 分，3～4 厘米扣 3 分，4 厘米以上不得分）	
	4 分	羽绒被在床头翻折 45 厘米（每相差 2 厘米扣 1 分，不足 2 厘米不扣分）	
	4 分	被子与床头平齐（以羽绒被翻折处至床头距离 45 厘米为评判标准，相差 1 厘米以内不扣分，1～2 厘米扣 1 分，2～3 厘米扣 2 分，3～4 厘米扣 3 分，4 厘米以上不得分）	
	3 分	被套口平整且要收口（2 分），羽绒被不外露（1 分）	
	2 分	尾部自然下垂，两角美观、一致	
两个枕头（14 分）	4 分	四角到位，饱满挺括	
	1 分	枕头开口朝下并反向于床头柜	
	2 分	枕头边与床头平行	
	3 分	枕头中线与床中线对齐（偏 1 厘米以内不扣分，1～2 厘米扣 1 分，2～3 厘米扣 2 分，3～4 厘米扣 3 分，4 厘米以上不得分）	
	4 分	枕套沿无折皱，表面平整美观，自然下垂	
总体效果（10 分）	5 分	三线对齐（偏 1 厘米以内不扣分，1～2 厘米扣 1 分，2～3 厘米扣 2 分，3～4 厘米扣 3 分，4 厘米以上不得分）	
	5 分	平整美观	
综合印象（5 分）	5 分	操作过程中动作娴熟、敏捷，姿态优美，能体现岗位气质	
合计		100 分	

操作时间： 分 秒 超时： 秒 扣分： 分
选手跑床、跪床、撑床： 次 扣分： 分
违例扣分： 分
合计扣 分
实际得分

习题

（1）将床拉到容易操作的位置时，应将床架连同床垫慢慢拉出约（ ）厘米。
A.50 　　　　　B.70 　　　　　C.45 　　　　　D.60
（2）枕头应该放在（ ）位置。
A.床头靠床头柜　　B.床头正中间　　C.被子正中间　　D.随便放
（3）被套的床头部分向上折起（ ）厘米。

A.20　　　　　　B.30　　　　　　C.35　　　　　　D.45

（4）铺完后的床中线应做到（　　）。

A. 床单、枕套中线对齐　　　　　B. 床单、被套中线对齐

C. 枕套、被套中线对齐　　　　　D. 床单、被套、枕套中线对齐

（5）枕头开口朝下并应（　　）于床头柜。

A. 同向　　　　　B. 反向　　　　　C. 垂直　　　　　D. 斜向

 自我分析与总结

存在的主要问题：	收获与总结：

改进措施：

3.3.2　西式铺床

 任务导航

西式铺床和中式铺床的区别为：床单数不同、毛毯不同、床具不同。西式铺床要铺两张床单，一张铺垫单，一张衬单。西式铺床一般将毛毯甩开平铺在衬单上。

 学习目标

☛ 能力目标

通过西式铺床实训，熟练掌握铺床方法。

☛ 知识目标

了解西式铺床的规程。

☛ 素质目标

使服务人员快速掌握岗位技能。

案例引导

"1+X 邮轮运营服务职业技能等级标准"规定了对应的工作领域、工作任务和职业技能要求。初级对于客舱在宾客服务这一工作任务的职业技能要求包括能够按照邮轮客舱分类布局要求和服务规程,完成各类客舱的保持工作,包括清洁整理、开夜床服务等;中级对于客舱在宾客服务这一工作任务的职业技能要求包括能够按照规程要求为高端舱室和特殊舱室(如套房舱室、贵宾舱室、婚房舱室等)提供房间布置的定制化服务;高级对于客舱在宾客服务这一工作任务的职业技能要求包括能够制订各类舱室服务规程培训计划并提供培训。

点评

1+X 邮轮运营服务职业技能等级证书考试分为三个等级,分别为初级、中级、高级;三个级别依次递进,高级别职业技能要求涵盖低级别职业技能要求。客舱服务员需按照邮轮客舱分类布局要求和服务规程,完成各类客舱的保持工作。服务人员需要具备一定的客舱部门的知识或者实操经验,例如掌握客舱清洁流程和职责。

新知探索

一、铺床准备

将床上用品逐一撤除,将床上的床单、枕套放入工作车上的布草袋内,并从工作车中取出相同规格、数目的床单和枕套;弯腰,用手拉开床,使床距离床头板 50 厘米;清除床垫上的杂物(毛发)等,将床垫、床裙整理好。

二、西式铺床规程

M3-11 西式铺床规程

铺第一张床单。服务员站在床尾侧居中位置(或站在床尾甩单)将折叠的床单向前方抖开,用力要适当,保证床单正面朝上,床单的中线不偏离床垫的中心线。床单包角方法与中式铺床包角方法相同。

铺第二张床单。床单正面朝下,中折线与第一张床单中折线对齐,床单上端与床头对齐。

铺毛毯。使毛毯上端与床头距离 30 厘米,毛毯中线与床单中线对齐。将毛毯包边,将长出毛毯 30 厘米的床单沿毛毯翻折作被头。将两侧及床尾的毛毯、第二层床单整理平整后皆掖入床垫下压紧,保证床面平整无皱褶。

套枕套时,枕芯套入枕袋后四角应饱满。将套好的枕头放在床的正中,单人床的枕头套口反向于床头柜,两个枕头重叠摆放;双人床放枕头时,将枕套口的方向相对;房间放两张单人床时,将两床枕套口反向于床头柜。

盖床罩。床罩应将全床罩住,但不能着地,床罩尾部不能包裹床尾两角;将床罩均匀填入上下枕头缝之中;将床推回原处,检查一下床铺是否整齐,并确保三线对齐（床单中线、毛毯中线、枕头中线）。

工作任务

【任务名称】

掌握西式铺床。

【任务准备】

（1）实训场地（建议在全真的实训环境中进行）。
（2）工作车及相关的布草和用品。

【任务实施】

项目	内　　容
班前会	1. 考勤、仪容仪表检查 2. 训练内容和项目
实训方法	多媒体和指导教师示范讲解，学生实训操作
实训步骤	1. 明确操作要求 2. 准备用品 3. 按照规程开始分组实训
示范	教师示范西式铺床并强调注意事项：床单、枕套、床罩等床上用品应无皱、破损、污迹。做床时要求三线对齐，即床单中线、毛毯中线、枕头中线对齐。掖边要求平、严、实。包角要求式样、角度标准一致
练习	让学生分组进行练习
总结	1. 各小组进行自评 2. 根据测评表进行打分 3. 教师评价，指出各小组成员的优点与不足

任务评价

任务评价由小组自评、组间互评及教师评价构成，详细内容如下。

考核内容	配分	考核要点	评分标准	得分
拉床	10分	（1）屈膝下蹲，将床拉出50厘米 （2）检查整理床垫	（1）未将床拉开操作扣1分 （2）拉床时动作错误扣1分 （3）床身离开床头板不足50厘米扣2分 （4）未检查整理床垫扣2分 （5）其他扣4分	
摆正床垫	10分	将床垫与床架边角对齐	（1）床垫与床架边角未对齐扣2分 （2）床垫四边所标明的月份字样不符合要求扣2分 （3）其他扣6分	
整理衬垫	10分	（1）用手把衬垫理顺拉平 （2）发现衬垫污损及时更换	（1）没有把衬垫理顺拉平扣2分 （2）发现衬垫污损未及时更换扣2分 （3）其他扣6分	
铺第一张床单	10分	（1）抖单 （2）抛单并定位中线 （3）包角	（1）抖单动作有误扣1分 （2）抖单后床单中线没有居中扣3分 （3）未定位而直接包角扣2分 （4）包角未达到直角扣1分 （5）其他扣3分	

续表

考核内容	配分	考核要点	评分标准	得分
铺第二张床单	10 分	(1) 抖单方法同第一张单 (2) 抖单后使床单中线居中，中折线与第一张床单对称，床面平整无水波纹 (3) 使床单头部与床头板对齐	(1) 抖单后床单中线未居中扣 3 分 (2) 中折线与第一张床单不对称扣 3 分 (3) 床单头部与床头板未对齐扣 2 分 (4) 其他扣 2 分	
铺毛毯	10 分	(1) 毛毯定位，与床头相距离 35 厘米，毛毯中线与床单中线对齐 (2) 毛毯平铺于第二张床单上，其中线与床单中线对齐 (3) 毛毯包边	(1) 毛毯前部与床头距离未达到 35 厘米扣 2 分 (2) 毛毯中线未与床单中线对齐扣 2 分 (3) 毛毯包边不符合要求扣 2 分 (4) 毛毯表面松垮、不平整扣 2 分 (5) 其他扣 2 分	
套枕套	10 分	(1) 套枕套 (2) 用两手提起枕套口轻轻抖动，使枕芯自动滑入，装好的枕芯要把枕套四角冲齐	(1) 套枕套动作不规范扣 2 分 (2) 枕套四角未饱满挺实扣 2 分 (3) 其他扣 6 分	
放置枕头	10 分	(1) 将套好的枕头放置在床的正中，单人床将枕套口反向于床头柜，两个枕头各保持 20 厘米厚度重叠摆放，离床头 1 厘米 (2) 双人床放枕头时，将四个枕头两个一组重叠，枕套口方向相对；当房间有两张单人床时，也要将两床枕套口反向于床头柜，摆放枕头要求一致 (3) 枕头放好后要进行整形，轻推枕面，使四角饱满挺实，不要在枕面上留下手痕	(1) 套好的枕头未放置在床的正中间扣 2 分 (2) 枕套口摆放的方向错误扣 2 分 (3) 枕头放好后没有进行整形，四角不够饱满挺实扣 2 分 (4) 枕面上留下手痕扣 1 分 (5) 其他扣 3 分	
盖床罩	10 分	(1) 把折好的床罩放在床中央横向打开 (2) 床罩尾部拉至床尾（包裹床尾两角） (3) 整理床罩床头部分，使处于枕头上的床罩平整，两侧呈流线型自然垂至床侧	(1) 打开床罩动作不规范扣 1 分 (2) 床罩尾部着地扣 1 分 (3) 床罩尾部未包裹床尾两角扣 1 分 (4) 床罩未均匀填入上下枕身缝之中扣 1 分 (5) 床面不平整，两侧不均匀扣 2 分 (6) 其他扣 4 分	
将床拉回原位	10 分	(1) 把床身缓缓推回原位置 (2) 最后再对做完的床查看一次，对不够整齐、造型不够美观的床面，尤其是床头部分，用手稍加整理	(1) 床身推回原位置后有歪斜扣 2 分 (2) 没有最后查看扣 2 分 (3) 对不够整齐、造型不够美观的床面未加整理扣 2 分 (4) 其他扣 4 分	
合计			100 分	

习题

（1）下列（　　）是西式床铺的主要保暖设备。
A. 羽绒被　　　　　B. 蚕丝被　　　　　C. 毛毯　　　　　D. 棉被

（2）双人床放枕头时，将四个枕头两个一组重叠，枕套口方向（　　）。
A. 相对　　　　　B. 相反　　　　　C. 向左　　　　　D. 向右

（3）毛毯定位，与床头距离（　　），毛毯中线与床单中线对齐。
A. 20 厘米　　　　B. 30 厘米　　　　C. 40 厘米　　　　D. 50 厘米

（4）第二张单是否需要包角。（   ）

A. 是　　　　　　　B. 否

（5）下列关于盖床罩的操作规程错误的是（   ）。

A. 把折好的床罩放在床中央横向打开
B. 床罩尾部拉至床尾（包裹床尾两角）
C. 整理床罩床头部分，使处于枕头上的床罩平整，两侧呈流线型自然垂至床侧
D. 床罩尾部着地

 自我分析与总结

存在的主要问题：	收获与总结：

改进措施：

3.3.3　毛巾花折叠

 任务导航

在邮轮上，客舱服务人员除了对客舱房间的卫生进行清洁，并整理房间内宾客使用过的物品、床品外，还有一项技能服务就是"毛巾花折叠"。客舱服务员会利用客舱卫生间内的毛巾，通过想象力按照一些小动物的形状（如兔子、猴子、大象、小狗、天鹅等）将毛巾折叠，放在房间内，使宾客进入客舱房间时，有一种惊喜，为客舱房间增添活力。

学习目标

▶ 能力目标

掌握常见的毛巾折花方法。

▶ 知识目标

了解客舱布置作用。

▶ 素质目标

培养服务人员使用客舱布件进行创新应用的能力。

M3-12　毛巾花创意折叠

> **案例引导**
>
> 以家庭为服务对象的邮轮公司，如 P&O 邮轮、嘉年华邮轮、诺唯真邮轮、迪士尼邮轮和皇家加勒比游轮公司都以毛巾小动物而闻名。毛巾小动物几乎成了邮轮旅游的代名词，这个传统应该是始于嘉年华邮轮公司。客舱服务人员会设计一些动物，比如乌龟、狗、蛇、袋鼠、猴子、恐龙、大象、鳄鱼、兔子等。

点评

当客人在一天的岸上游览或船上活动结束后回到他们的客舱里，会发现有一个可爱的毛巾动物（有时是一堆）在他们的床上，这是一个有趣的邮轮旅行传统。毛巾小动物在许多邮轮公司都很受欢迎，甚至成了各邮轮公司员工展现才华的"新战场"。服务人员甚至会在他们的作品中加入配饰来让小动物显得更有个性化，比如墨镜、帽子、珠子、玫瑰花等。毛巾动物的大小、表情和姿势可能会有所不同，这取决于客舱服务人员的创造力和他们为每一件作品选择的毛巾。

新知探索

一、折叠天鹅

（一）用浴巾折天鹅身体

步骤一：将浴巾反面朝上铺平，找到浴巾边长的中心点，用一只手指将中心点固定。

步骤二：一只手将浴巾边长中心点固定住，另一只手将浴巾两边分别卷成以中心点为顶角的两个锥体。两个锥体卷得尽量并在一起，再翻过来毛巾正面朝上。

步骤三：将锥体顶角作为天鹅的头部折成天鹅的身体。

步骤四：折叠另一只天鹅后，将两只天鹅腰部靠在一起，做成心形。

（二）用毛巾折天鹅翅膀

首先将毛巾正面朝上纵向铺平，然后用折扇面的方法将毛巾折好，最后用手固定折好的中心，将毛巾整理成半圆的扇形（图3-27）。

(a)

(b)

图3-27 天鹅的折叠

二、折叠大象

准备材料：两块长方形毛巾（一条地巾，一条面巾），颜色可以不同，但最好是纯色的。

步骤一：把其中一块毛巾（面巾、地巾）展开，找到毛巾长边的中线[图3-28(a)]。

步骤二：两端分别向中间卷[图3-28（b）]。

步骤三：将卷好的毛巾对折[图3-28（c）]，放在一旁备用。

步骤四：取另一块毛巾（面巾），从两边各取一角向中间折叠成一个三角形状[图3-28（d）]。

步骤五：从三角形的一个斜边向内卷[图3-28（e）]，对三角形的另一侧也如上面步骤折叠。

步骤六：将上面两个角向外翻成大象的耳朵，将大象的头放到刚才做好的大象身体上[图3-28（f）]。

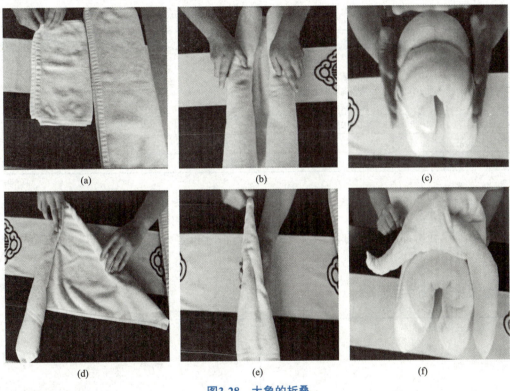

图3-28 大象的折叠

工作任务

【任务名称】

掌握毛巾折花。

【任务准备】

（1）长条桌若干。

（2）折花用的浴巾、面巾、方巾、地巾。

【任务实施】

项目	内容
毛巾折花	准备所需毛巾及桌子，以方便操作
实训方法	多媒体和指导教师示范讲解，学生实训操作
实训步骤	1. 明确操作要求，准备用品 2. 按照规程开始分组实训
示范	教师示范折叠大象、天鹅并强调注意事项
练习	让学生分组进行练习
总结	1. 各小组进行自评及互评，并打分 2. 教师评价，指出各小组成员的优点与不足

任务评价

任务评价由各小组自评、组间互评及教师评价等构成，详细内容如下。

评价内容	配分	考核点	得分
准备工作	10 分	毛巾选择正确，按照要求整理好	
教师评价	60 分	1. 折花所用毛巾选择正确 2. 形象逼真，造型美观 3. 操作自然流畅	
小组自评	10 分	按照要求整理，效果符合要求	
组间互评	20 分	操作过程自然、有条理，整体效果达到要求	
合计		100 分	

某邮轮套房即将入住的客人为夫妻二人，请分析客人在住期间可以折叠哪些造型的毛巾花。

 自我分析与总结

存在的主要问题：	收获与总结：

改进措施：

3.3.4 计划卫生项目

🔄 任务导航

客舱服务员每天要清扫 11～12 间房，工作量很大，不可能对房间的每个角落、每个部位都进行彻底的大扫除。计划卫生就是在搞好日常清洁的基础上，对清洁卫生的死角或容易忽视的部位，以及家具和设备进行定期的清扫整理和维护保养，从而保证房间的洁净和家具设备的良好状态。

🌐 学习目标

▶ 能力目标

掌握计划卫生的各个项目及周期。

▶ 知识目标

了解计划卫生的分类。

▶ 素质目标

养成严谨细致、吃苦耐劳的职业素养。

案例引导

2021年，国务院印发《"十四五"旅游业发展规划》（下称《规划》）。在邮轮游艇产业发展方面，《规划》提出，促进旅游装备技术提升，重点推进邮轮游艇等自主创新及高端制造，推进海洋旅游、山地旅游、温泉旅游、避暑旅游、内河游轮旅游等业态产品发展；有序推进邮轮旅游基础设施建设，推进上海、天津、深圳、青岛、大连、厦门、福州等地邮轮旅游发展，推动三亚建设国际邮轮母港；推动内河旅游航道建设，支持在长江流域等有条件的江河湖泊发展内河游轮旅游，完善配套设施；推动游艇消费大众化发展，支持大连、青岛、威海、珠海、厦门、三亚等滨海城市创新游艇业发展，建设一批适合大众消费的游艇示范项目；完善旅游公共服务设施，完善邮轮游艇码头等旅游服务设施功能。

👥 点评

"十四五"时期，我国将全面进入大众旅游时代，旅游业发展仍处于重要战略机遇期，旅游业面临高质量发展的新要求。

⚙️ 新知探索

一、计划卫生的分类

计划卫生的项目及时间，各邮轮要根据自己的设施设备情况和淡旺季进行合理

M3-13 计划卫生分类及项目

的安排。同时，工程部也应利用这个机会，对某些设备和家具进行彻底的维修保养。

（一）单项计划卫生

由于人力的安排、开房率高低等因素影响，客舱服务员每天清扫客舱时只能有所侧重。因此，在客舱服务员完成规定的客舱清洁之后，领班还应安排适当的单项计划卫生，以弥补客舱服务员平时工作的不足。例如，客舱服务员除应完成每天10～12 间客舱的清扫任务外，还要对其中一间客舱进行彻底的大扫除，这样经过10～12 天就可以完成该客舱服务员负责的所有客舱的计划卫生工作；或者采取每天对这些客舱的某一部位进行彻底清扫的方法，经过若干天对不同部位和区域的彻底清扫，也可以完成该客舱服务员负责的所有客舱的计划卫生工作。

（二）客舱周期大清洁

这是一项由专人、专职负责的对客舱进行周期性、全面、彻底清洁的计划。单凭单项计划卫生工作较难维持客舱的卫生，所以应安排专人对客舱进行周期性的清洁，以确保客舱处于清洁如新的状态，使客舱的卫生质量达到和保持较高水平。

具体做法是：一般以一季度为一个工作周期，保证在一个工作周期内对全部客舱至少完成一次周期大清洁。

（三）季节性或年度性大扫除

这种大扫除不仅包括家具，还包括设备和床上用品、窗帘、沙发等。一个楼层通常要进行一周，因此只能在淡季进行。客舱部应和前厅部、工程部取得联系，以便前厅部对某一楼层实行封房。维修人员也可利用此时对设备等进行定期的检查和维修保养。

二、计划卫生的项目

各邮轮应根据客舱设施设备的位置等情况来设立客舱计划卫生项目。星级邮轮的房间部分和卫生间部分计划卫生项目一般包括下列内容。

（一）房间部分

房间计划卫生项目一般包括：墙纸除尘、修补；清洁出风口；清洗空调网；地毯边角、床底等处吸尘；家具后侧除尘；清洗冰箱；清洗阳台，擦拭阳台门；翻床垫；洗涤毛毯、窗帘、床罩；地毯去渍及清洗；吸洗沙发及椅子；吸灯罩浮尘；清洁、消毒电话；刷洗床头板；清洗纸篓；清洗冷热水瓶；清洁电视架，擦拭房号牌及房内黄铜制品；家具打蜡等。

（二）卫生间部分

卫生间计划卫生项目一般有：清洗出风口、抽风机；清洗灯箱；刷洗马桶及水箱；刷洗浴缸、放水阀、浴帘；刷洗面盆、下水口及活塞；刷洗卫生间四壁；洗刷卫生间地面；擦拭吹风机；电话副机消毒；擦洗洗手间不锈钢制品；大理石台面打蜡等。

上述计划卫生项目由于被污染的速度有快有慢，清洁间隔的时间要求也就各不相同。因此各邮轮应根据自身的实际情况，安排计划卫生的周期。如制定每周计划卫生、每月计划卫生等，并切实加以执行。

三、计划卫生的管理

（一）准备好清洁器具和清洁剂

在做计划卫生工作前，应根据具体工作内容准备好清洁工具，如洗地毯机、水桶、玻璃刮、鸡毛掸等。同时准备好各种清洁剂，如地毯清洁剂和除渍剂、家具蜡、酒精等。

（二）安排好计划卫生工作

客舱的周期性清洁卫生计划表贴在楼层工作间的告示栏内或门背后。楼层领班还可每天在服务员清扫日报表内写上当天要做的计划卫生项目，以便安排、督促服务员在完成一天的日常清扫工作后，完成当天的计划卫生任务。服务员完成一项计划卫生工作后，由领班等进行检查，然后在表格内填上完成的日期即可。

（三）做好检查记录工作

领班等根据本楼层计划安排表进行监督、检查。客舱服务中心或办公室根据计划卫生项目的完成情况，通报显示各楼层计划卫生完成状况，以引起各楼层人员和管理人员的重视。

工作任务

【任务名称】

制订邮轮客舱清洁年度计划表。

【任务准备】

准备空白表格，按照一年 12 个月来制订每个月的清洁计划。

【任务实施】

以小组为单位查阅资料，制作表格。

任务评价

任务评价主要从同学们的资料准备情况、制作与汇报情况、团队合作与纪律情况以及总结报告撰写质量几个方面进行评价，详细内容如下。

班级			姓名		得分
评价内容	分值	评定等级			
		A（权重1.0）	B（权重0.8）	C（权重0.6）	
学习态度	10 分	学习态度认真，方法多样，积极主动	学习态度较好，能按时完成学习任务	学习态度有待加强，被动学习，延时完成学习任务	
查阅资料	20 分	查阅资料方法多样，资料内容丰富，整理有序、合理	查阅资料方法较单一，内容基本能满足要求	没有掌握查阅资料的基本方法，资料准备不足	
制作与汇报	30 分	内容翔实、图文兼备；汇报人精神面貌好，思路清晰有条理	内容不够丰富；汇报人能顺利完成	有的内容缺失，有的内容重复；汇报人词不达意	
成果内容	40 分	格式规范，内容完整，思路清晰有条理	格式较为规范，内容较完整，有一定的条理性	格式、内容经反复修改后才勉强符合要求	
总计得分					

习题

（1）短期计划性卫生的月循环周期一般指（　　）。
A. 一个月　　　　B. 两个月　　　　C. 六个月　　　　D. 三个月
（2）中期计划性卫生的安排一般指（　　）。
A. 一个月以内　　B. 一年以内　　　C. 半年以内　　　D. 一周以内
（3）中期计划性卫生项目不包括（　　）。
A. 金属器具保养除锈　　　　　　　B. 木质椅子扶手的打蜡
C. 地毯干洗　　　　　　　　　　　D. 客舱房门边框
（4）计划卫生的管理不包括（　　）。
A. 准备好清洁用具　　　　　　　　B. 注意安全
C. 安排好计划卫生　　　　　　　　D. 做好检查记录

自我分析与总结

存在的主要问题：	收获与总结：

改进措施：

模块4 邮轮客舱对客服务

4.1 邮轮常规对客服务项目

4.1.1 开夜床服务

任务导航

客房服务是邮轮服务的重要组成部分，开夜床服务是其中一项。通过提供这项服务，邮轮能够展示其服务水平，从而提升品牌形象。开夜床服务旨在提高客人的满意度，通过为客人提供这项服务展现出对客人的关爱和关注，让他们感受到宾至如归的体验。因此作为服务员不但在工作中要做到"宾客至上，服务第一"，更重要的是要掌握开夜床服务本领和服务技巧，细致研究服务过程的中心环节，把被动服务变成主动服务，以达到客房对客服务的高质量、高水平。

学习目标

- 能力目标

掌握开夜床服务的规程及方法。

- 知识目标

了解开夜床的工作项目。

- 素质目标

拥有良好的职业道德，遵纪守法，敬畏规章。

M4-1 开夜床

案例引导

张先生夫妇预定了某豪华邮轮的蜜月房，登船前，非常热情的工作人员给张先生夫妇递毛巾、递水，送上鲜花。当走进房间，张先生夫妇发现里面的规格等同于五星级酒店，应有尽有，布置得也很温馨，梳妆台上摆着鲜花，沙发前茶几上摆着新鲜水果、餐具以及一瓶放在冰桶里的香槟。下午他们坐在阳台上，开了香槟，看着落日余晖照射在茫茫大海上。

点评

一些特殊的房间，如 VIP 房、蜜月房等，客人一般会要求将房间里的设施进行重新布置，或者增加一些摆设和物品等。客舱部应在第一时间了解客人的需求，以便安排足够的人手。从长远利益出发，总台记录清楚之后会协调好客舱部尽量满足客人的需求。

新知探索

一、开夜床要求

（一）开夜床时间

"turn-down service"是专业用语，翻译成中文是"开夜床服务"或"晚间服务"。它是和"room service"同等重要的服务。夜床服务一般在傍晚 6:00 左右开展或按客人要求提供。客舱服务员按照规程到客舱开展夜床服务，如果房间挂有"请勿打扰"的牌子则不提供。一般夜床服务应在晚上 9:00 之前做完，以免影响客人休息。

（二）夜床服务内容

（1）开夜床以便客人休息；

（2）整理房间，清洁卫生间，补充必需的客用品，恢复客舱环境卫生，使客人感到舒适温馨。

二、开夜床规程

（一）进入房间

（1）按进房规程进房，填写进房时间；

（2）如挂有"请勿打扰"牌，将服务通知单由门下塞入，并做好登记；

（3）如客人在房间，征得客人同意后方可进房；

（4）如客人不需要服务，要做好记录。

（二）开灯

打开地灯、卫生间灯、壁灯、床头灯。

（三）拉窗帘

将白纱帘、遮光帘均拉严至窗户居中位置。

（四）清理杂物

（1）将散放在床上的客衣挂入衣柜内；

（2）检查后倒掉垃圾桶和烟缸内的垃圾，并清理干净；

（3）将用过的杯具撤换；

（4）撤掉浴室已用过的各种棉织品。

（五）检查

（1）检查、调好电视机频道；
（2）检查各种灯具是否完好，如有损坏及时报修；
（3）检查文件夹内物品是否齐备。

（六）开床

（1）床罩、床尾巾及靠枕等整理好放入规定位置。
（2）翻开一侧的被子或将毛毯折成45°（图4-1）。
① 在折角的被子或毛毯上斜放早餐卡、日报等；
② VIP房间在早餐卡上加放一枝鲜花；
③ 在床头柜正中摆好晚安卡和晚安礼（巧克力或曲奇等）。

图4-1　开床

（七）整理浴室

（1）清洁客人用过的浴缸、面盆、马桶、镜面（图4-2）；
（2）将浴帘拉至浴缸一半位置，把脚垫巾铺在靠浴缸的地面上；
（3）更换客人用过的毛巾；
（4）关上浴室门，将门虚掩。

图4-2　整理后的浴室

（八）离开房间

（1）保留浴室灯、壁灯、床头灯、地灯；
（2）轻轻将门关上；
（3）填写出房时间。

(九)其他情况

若遇到房门挂有"请勿打扰"牌或反锁情况无法做夜床时,须填写一式两份的"未开夜床通知单"(表4-1),一联塞入门缝内(让客人了解客舱部门本须提供的服务因不能进入而无法提供,若需要服务,请通知客舱部),另一联订在工作记录表上。

表4-1 做夜床检查记录表

年　　月　　日

日期	进房时间	退出时间	检查情况	备注	服务员签名

工作任务

【任务名称】

掌握开夜床服务。

【任务准备】

(1)实训场地(建议在全真的实训环境中进行)。
(2)工作车及相关的布草和用品。

【任务实施】

项目	内　　容
班前会	1. 考勤、仪容仪表检查 2. 训练内容和项目
实训方法	多媒体和指导教师示范讲解,学生实训操作
实训步骤	1. 依据进房规程,进入房间 2. 点亮床头灯 3. 将厚窗帘拉上,调整房内空调温度 4. 清理房内垃圾,撤掉用过的棉织品,清洗杯子 5. 整理房内客人散放的杂志与报纸,并补充客用品 6. 将床罩或床尾内叠好放入衣柜,翻开一侧的被子或毛毯折成45° 7. 放置早餐卡、日报、晚安礼等 8. 将客人的衣服挂入衣柜 9. 整理浴室,补充浴室客用品 10. 离开房间
示范	教师示范并强调注意事项: 1. 留意房内灯泡有无损坏 2. 将床罩折好放在衣柜底部或梳妆台下柜内 3. 留意杯子和烟灰缸有无破损 4. 不得随意丢掉报纸、杂志或其他有记录的纸片 5. 不得查看住客舱已摆放客人私有物品的抽屉
练习	让学生分组进行练习
总结	1. 各小组之间及组内进行评价 2. 根据测评表进行打分 3. 教师评价,指出各小组成员的优点与不足

任务评价

任务评价由各小组自评、组间互评及教师评价等构成，详细内容如下。

评价内容	配分	考核点	得分
开夜床服务	80分	1. 进入房间规程规范 2. 点亮床头灯。留意房内灯泡有无损坏 3. 将厚窗帘拉上 4. 清理房内垃圾（包括卫生间），清洗杯子 5. 整理房内客人散放的杂志与报纸，撤掉用过的棉织品，补充客用品。不得随意丢掉报纸杂志或其他有记录的纸片，不得查看客人私有物品 6. 将床罩或床尾巾叠好放入衣柜，将被子一角或第二张床单、毛毯一起翻折45° 7. 放置早餐卡、日报、晚安礼等 8. 将客人的衣服挂入衣柜 9. 整理浴室，补充浴室客用品 10. 关灯，离开房间，填写工作记录表	
小组自评	10分	成员配合融洽，按照要求整理，效果符合要求。	
组间互评	10分	操作过程自然、有条理，分工明确；整体效果达到要求。	

习题

（1）客舱部为宾客提供的服务包括（　　）。
A. 清洁服务　　　　　　　　B. 洗衣服务
C. 客舱送餐服务　　　　　　D. 夜床服务

（2）（　　）表示给房间做清洁的意思。
A. clean room　　B. cabin room　　C. cruise　　D. make up room

（3）（　　）摆在浴室内，供宾客擦手、化妆、沐浴时使用。
A. 方巾　　　　B. 浴巾　　　　C. 地巾　　　　D. 面巾

（4）"turn-down service"的中文意思是（　　）。
A. 开夜床服务　　B. 晚间服务　　C. 客房清洁服务　　D. 洗衣服务

（5）夜床服务的内容包括（　　）。
A. 清理房内垃圾　　　　　　B. 撤掉用过的棉织品
C. 补充客用品　　　　　　　D. 丢掉报纸杂志或纸片

自我分析与总结

存在的主要问题：

收获与总结：

改进措施：

4.1.2 洗衣服务

任务导航

邮轮上每天都有大量的棉织品需要清洗，这些棉织品必须由洗衣房专业人士分类、打码、清洗消毒、烘干熨烫。客人送洗的衣物清洗完毕后再送回客人房间。

学习目标

能力目标

掌握洗衣服务流程。

知识目标

了解开展洗衣服务的相关要求。

素质目标

培养按照规程开展服务的职业素养。

M4-2 洗衣服务

案例引导

"招商伊敦号"邮轮为招商维京邮轮船队的第一艘海轮，也是我国第一艘悬挂五星红旗、由我国自主经营管理的高端邮轮。船上有自助洗衣房供使用，对出门在外的人来说，邮轮提供的 24 小时自助洗衣房让旅途中的洗衣问题得以轻松搞定。

点评

很多邮轮备有 24 小时洗烘一体自助洗衣房，洗衣房内配有专门的整理收纳区、挂烫机、熨衣板、儿童衣架……应有尽有，全方位贴心。很多人担心内外衣混洗和贴身衣服的问题，洗衣房贴心配备了除菌、消毒、婴童、内衣等分类洗衣液，分别用于不同需求场景。同时专门配备了袋装洗衣液，客人可以将其带回房内清洗贴身衣物，保护隐私。

新知探索

客舱部提供的洗衣服务分为干洗（dry-clean）、湿洗、熨烫（iron）三种。另外，按时间可分为普洗（regular service）和快洗（express service）。普洗一般为上午交洗，晚上送回，或下午交洗，次日送回。快洗一般不超过 4 小时，但要加收大约 50% 的加急费。洗衣单一式三联，第一联作为记账凭证，第二联在结账时交给客人，第三联供洗衣房留底。洗衣单必须由客人填写，如客人要求服务员代填，代填后的洗衣单须由客人签名。客舱服务员一般在 10∶30 以前，查看辖区房间有无送洗的客衣。收到客人的送洗衣物后，客舱服务员应核对洗衣单上的项目，如客人的姓名及房号、收洗日期及时间、送洗的数量及种类、客人的特别要求等；检查送洗衣物，如衣物口袋是否留有物品、纽扣有无脱落、衣物有无污点和破损或褪色现象等，若有此类情形，务必请客人在洗衣单上注明并签字；填写收洗客衣登记表。

一、收取客衣服务规程

（一）收取客衣

1. 接收信息

前台接到客人需要洗衣服务的要求，记录房号并及时通知客舱部。客舱员工带好洗衣单与洗衣袋到客人处收取衣物。

2. 收取客衣的方式

（1）服务员接到要求洗衣服务的电话后，直接进房收取。当客人向客舱服务员口头提出或电话要求洗衣服务时，客舱服务员应及时通知客衣服务员前来收取客衣。

（2）客舱服务人员在日常清扫过程中直接收取客人已填好洗衣单且放进洗衣袋的衣物。

3. 检查

无论是客衣服务员还是客舱服务员在收取住客送洗衣物时，均要逐件检查。具体要求如下：

（1）检查衣物有无破损、特殊污点，检查纽扣有无脱落，如有，应询问客人是否需要织补或配扣，如需要，要在洗衣单上注明；客人不在时，可给客人留一份相应的"客衣服务单"，并在洗衣单上注明情况，客人回来后，再向客人说明。

（2）检查时，注意掏清口袋，如有钱物，要及时交还客人并进行登记。

（3）在登记客衣时，要对客衣的种类和数量进行确认，查看是否与客人填写的洗衣单相吻合；如有偏差，应向客人说明后纠正。

（4）登记客衣时，要填写清楚客衣的洗烫要求，如是洗还是烫、是水洗还是干洗、是快件还是慢件以及是否需要修补等。特殊要求应特别注明。

（5）检查衣物能否按客人要求洗烫。如客人要求湿洗，但衣物可能会褪色、缩水时，应向客人说明；若衣物较贵重，还需客人在相应的"客衣服务单"上签名确认。

（二）注意事项

在收取客衣时，还需注意以下问题：

（1）客衣服务员或客舱服务员到客房收取客衣时，应巡视该楼层，查看有无其他要洗的客衣；如有，一同收取，并在"客衣收衣记录单"上注明房号、收衣时间、数量等。

（2）在收衣时，一般要用记号笔在洗衣袋上注明房号。客舱服务员收取时，应先将客衣拿到楼层工作间，再通知客衣服务员到楼层工作间将客衣拿回核对、打码。

二、核对及交接

（一）核对、检查

1. 检查是否有洗衣单

（1）检查洗衣袋内有无洗衣单。

(2）检查洗衣单上的房号与洗衣袋上所注的房号是否一致。

(3）若某客舱有两包或两包以上的客衣，检查是否都有洗衣单，洗衣单上是否都有房号。若是不同客人的客衣，应在洗衣单上用不同的标志表示，以示区别。

2. 点数

(1）将衣物倒出，对照洗衣单上的数量进行清点。清点时要注明衣物颜色及件数。

(2）点完数后，在洗衣单上注明总数与自己的代码（或签名），把衣物和洗衣单放入洗衣袋内，留待打码。

（二）与洗烫服务员交接

客衣服务员将客衣交给洗烫服务员洗涤、熨烫，并填写客衣交接的表格。有特别要求和不易烘干的衣物，要和洗烫服务员交代清楚。

(1）"加快服务"的客衣和贵宾的衣物要优先点数、打码，并督促洗烫服务员及时处理，以尽快送还客人。

(2）如果客人对衣物洗涤有特殊要求，服务人员应按规定做好标记后再打码。

三、送还客衣服务规程

（一）送衣时间要求

客衣洗烫完好后，通常于每天下午由客衣服务员送回。如客人时间较紧，可提供快洗服务（一般4小时内送回）。也有的邮轮规定水洗、熨烫衣物当天送还，干洗衣物第二天送还。

（二）送衣核对

(1）查看当天的客衣登记本（或洗衣单），核对客衣的份数、件数和要求等。

(2）再次认真检查客衣是否洗净，是否烫平、整形，客衣包装是否符合要求。如一般衬衣要用纸质包装袋封好；西服、中山装、裙子或其他质料好的衣服要用衣架挂放。

(3）按楼层和房号顺序将客衣包整齐地放进洗衣车里，将挂件有序地挂到车上。客衣多时，须分批送上楼层。

（三）送给客人

(1）确认无误后，可按楼层将客衣送交楼层服务员，由楼层服务员按房号将衣物送入客舱；或由客衣服务员直接送入客舱，服务中可请客舱服务员开门协助。

(2）客衣送入房间时，若客人在房内，应向客人说明，征求客人意见后摆放在合适位置；若客人不在房内，应按邮轮规定放在固定的地方。一般需用衣架挂起的衣物放进壁橱里，袋装客衣放在桌上或床上。放进壁橱的衣物应在房内醒目处留言说明。

(3）若客舱挂有"请勿打扰"牌，一般将客衣放在楼层服务台或工作间，并从客舱门缝放入"衣服已洗好"的说明，让客人与客舱服务员联系。同时应注意记下客人的房号。

（四）记录

送完客衣后，做好记录，以备查核。收发客衣报表见表4-2。

表4-2 收发客衣报表

年　月　日

房号	收衣时间	衣物数	送衣时间	收款人	备注

【任务名称】

客衣送洗纠纷的处理。

【任务准备】

分组复习并整理任务内容选择合适方式进行实训。

【任务实施】

准备客舱服务台或办公室、客衣及计时器，要求操作规范，注重礼貌礼节，工作耐心细致，问题处理得当，服务文明、热情。准备时间：1min，操作时间：10～20min。在规定时间内完成，每超时1min，从总分中扣5分，超时3min停止操作。

 任务评价

任务评价主要从同学们的职业素养、小组互评及汇报表现等方面进行评价，详细内容如下。

评价内容	评价要点	配分	评分标准	扣分	得分
接待客人	客人前来投诉，首先要礼貌、热情地接待，承认客人投诉的事实，并对客人表示同情和歉意	20分	未按要求操作一项扣除10分		
分析并查明问题的原因	经查明：（1）洗前衣物已经很旧，质地很差，服务员在收取衣物时未向客人声明或征求客人意见，这属于邮轮方责任，否则属于客方自己的责任；（2）如客衣在洗涤前符合洗涤要求，而在洗涤过程中造成客衣破损，属邮轮方责任	30分	未按要求操作一项扣除15分		
提出处理方案	将事实向客人说明后提出处理方案：（1）属邮轮方责任应给予相应数额的赔偿；（2）如属客方责任，应向客人道歉并说明邮轮方不予赔偿；（3）如客人不同意处理方案，要及时与洗衣部联系解决	30分	处理不当扣除10分		
结束工作	做好客人投诉记录，按要求填表并向上级汇报	10分	操作不规范一项扣除10分		
仪容仪表	大方、得体、规范	5分	不符合要求扣除5分		
文明、规范操作	安全文明操作，在规定时间内完成	5分	操作时限，每超1min扣5分，超3min停止操作		

练习下面的对话（H=housekeeper，客舱服务员；G=Guest，客人）

H：Good afternoon，housekeeping.May I help you?
下午好，房务中心。有什么可以帮到您？

G：Yes.The housemaid delivered some laundry to my room，but it's not mine.
是的，客房服务员送了一些洗好的衣服到我的房间，但是这些衣服不是我的！

H：I'm so sorry.I'll look into it right away and send your clothes to your room.
很抱歉，我马上查一下，然后把衣服送到您的房间。

（After a while，knock at the door）

H：Housekeeping?
客房服务？

G：Yes，please.
请进。

H：I've brought your laundry.Are these your，madam?
我把您的衣服拿过来了，是您的吗？女士。

G：Yes，that's right.Could you put them on the bed?
是的，麻烦你放到床上好吗？

H：Certainly.Could you sign here，please?
好的，麻烦您在这里签字。

G：Here you are.
给你。

H：Thank you so much.We are so sorry for the inconvenience.
谢谢您！给你带来的不便我们深感抱歉。

G：That's all right.
没有关系。

 自我分析与总结

存在的主要问题：	收获与总结：

改进措施：

4.1.3 其他服务

🔄 任务导航

客舱服务员的主要工作包括清洁并检查客舱、补充用品、为客人提供服务、清洁用品使用及保养、检查客人遗留物及客舱内贵重物品、确保工作区域的安全等。服务员需具有良好的语言表达能力；能获取、理解外界信息，进行分析、判断并快速做出反应；能准确、灵活地完成各项服务操作。

🎯 学习目标

▶ **能力目标**

掌握小酒吧服务、借用物品服务及遗留物品的操作规范。

▶ **知识目标**

了解小酒吧补派要求、客人借用物品的处理流程及遗留物品的处理原则。

▶ **素质目标**

培养服务人员按照规程开展工作的职业素养。

案例引导

赵女士乘坐某邮轮期间，发愁自己两岁的孩子怎么睡，于是询问了前台，前台说可以租借围栏或婴儿床。稍后客舱服务员不仅提供了婴儿床，还准备了尿不湿、婴儿湿巾；并且工作人员两次致电确认宝宝的年龄和特殊需求，准备了两个毛绒玩具。

👥 点评

真正舒心的对客服务不是让客人无所适从地"被伺候"，而是让客人想要的一切自然而然地发生。服务不应断层，应有服务整合能力，不管客人提了啥要求，都要想办法让它实现。

⚙ 新知探索

一、小酒吧服务

客舱小酒吧（minibar）是一项方便客人的服务设施，柜面上按规定的品种和数量配备了硬酒、软饮料和果仁、巧克力等送酒食品，以及配套的酒杯、调酒棒、开瓶器等用品。通常洋酒摆放在酒吧柜内，软饮料放置在冰箱内。柜面上放有酒单，列出了各项酒水、食品储存品种、数量、单价及小酒吧的管理说明，请客人食用后如实填写并签名。

（一）酒水饮料检查

M4-3 酒水检查

1. 散客结账时的检查

客舱服务员接到客人结账的通知后，应立即进房查核小酒吧，并在房内拨电话，将该客人饮用的酒水品种及数量及时报知前台收款处。

2. 团队客人结账时的检查

客舱服务员应根据客人进邮轮、离船通知单，在团队客人离船前半小时，将该团队所有客舱内的小酒吧查核一遍，开好酒水账单，由领班送至前台收款处。客人离开楼层后，可再复检一遍，以防漏查。

3. 客人住邮轮期间的检查

（1）住客房内小酒吧，由服务员每天上午清扫客舱和晚间做夜床时逐一查核，如有饮用，立即补充，并将饮用的饮料品种、数量记录在服务员工作日报表上。

（2）服务员查看客人有无填写酒水账单，若无，将客人饮用的酒水数量填写在客房小酒吧账单上。

（3）客人在房内时，请客人签字认可。

（4）客人签字后的账单即为有效账单，一式三份，客人留一份，前厅收银处一份，楼层自留一份；否则，应将客人的那一联一起送至前厅收银处，结账时请客人签字认可。

（二）酒水饮料补充

（1）楼层服务人员依照每个房间的饮料账单统计一份每日酒吧饮料报表，根据报表上的资料，每日三次（分别于12：00与15：00向饮料管理人员，19：00向房务办公室值班人员）领取所需饮料（依各邮轮规定）。

（2）依饮料报表的资料，连同新账单分别补入各房间，并须注意依规定的位置摆放整齐才容易查点。

（3）注意将其有效期限及英文商标向外，并注意先进先出的仓储原则。

（4）若遇到客舱挂有"请勿打扰"牌或"请勿打扰"灯亮起，必须做好记录，以便于后续的工作。

（5）对于有特殊习性或常挂"请勿打扰"牌的客人，应事先与客人沟通确定合适的时间。

（6）注意事项如下：

① 留意瓶盖上贴条是否完整，食品等纸包装是否被拆过。

② 注意食品是否已经过期。

③ 填写账单时要注意饮料项目及房号是否正确，以免引发客人的抱怨。

④ 补充食品时，需注意包装、瓶盖外表的清洁。

二、客人借用物品

M4-4 客人借用物品

客舱内提供的物品只能满足客人的基本需要，为满足客人的特殊要求，客舱部还应备有充电器、婴儿床等物品以供客人租借，并在服务指南中明示。客舱部在借出物品时应请客人在租借物品登记表上签名，并且登记表上要注明有关租借物品的注意事项。服务员在交接班时，借用物品服务情况也应说明。注意收回借用物品，对于过了借用时间仍未归还的物品，服务员要主动询问，但要注意表达方式。如客人因使用不当而造成借用物品损坏，应根据物品的损坏程度要求赔偿。

（一）客人借用物品的内容

一般而言，邮轮的客舱内配置的物品都是客人每日必须使用的，但仍有许多东西虽不是十分普遍却仍有客人有时需要。邮轮为提供贴心且便捷的服务，通常会准备以下物品，以备客人不时之需：电热器、除湿机、婴儿车、熨斗、熨衣板、变压器、体温计、延长线、台灯、热水瓶、电动剃须刀等。

（二）客人借用物品服务流程

1. 借出时登记

（1）在客人借用物品时，须问明借用物品的名称、数量、借用时间，然后将客人的姓名、房号及借用资料在"客舱部借出本"上登记下来。

（2）若由房务办公室通知，也须记下各项资料。

（3）在每日工作报表的备注栏内注记客人借用物品，在整理房间时顺便检查。

2. 交给客人

物品送交客人时，须请客人在借条上签名。

3. 物品收回

（1）过了借用时限或其他客人希望借用时，客人仍未归还物品，客舱服务员可主动询问客人，但应注意礼貌和询问方式。

（2）客舱服务员在交接班时，应将借用物品服务情况列为交接班内容，说明客人借用物品情况，以便下一班的服务人员继续服务。

（3）客人归还物品时，客舱服务员应做好详细记录，且在交班时，应说明已收回。

（4）客人退房时，必须把借条交给客人并将东西取回归位。客人离船时，应特别检查客人有无租用物品及有无归还等；若有未归还的，应礼貌地提醒客人归还，并注意语言表达方式，不要引起客人误解。

物品借用登记表见表 4-3。

表4-3　物品借用登记表

日期及房号	
顾客姓名	
物品名称	
顾客签名	
送还日期	
接收人	

三、客舱遗留物品处理

（一）客舱遗留物处理原则

1. 诚实交出

客人退房时，常会将一些物品遗留在房间内，不管其价值如何，客舱服务员发

M4-5　客舱遗留物品处理

现后一律要诚实交出，以保持邮轮的声誉及形象。另外，这也是服务员具有良好个人操守的表现。

2. 尽量减少客人遗留物

在客人办理退房时，除依邮轮规定清洁及检查房间外，更要细心查看房内的每一个角落，特别是衣橱、抽屉、保险箱、浴室门后、浴缸四周、洗脸台上是否有客人的物品。另须注意，当客人已将行李打包而人暂时离开时，如发现有客人的任何物品，均应将该物放在客人的行李箱上，以提醒客人。

（二）客舱遗留物处理流程

1. 立即通知

（1）拾获者（不论哪个单位）发现客人遗留物品时，应通知前台查询客人是否已结账退房，是否已经离开邮轮。

（2）必须立刻通知领班或房务办公室。

2. 即时处理

（1）若客人尚未离开，则立即送还客人（须确认为该房的客人，以免徒增管理上的困扰）。

（2）若客人已离开，则填具一份客人遗留物品登记表（表4-4），填写日期、时间、地点、客人姓名、物品名称细目、数量、拾获者签名。

表4-4　顾客遗留物品登记表

房号		签名	
登船日期		离船日期	
物品名称			
捡拾位置			
交客舱部时间		顾客取回时间	
备注			

（3）用塑胶袋将遗失物打包。若为干净的衣物，将其折叠整齐；若为不洁衣物，先送洗衣房清洁，以防衣物发霉及发臭。

（4）将物品连同登记表一起交给客舱部办公室值班人员。

3. 客舱遗留物登记及电脑作业

（1）将收到的客舱遗留物编号，并记录在客人遗留物品登记表上，且分贵重与不贵重物品；不贵重物品只需保存1个月即可（依各邮轮的规定）。

（2）依据登记表上的资料逐笔录入电脑资料库内。

（3）保存6个月，之后将无人认领的物品发放给拾获者或拍卖、归公等（依各邮轮的规定），将电脑资料消除。

4. 与客人的联系作业

此项工作需在前台经理与客人联系之后进行。

（1）由客舱部办公室向公关部门提供一份遗留物品资料。

（2）根据资料寄通知卡给客人（寄前必须要将资料收集齐全，避免给客人造成不便）。

（3）依照客人的回函做适当的处理。

（三）遗留物品的认领

（1）如有失主前来认领遗留物品，须要求来人说明失物的情况，并验明证件；然后领取人在遗留物品控制单或失物认领表（表4-5）上写明个人信息并签名后即可取回该物。客人领取贵重物品时需留有领取人身份证件的复印件，同时通知大堂副理到现场监督并签字，以备查核。若认领遗留物品的客人在前厅等候，应由秘书或主管将物品送到前厅。经客人签字确认后的控制单应贴在该登记表原页的背面备查。

表4-5　失物认领表

物品号码		日期	
失主姓名		身份证号码	
失主联系方式			
代理认领人姓名		代理认领人身份证号	
备注			

（2）若有已离船的客人来函报失及询问，客服人员在查明情况后，应给客人书面答复。所有报失及调查回复资料均应记录在客人投诉登记簿上备查。

（3）若客人打电话来寻找遗留物品，需问清情况并积极帮助查询。若拾物与客人所述相符，则要问清客人领取的时间；若客人不能立即来取，则应把该物品转入待取柜中，并在中心记录本或工作日报上逐日交班，直到客人取走为止。

（4）若客人的遗留物品经多方寻找仍无下落，应立即向部门经理汇报，并尽力调查清楚。

 工作任务

【任务名称】
实际操作小酒吧检查及补充、物品租借、遗留物品处理服务。

【任务准备】
客房及相关物品。

【任务实施】
以小组为单位按照借用物品、遗留物品处理服务规程模拟实训操作。

 任务评价

任务评价主要从同学们的职业素养、小组互评及汇报表现等方面进行评价，详细内容如下。

评价内容		配分	考核点	得分
职业素养（20分）	职业道德	10分	具有实事求是的职业道德，设计方案不违背职业道德，认真负责	
	职业能力	10分	具有分析及总结方案写作能力、查阅文献资料的能力、创新能力、整体把握总结方案的能力	

续表

评价内容		配分	考核点	得分
汇报表现（70分）	文字表达	30分	文字编排工整清楚、格式符合要求，文字流畅、条理清楚、逻辑性较强	
	数据资料分析整理	30分	对所获得的资料进行整理，能够对邮轮客舱小酒吧服务、借用物品服务及遗留物品服务的操作规程进行分析；表达条理清楚，有逻辑性	
	结构	10分	简洁而明晰，思路清晰，内容结构合理	
小组互评（10分）	结构及表现	10分	小组协作融洽，汇报逻辑清晰，内容翔实且合理	
合计			100分	

 习题

客人下船后，如果遗留了物品在客舱，请具体描述处理方法。

自我分析与总结

存在的主要问题：

收获与总结：

改进措施：

4.2 其他情况客舱对客服务

4.2.1 邮轮高端舱房服务

 任务导航

邮轮旅行中高端舱房和特殊舱房的乘客会持有专属的船卡，这是一种身份的象征，也可以理解为我们常说的VIP。不同邮轮的尊享特权也不完全一样。邮轮公司针对高端舱房制订了系统的会员制度，入住高端舱房的客人通常享有不同程度的优待权。

学习目标

▶ 能力目标

能根据邮轮高端舱房及特殊舱房要求开展定制化服务。

▶ 知识目标

掌握邮轮高端舱房及特殊舱房的特性。

▶ 素质目标

（1）培养创新服务的意识。
（2）树立良好的职业道德。
（3）养成严谨细致、吃苦耐劳的职业习惯和职业素养。

案例引导

"The Palace 皇宫"是大型邮轮云顶梦号、世界梦号和探索梦号的贵宾专区，以独特"精品船中船"概念匠心打造了全亚洲的豪华邮轮体验。"The Palace 皇宫"的贵宾从抵达那一刻起可享受尊贵无比的礼待，例如优先办理登船手续并享用设于码头内的 VIP 贵宾休息专区，在船上全程免费无线上网，优先预订所有特色餐厅、水疗护理和表演座位，免费参加"The Palace 皇宫"专属岸上观光团或其他常规岸上观光团。除此之外，还可享受专属管家全程 24 小时贴心服务。

点评

"The Palace 皇宫"从客人到达直至客人结束航程，了解客人的需求和喜好，为客人提供个性化的服务和定制化的体验，让每个细节都能配合旅客的生活品位，缔造了非凡的舒适体验，为旅客打造毕生难忘的海上假期。诸多案例都可以证明，客舱部可以通过提供高品质的服务、建立个性化的客户关系管理系统、营造独特的品牌形象等方式，吸引更多的客人成为忠实的粉丝，并为企业带来更多的价值。

新知探索

一、VIP 特点

VIP 是 very important people 的缩写，其直接的中文意思是"非常重要的人"。只是"VIP"一词常是泛指，并非专称。VIP 顾客一般都具有四高的特征，即身份、地位、素质高，服务质量要求高，个性化服务需求高，消费档次高。他们对居住文化、办公或商业环境有着独特的理解与需求，对反映邮轮档次的装修装饰、外部环境、配套设施、管理服务水平等也要求较高。

M4-6 VIP 顾客分类

（一）身份、地位、素质高

由于 VIP 乘客往往具有较高的社会地位，首先必须表现出尊重，主动向 VIP 乘客打招呼，主动礼让。其次，不能怠慢VIP乘客，忽视VIP乘客。除此之外，最重要的是要用心服务，注重细节，追求完美，让服务达到最佳的效果。

（二）服务质量要求高

VIP乘客希望给予其特殊待遇，因此必须给VIP乘客营造一种高雅的环境气氛和浓厚的服务氛围。VIP乘客对服务质量的高要求表现在全方位、细致入微的服务及便捷的交通。

（三）个性化服务需求高

不同国家的VIP乘客，由于文化背景、生活习惯不同，对服务的要求有很大区别，因此在接待过程中必须懂得宽容和设身处地为其着想，例如提供多种语言翻译服务、根据生活习惯调整服务项目及时间、根据文化差异推荐餐单等。同时，VIP乘客的需求具有多样性、多变性、突发性的特点，不同的VIP乘客有不同的需求层次。

二、接待规程

M4-7　VIP顾客接待程序

（一）准备工作

（1）了解VIP等级，熟记入住的VIP客人的姓名和国籍；

（2）掌握客人和陪同人员的姓名、抵离船时间、房号、习俗特点、宗教信仰和特殊要求；

（3）按VIP等级布置要求，通知绿化组和有关部门备齐各种物品及礼品，如花篮（花束）、水果（小点心）、化妆品、睡衣、高档拖鞋、印有烫金的客人姓名的信纸和信封、专用的套袋和邮轮总经理名片及迎宾卡。

（二）布置房间

（1）检查房间内各种设备和设施，确保完好有效；

（2）全面清洁住房，保证整齐清洁；

（3）按照接待规格和要求布置客舱。

（三）检查房间

服务员、主管、客舱部经理、宾客关系部检查布置好的VIP房，在客人到达前完成。

（四）服务工作

（1）有关人员迎候客人，在房间内向客人致欢迎茶；

（2）客人离开房间，及时整理、更换、补充用品；

（3）特别重要的客人应设专职服务员24小时随时提供服务；

（4）客人离船时，检查房间，发现遗留物品，尽快送还。

三、不同邮轮VIP尊享特权

（一）皇家加勒比游轮尊享特权（金卡客人）

（1）位于12层的礼宾行政酒廊，24小时为套房贵宾开放，提供礼宾管家服务；

（2）礼宾行政酒廊全天候供应现磨咖啡和各款茶饮；

（3）礼宾行政酒廊每日上午限时供应西式精致早餐，傍晚限时供应免费酒水、饮料和精美小食；

（4）套房内首航日提供欢迎果盘和依云矿泉水、高级水疗浴袍及品牌洗浴用品；

（5）套房宾客免费尊享三餐送餐服务（仅限餐厅开放时间，酒水项目需照常付费）；

（6）套房贵宾拥有专属正餐厅（位于14层的海岸厨房餐厅，供应早午晚餐，靠港日午餐关闭）；

（7）套房贵宾尊享位于16层的专用日光浴躺椅；

（8）套房贵宾尊享礼宾管家服务，可优先预订邮轮各类服务，如水疗中心和收费餐厅；

（9）套房贵宾尊享北极星体验专享时间并且可以免费体验一次，价值20美元；

（10）套房贵宾尊享皇家剧院及270°景观厅演出贵宾座席（请提前15分钟到场）；

（11）套房贵宾尊享优先登船和优先离船服务。

（二）歌诗达邮轮尊享特权（金卡客人）

（1）优先登船；
（2）VIP鸡尾酒会；
（3）免费船长合影；
（4）欢迎果篮及香槟；
（5）24小时管家服务；
（6）套房客人拥有免费下午茶项目；
（7）提供不同种类的枕头供客人选择；
（8）早餐、午餐、晚餐专属座位；
（9）为每间套房提供两瓶免费矿泉水。

（三）美国公主邮轮尊享特权（黑卡客人）

（1）供4人用升级阳台家具（两把舒适的躺椅、两把座椅和一张桌子）；
（2）免费小酒吧（第一次使用时里面的酒水免费）；
（3）舒适豪华的双垫层床垫；
（4）100%纯埃及棉豪华高密织床上用品；
（5）多种枕头选择；
（6）豪华浴巾和浴袍；
（7）鲜花布置；
（8）步入式衣帽间；
（9）部分大套房配备私人电脑；
（10）免费擦鞋、洗衣和干洗专业服务；
（11）可于莎巴蒂尼餐厅享用的套房专属早餐；
（12）傍晚开胃小点心；
（13）舱房下午茶服务（可要求）；
（14）晚间铺床服务，赠送巧克力裹草莓、包装巧克力等精美小食；
（15）套房、专属客房用餐菜单（早餐、午餐、晚餐）。

（四）地中海邮轮抒情号尊享特权（金卡客人）

（1）免费 24 小时客舱服务（递送免费）；
（2）送餐服务及早餐均为免费；
（3）享受健身课程及个人教练 5 折优惠；
（4）可选择儿童娱乐活动；
（5）可优先选择偏爱的舱房位置；
（6）可选择特权舱房（例如超大家庭套房）；
（7）预定更改更加灵活；
（8）优先选择晚餐时间。

（五）诺唯真游轮喜悦号尊享特权（金卡客人）

（1）优先登船，并由专人护送上下船；
（2）登船日提供欢迎气泡酒、瓶装水及果盘服务；
（3）礼宾专员服务，提供预订各项餐饮、演出、岸上观光等服务；
（4）庭院池畔服务生，提供冰毛巾、鲜切水果及各种茶点需求；
（5）私享 The Haven 庭院使用权限，包括独立泳池、日光甲板、温水池等设施；
（6）开夜床服务；
（7）24 小时客房服务；
（8）经过培训和认证的 24 小时套房私人管家；
（9）套房内用餐时提供餐桌布置和侍应服务；
（10）送到套房的特色餐饮，可从任何一家餐厅选择（需收取服务费）；
（11）小酒吧、美食家咖啡/浓缩咖啡机；
（12）The Haven 享专属菜单；
（13）定制极乐系列床上用品，并提供枕头选择。

（六）名胜世界邮轮云顶梦号尊享特权（皇宫套房礼遇）

1. 登船礼待

（1）自由使用邮轮码头航站楼的贵宾室；
（2）由私人管家协助优先办理登船手续；
（3）使用特快安检通道；
（4）通过行李快递优先办理行李到房和退房手续。

2. 套房礼遇

（1）全天候管家礼宾服务；
（2）于游轮各角落安享标准无线网络连接；
（3）奢华寝具用品；
（4）高端优质卫浴用品；
（5）Nespresso 咖啡机和咖啡红茶胶囊；
（6）迎宾小酒吧饮料和零食；
（7）迎宾果盘和小吃；
（8）衣物熨烫服务；
（9）皇宫行政套房和庭苑别墅备有鲜花摆设。

3. 尊荣礼遇

（1）优先入场观赏现场歌舞秀；

（2）同行的 2～12 岁孩子可参与独家策划的益智活动和创意工作坊；

（3）出席量身定制的增益活动。

4. 盛筵飨宴

（1）在专属的皇宫餐厅享受免费的精致餐饮，品鉴以上等食材精制的美味佳肴和特色菜品；

（2）于指定特色餐厅享用高级套餐；

（3）免费供应健康养生膳食选项；

（4）特定餐吧提供免费水酒，如精选葡萄酒、清爽啤酒、高级烈酒和各款非酒精饮料；

（5）无时无刻于特定餐吧无限量畅饮冰镇果汁、中国和日本茗茶及醇香咖啡；

（6）优先预订 Chef's Table 主厨精品美馔和 Vintage Room 私人品酒晚宴；

（7）皇宫别苑别墅宾客可免费专享套房内用餐服务。

 工作任务

【任务名称】

模拟一间邮轮高端舱房开展接待。

【任务准备】

实训室、接待需要的相关物品。

【任务实施】

依托实训室，自行布置一间高端舱房，接待入住的客人（客人的具体信息自拟），分小组进行讨论并实训。

 任务评价

任务评价主要从同学们的职业素养、小组互评及实训表现等方面进行评价，详细内容如下。

评价内容		配分	考核点	得分
职业素养（20 分）	职业道德	10 分	具有实事求是的职业道德，设计方案不违背职业道德，认真负责	
	职业能力	10 分	具有分析及总结方案能力、查阅行业资讯的能力、创新能力，能结合任务进行对客服务设计	
实训表现（70 分）	客舱布置	20 分	客舱布置符合入住客人的特点，安全、整洁、舒适	
	接待项目	20 分	接待程序科学合理，服务项目符合接待标准，有一定创新设计	
	接待过程	20 分	接待过程语言规范、操作规程符合要求	
小组互评（20 分）	任务表现	20 分	小组协作融洽，效果良好，安排合理，有一定创意	
合计			100 分	

习题

简要描述高端舱房客人的整体特点，如何开展房内的布置及相应的服务项目的设计？

4.2.2 其他对客服务

任务导航

随着邮轮市场的快速发展，消费者对邮轮服务的需求也在不断地变化，其对服务的高需求能在很大程度上促进一个企业服务质量的提升。经营者要针对目标细分市场的共性特征和某些客人的个性要求，利用自身条件，因地制宜，向客人提供有特色的个性化服务。

学习目标

☛ 能力目标

掌握不同情况的对客服务规程。

☛ 知识目标

了解不同情况对客服务的要求。

☛ 素质目标

培养灵活处理日常对客服务过程中突发事件的能力。

案例引导

四季酒店集团的首艘四季豪华邮轮以定制工艺、个性化服务和追求品质为目标，这艘邮轮将配备充足的员工，为宾客提供细致周到的个性化服务，确保可持续发展的理念贯穿整个设计和宾客体验。中船嘉年华邮轮有限公司揭幕旗下全新中国邮轮自主品牌——爱达邮轮，为游客提供国内和国际游等长、中、短结合的邮轮旅游航线。

点评

众多邮轮品牌都在客房服务项目上进行了个性化的体现，以提供更多服务项目给旅客。客舱部主要的工作任务是为宾客提供一个舒适、安静、安全、卫生的住宿环境，并针对宾客的习惯和特点做好细致、便捷、周到、热诚的对客服务。客房服务过程中针对独特个体的突发性、差异性，提供即时、灵活、体贴入微的服务，一般不再额外收取费用。

新知探索

一、叫醒服务规程

叫醒服务分为电话叫醒和人工叫醒。电话叫醒一般由邮轮总机室负责，客人既可通过电话将叫醒要求告知总机房，也可由客房服务员负责记录并通知总机室。如果叫醒时间到了，电话振铃无法叫醒熟睡中的客人，客舱服务员应前去敲门，直到客人有回音。为了提供更为细致的服务，客舱服务员还会应客人要求按时提醒客人的相关事项，如外出会客、开会、与客户电话联系等。按客人的习性，邮轮最常提供的就是早上（午睡）叫醒的服务。

（一）服务规程

（1）叫醒服务一般由总机室进行，要求态度温和、准确无差错。客舱部通常在总机室提供此项服务时给予适当的协助。

（2）一般客人直接通知总机室要求提供叫醒服务，但也有客人会对楼层服务人员提出要求，楼层服务人员应复述并记录下来，在叫醒时间表上填写房号与叫醒时间，及时通知总机室。在做记录时，也应将总机室接收人员的姓名记录下来。

（3）总机室会准时用电话叫醒客人，如房内无人接听，每隔 3～5 分钟叫一次；三次无人接听，总机室会通知楼层服务员敲门叫醒客人。若团队客人较多，应报告大堂副理或值班经理，由其组织人员及时叫醒客人。叫醒服务是向宾客提供的一项重要的服务项目，是按照客人要求的某一时刻叫醒客人。叫醒服务有电脑自动叫醒、人工电话叫醒和人工敲门叫醒。

（二）服务用语

（1）接到叫醒预订电话，用接听电话的标准服务用语礼貌问候客人。

Operator, good morning, Anna speaking, how can I help you?（这里是总机，早上好！我是安娜，有什么可以帮助您吗？）

（2）详细记录游客的叫醒要求，包括姓名、舱房号、叫醒时间和日期。

May I have your name and stateroom No.?（请告诉我您的姓名及房号）

What date and time would you like you call?（请告诉我您预约的叫醒时间）

（3）复述客人的叫醒要求并与客人核对确认。

May I reconfirm your wake-up details with you? Your wake-up call is at tomorrow morning 5：30, and your stateroom No.is 3516, am I correct?（我与您确认一下叫醒时间。您预约的明早 5 点 30 分的叫醒服务，您的房号是 3516，对吗？）

二、请勿打扰房间

（一）操作要领

1. 登记"请勿打扰"房的房号

客舱服务员在接班时，将挂有"请勿打扰"牌的房号记在值班日志上。另外，对前一晚做夜床时即挂有"请勿打扰"牌的房间要特别留意。

M4-8 叫醒服务

M4-9 请勿打扰房间操作要领

2. 先保留，不做房务整理

在房务作业中挂有"请勿打扰"牌的先保留不做，待客人将"请勿打扰"牌取下后，与前台核对房间钥匙，如在前台，表示客人已经外出，可以敲门入内整理；如不在前台，表示客人仍在房间，须于13：00（依各邮轮规定）以后再敲门入内整理。

3. 电话查询情况

每日12：00～13：00，早班领班需用电话向各楼层负责人员查询未整理好房间的原因，如客人一直挂着"请勿打扰"牌，领班先向总机室查询该客人是否有特别交代及电话来往记录，再打电话咨询前台，问清客人钥匙是否存在，是否已有交代及动向；如为续住客人，则查清客人习性记录表，看是否有不整理房间的记录，如无记录，到楼层及前台了解后，向值班的主管报告。

4. 会同相关部门共同处理

（1）当班的房务主管于15：00会同大堂副理共同处理。首先大堂副理用电话与房内联络，如客人接听，则向客人表明接到房务中心通知，礼貌地问客人能否整理房间，然后视客人答复采取作业。

（2）如电话无人接听，则由房务主管敲门两次后，用万能钥匙开门入内查看。若客人将房门反锁（一般邮轮的客舱房门共有两道锁，第一道锁关上房门即锁上，第二道锁在房门关上后，可由客人自行开闭），是无法用万能钥匙开门的，需要工程部门将房门整个拆下，以防止意外发生。等状况解除后，由领班通知房务员开始整理工作。

（二）服务规程

（1）与总台查对，看客人是否前一天很晚才入住，或是早晨才登记入住。前一天很晚或早晨入住的客人可能还在休息，不想被打扰。这样的房间应在当天迟些时候做特别的清扫安排。

（2）试着通过电话与客人联系。

（3）如无人接答，就亲自去客舱（找一个员工同去，以在需要时协助）。

（4）敲敲客舱房门，大声地说"客舱服务"。

（5）如无回应，查看房门是否已反锁。

（6）如未反锁，打开房门，在进入前大声表明自己的身份。

① 如屋内无人且无异常情况，则离开房间，关上门，保留门把手上的"请勿打扰"牌；

② 如发现室内有客人生病或失去知觉，则立即求助。

（7）如房门已反锁，并且无法从连通门或推拉玻璃门进入房间，则立即通知当班的经理做进一步调查。

三、残疾客人

M4-10 残疾客人对客操作要领

在残疾客人中，常见的有三种类型：一是坐轮椅的腿部有残疾的客人；二是盲人或视力不佳的客人；三是听力不佳的客人。客舱服务中，根据残疾客人行动不便以及生活自理能力差等特点，应给予特别的照料。在服务中应注意以下几点：

（1）在客人进邮轮前，根据前厅等部门提供的资料，了解客人的姓名、残疾的表现、生活特点、有无家人陪同以及特殊要求等，做好相应的准备工作。

（2）客人抵达邮轮时，在电梯口迎接，问候客人并主动帮助提拿行李、物品等。

（3）仔细地向客人介绍房内设施设备和配备物品，帮助客人熟悉房内环境。

（4）在客人入住邮轮期间，对其进出应加以特别关注，并适时给予帮助，如搀扶其进出电梯、客舱，提醒其注意安全、小心滑倒等。当客人离开楼层到邮轮其他区域时，应及时通知有关人员给予适当照料。

（5）主动询问客人是否需要客舱送餐服务，并配合餐饮服务人员做好服务工作。

（6）应尽力承办客人委托的事项，通过有关部门的协作，及时完成并回复，使残疾客人住邮轮期间倍感方便、愉快。如客人需代寄邮件或修理物品等，要及时通知大厅服务处为客人办理，提供让客人满意的服务。

（7）对残疾客人应主动热情、耐心周到、针对性强，并照顾到其自尊心，对残疾原因不询问、不打听，避免因言语不当而使客人不愉快。

（8）当客人离船时，服务人员应主动征询客人意见和要求，并通知行李员帮助客人提拿行李，送客人进入电梯后方可离开。

四、生病客人

（一）病客服务规程

（1）发现住邮轮客人生病后，要表示关怀并主动帮助。

（2）礼貌地询问客人病情，了解病因。若客人表示确实有些不舒服或道出病情，服务人员应提醒客人邮轮有医务室或驻邮轮医生服务，可前去就诊或请医生到客舱出诊。

（3）对在房内病卧的客人，应把纸巾、水杯、纸篓等放在客人床边，加送热毛巾。

（4）要适时借服务之机进入客人房间，询问客人有无特殊要求，建议并协助客人与就近的亲朋熟人取得联系，提醒客人按时服药，推荐适合客人的饮食。

（5）关上房门，并随时留意房内动静。

（6）报告领班或主管，并将客人房号和生病概况记录在服务员工作日报表上。

（7）客舱部管理人员应亲自慰问病客，并送鲜花、水果等，祝客人早日康复。

（二）病客服务注意事项

（1）在对病客的日常照料中，服务员只需做好必要的准备工作即可离去，不得长时间留在病客房间，病客若有需要可电话联系。

（2）如遇危重病人，应及时与船上医务室联系，由邮轮医生给予必要的救治处理，同时要立即逐级上报。大堂副理或邮轮值班经理应亲临处理。

（3）未经专门训练和相应考核的服务员，若发现客人休克或其他危险迹象时，应及时通知大堂副理或值班经理采取必要措施，不得随便搬动客人，以免发生意外。

（4）若有客人要求服务员代买药品，服务员首先应婉言向客人说明不能代买药品，并推荐邮轮内医务室，劝客人前去就诊。若客人不想看病，坚持让服务员代买药品，服务员应及时通知大堂副理，并由其通知驻邮轮医生到客人房间，进而由医生决定是否从医务室为客人取药。

M4-11 生病客人对客操作要领

（5）若发现客人患有传染病时，应做到以下几点：
① 关心、安慰客人，稳定客人情绪。
② 请邮轮医务室医生为其诊治。
③ 将客人转到医院治疗。
④ 客人住过的房间应请防疫部门进行消毒，彻底清理后再出租。

工作任务

【任务名称】

掌握邮轮其他对客服务项目及操作规程。

【任务准备】

分组复习并整理任务内容。

【任务实施】

查找与本任务相关的资料，对获取的资料进行整理与总结，并进行讨论。撰写汇报材料，可以选择PPT、思维导图等形式汇报。

任务评价

任务评价主要从同学们的职业素养、小组互评及汇报表现等方面进行评价，详细内容如下。

评价内容		配分	考核点	得分
职业素养（20分）	职业道德	10分	具有实事求是的职业道德，设计方案不违背职业道德，认真负责	
	职业能力	10分	具有分析及总结方案写作能力、查阅文献资料的能力、创新能力、整体把握总结方案的能力	
汇报表现（70分）	文字表达	30分	文字编排工整清楚、格式符合要求，文字流畅、条理清楚、逻辑性较强	
	数据资料分析整理	30分	对所获得的资料进行整理，能够对邮轮客舱个性化服务项目内容及特点进行分析；表达条理清楚，有逻辑性	
	结构	10分	简洁而明晰，思路清晰，内容结构合理	
小组互评（10分）	结构及表现	10分	小组协作融洽，汇报逻辑清晰，内容翔实且合理	
合计			100分	

习题

随着数字创新驱动着新的设计和体验，皇家加勒比国际游轮正掀起一场颠覆传统的数字创新热潮，最直观的创新莫过于皇家加勒比专为游客设计的一款手机应用。皇家加勒比下一代的 WOW Band 腕带将具备客房解锁功能及房间灯光温度调节功能。许多类似的科技创新技术也正在被部署和研发，以使消费者的海上假期一切掌握在个人手中。

请结合材料谈一谈数字创新驱动下邮轮的服务项目如何进行个性化设计。

自我分析与总结

存在的主要问题：

收获与总结：

改进措施：

4.2.3 投诉处理

客舱是客人入住后待得最久的场合，所以客舱服务人员经常要处理各种客人的各种问题；有些已是常态，有些则是突发情况。邮轮客舱部对客舱房间服务水准的高低，在很大程度上决定了客人对邮轮客舱部产品的认知程度和满意程度。这就要求客舱部在对客服务时，要以与邮轮档次相称的服务规程及制度为基础，以整洁、舒适、温馨和安全的邮轮客舱服务为前提，随时为客人提供礼貌热情、真诚主动、舒适便捷、耐心周到、准确高效、尊重隐私的服务，使客人"高兴而来，满意而归"。

学习目标

▶ 能力目标

掌握处理顾客投诉的基本流程。

▶ 知识目标

了解顾客投诉的原因及处理原则。

▶ 素质目标

培养服务人员应急处理问题的能力。

M4-12 邮轮客舱投诉处理

案例引导

2018年7月1日航次，母港日当天，因台风派比安影响，喜悦号邮轮船方就推迟了原定的开船时间，但当日并未向全体宾客通知台风的最新状况及可能产生的影响。7月2日中午，游客接到船方通知，目的地由原定的佐世保改为鹿儿岛，但两次登岛均未成功，船方再次通知航程全部改为海上巡游。这一改变最终引起游客的强烈不满，闹上了CCTV央视新闻。

点评

邮轮方一直在密切监测台风的最新发展动向，并与邮轮总部、中国国内的办事处进行及时沟通，商议航线的安全路径。但这一过程以及结果并没有第一时间及时通知当事游客，做法欠妥。游客毕竟有自由选择的权利，事先讲明，总比事后投诉要好。2019年《文化和旅游部关于实施旅游服务质量提升计划的指导意见》指出，要针对不规范、不透明、不诚信等重点问题，不断提高服务水平。从近几年邮轮旅游服务质量投诉情况来看，游客主要针对船上饮用水（生活用水）质量不达标、套房设施陈旧、观景条件恶劣等方面，通过投诉等渠道维权。而邮轮旅游纠纷往往具有影响大、流传广等特点，若处理不当，不仅影响他国邮轮游客和潜在游客的信心与期待，也会给我国的邮轮旅游口碑带来负面冲击，甚至有可能危及整个国家形象。

 新知探索

一、投诉产生的原因

（一）客舱硬件不达标或出现故障

客舱的设施是为客人提供优质服务的物质基础，设施设备不达标或出现故障，服务态度再好也无法弥补。另外，客人都有一种等值消费的心理，即花了多少钱就应该得到相应的硬件服务，如果所住的客房设备不能满足客人的心理要求，就会引起客人的不满。

（二）客舱服务员素质低和服务质量差

（1）客舱清洁卫生不达标。特别是主要接待外宾的邮轮，客人对卫生的要求相当高。

（2）服务员对客没有一视同仁，不礼貌。每个客人都有受尊重的心理，他们不能容忍服务员对客厚此薄彼。

（3）服务员动用客人物品。尤其是一些生活上非常细心的客人，这类投诉率也是比较高的。

（4）客人休息时受到噪声干扰。客舱主要是供客人休息的，客人有要求安静、不受噪声干扰的权利。

（三）部门协作存在的问题

服务产品具有综合性，是由不同部门、不同员工共同提供的，服务质量的好坏取决于各部门之间、各员工之间的配合与协调程度，因此日常工作中的沟通和协作是非常重要的。现实中，客舱部门与其他部门的沟通不畅会降低服务质量，引起客人的不满，对整个有效运营造成负面影响。

1. 与前厅部的联系沟通不及时

当客人需要换房或者离船时，前台不能将信息及时通知客舱部，而客舱服务员不能在第一时间进行查房，查看是否有客人的遗留物品，房间内的设备设施是否有损坏现象，物品是否有丢失等情况，客舱部也有可能未及时向总台通知，导致工作效率低下，工作进程滞后。

2. 与工程部的联系沟通不彻底

通常来讲，工程部的人员较少，而对接的客舱部人员很多，所以工程部可能会出现消息滞后的情况，导致客舱产品得不到及时的维修和保养，从而出现处理客人投诉时部门之间互推责任的情况。

二、对客人投诉应有的态度

"不识庐山真面目，只缘身在此山中"，我们往往对自身的缺陷浑然不知，而客人却是服务最好的评判师。客人的意见相比管理公司的质量检查或专人私访，能更真实地反映出服务质量的状况，故此，对待客人投诉的态度，也是衡量管理层管理水平高低的试金石。

（一）宁信勿疑

顾客一般不会无事生非、自寻烦恼、花钱买难受，所以对顾客和投诉，管理人员和部门应"信"，不要"疑"。不管是楼层还是厅面服务，发生投诉时，一般是员工或邮轮的过失。

（二）宁高勿低

遇客投诉，部门管理人员对自己或员工的要求不能从低处、小处着眼，应运用较高的标准和较高的要求评判，这样才能从大局、长远、整体方面考虑解决问题，改进服务工作。

（三）宁严勿宽

对于客人的投诉，如经查实属于邮轮和员工过失，处理时应严格按章扣罚，否则无法避免同一错误再次出现。如果一味姑息，则可能形成惯例而无法保证原有的规章规程的执行。

三、处理投诉的原则

（1）留心倾听，表示关注；
（2）仔细询问，做好记录；
（3）保持平静，诚恳道歉；
（4）给予体谅，表示同情；
（5）提出建议，采取措施；
（6）注意事态发展，检查补救措施；
（7）落实实施情况，最后进行核实。

四、投诉处理方法

（一）切实提高服务质量，预防投诉的产生

顾客的评定是对服务质量的基本测量。在顾客对提供的服务的评定中，通常主观评定是唯一的因素。但仅仅依靠顾客意见作为顾客满意测量，可能导致错误的结

论。同时，大部分不满意的顾客在一般情况下是不会愤然投诉的，因此，邮轮切不可因没有投诉而沾沾自喜。邮轮必须全面提高服务质量，控制产生投诉的"原因"和"过程"，尽量不让客人带着不满意离去，这才是最根本的、最可靠的处理客人投诉的最佳方法。

（二）做好接待投诉客人的心理准备

（1）树立"客人总是对的"信念。要提倡"即使客人错了，也要把'对'让给客人"。这是处理好客人投诉的第一步。

（2）掌握投诉客人的心态。投诉客人一般有三种心态：一是求发泄，不吐不快；二是求尊重，客人是为了挽回面子；三是求补偿，接待者要看能否给予补偿，是否有权给予补偿。

（三）设法使客人"降温"

投诉最终要在"心平气和"的状态下解决，因此，服务员要注意创设一种环境，让客人把火气降下来，恢复理智。

1. 认真倾听客人的投诉

员工接待客人投诉时，不要理解为是对个人的指责，急于去争辩和反驳。

2. 要有足够的耐心

面对客人投诉，甚至是无理取闹者，要耐心听取意见，以柔克刚，控制事态。

3. 注意语言

讲话时要注意语音、语调、语气及音量的大小。

4. 慎用"微笑"

接待客人投诉时，慎用"微笑"，以免使客人产生错觉。

（四）使用"替代"方法

投诉客人对邮轮工作人员有一种戒备心理，认为邮轮工作人员仅仅是邮轮利益的代表。因此，邮轮人员应采用"替代"方法，以实际行动使客人感受到尊重和帮助，从而把客人的不满情绪转化为感谢的心情。

（1）让座上茶；

（2）认真做好记录；

（3）对客人表示同情。

在接待客人投诉时，首先必须表示歉意，使客人感受到尊重；其次应站在客人的角度同情其遭遇，使客人感受到温暖。

（五）维护客人和邮轮双方的利益

在处理客人投诉时，要注意维护客人和邮轮双方的利益。既要为客人排忧解难，也不要在事实没弄清楚之前，盲目对客人承诺，给邮轮造成经济损失。

（六）果断地解决问题

在接受客人投诉时，要善于分析，然后迅速果断地处理。

（1）对于一些明显的失误，一些自己职权范围内的问题，应立即向客人道歉并做出处理；

（2）所有的客人投诉，均要在客人没离开邮轮之前圆满解决，并且要把处理客人投诉作为重新建立邮轮声誉的机会。

工作任务

【任务名称】

掌握投诉产生的原因及处理程序。

【任务准备】

以小组为单位进行讨论，复习投诉产生的原因及常见类型，搜集相关案例资料。

【任务实施】

1. 查阅文献

查找案例资料，对获取的资料进行整理与总结。

2. 认知任务要求

对本书的内容形成初步认识，结合搜集的资料进行分组讨论。

3. 撰写总结

撰写汇报材料，可以选择 PPT、思维导图等形式汇报。

任务评价

任务评价主要从同学们的职业素养、小组互评及汇报表现等方面进行评价，详细内容如下。

评价内容		配分	考核点	得分
职业素养（20分）	职业道德	10 分	具有实事求是的职业道德，设计方案不违背职业道德，认真负责	
	职业能力	10 分	具有分析及总结方案写作能力、查阅文献资料的能力、创新能力、整体把握总结方案的能力	
汇报表现（70分）	文字表达	30 分	文字编排工整清楚、格式符合要求，文字流畅、条理清楚、逻辑性较强	
	数据资料分析整理	30 分	对所获得的资料进行整理，能够对投诉产生的原因及处理程序进行分析；表达条理清楚，有逻辑性	
	结构	10 分	简洁而明晰，思路清晰，内容结构合理	
小组互评（10分）	结构及表现	10 分	小组协作融洽，汇报逻辑清晰，内容翔实且合理	
合计			100 分	

习题

结合搜集的案例，论述投诉产生的原因及常见类型。

 自我分析与总结

存在的主要问题：

收获与总结：

改进措施：

模块5　邮轮公共区域清洁及保养

5.1　邮轮公共区域

5.1.1　邮轮公共区域范围

任务导航

邮轮公共区域（public area，PA）是邮轮的重要组成部分，通常指供邮轮客人和员工共享、共有的公共区域和场所。

学习目标

▶ 能力目标

掌握邮轮公共区域的范围。

▶ 知识目标

了解邮轮公共区域的主要特征。

▶ 素质目标

培养爱岗敬业的服务意识。

M5-1　公共区域清洁规程

案例引导

65岁的沈女士搭乘国际邮轮旅行，前往自助餐厅用餐时，途经泳池边湿滑地面不慎滑倒，导致腰椎压缩性骨折，经鉴定构成十级伤残。于是沈女士将邮轮经营者、邮轮船务公司、旅行社等五方诉至法院，要求赔偿损失。经审理，法院认为邮轮经营者在提供商品、服务过程中，应充分考虑受众群体的特点，在以中国游客为主要消费群体的航线上，仅用英文作为安全提示语言，在履行安全提示义务方面存在瑕疵；泳池周边地面易湿易滑，发生事故风险较高，邮轮经营者却只设置了英文警示牌，而无其他防滑保护措施，未尽到充分的安全保障义务。因此，邮轮经营者在此次事故中有较大过错，应承担70%的责任。另外，沈女士作为具备生活常识的成年人，理应知晓泳池周边地面较为湿滑，却没有尽到足够的注意义务，应对该起事故承担30%的责任。对于沈女士提出的旅行社及船务公司等四被告应承担连带责任的主张，法院认为四被告为沈女士提供旅游服务，其中环节既不存在过错，也与事故的发生不存在任何因果关系，因此四被告不应承担连带侵权责任。最终法院判决，邮轮经营者赔偿沈女士9万余元。

点评

1. 邮轮经营者应当完善安全保障措施

邮轮上发生的人身损害案件，往往伴随着邮轮经营者的工作疏忽，比如未在邮轮危险区域作出必要警示、未派遣安全员及时巡查、安全员巡查不够仔细等。为保障游客生命健康安全，邮轮经营者应当制定明晰周全的安全管理规范、排查风险区域、加强安全员能力素质培训。同时需要注意的是，在泳池、冲淋房周边、湿滑甲板等容易发生意外事故的高风险区域，除设置警示牌外，邮轮经营者还应做好其他防滑保护措施，尽到充分的安全保障义务。

2. 邮轮经营者应当加强对特殊群体的保护

邮轮旅游作为一个新兴产业，包括海上游览和到岸观光，集游憩、住宿、餐饮等多种功能于一体，越来越受到游客的欢迎。在邮轮硬件设施日趋完善的当下，邮轮经营者的服务水平同样需要提升。搭乘邮轮旅游的游客有相当一部分为老人和儿童，邮轮经营者应在提供服务的过程中，充分考虑此类人群的特点，提供全面、到位的安全保障。

3. 邮轮游客应当了解海上安全知识

邮轮游客在旅程中除了观赏美丽的风景，也应该认识到海上环境和陆地环境的不同。游客应当注意海上航行的风险，主动掌握必要的海上安全知识，以此减少意外事故的发生。同时多注意四周环境以及相关的警示告示牌，避开有潜在风险的场所，确保安全出行，愉快观光。

新知探索

邮轮公共区域是邮轮对客服务的重要场所。邮轮客舱部门一般都设有公共卫生岗位，专门负责邮轮公共区域的清洁保养。

邮轮公共区域的清洁保养直接影响着宾客对邮轮整体经营区域的第一印象，宾客们在邮轮公共区域逗留的时间也很长，也将其作为对整个邮轮档次、管理水平、服务质量的衡量标准之一。另外，邮轮公共区域的设施设备很多（图5-1、图5-2），投资较大，其清洁保养工作直接影响到邮轮的日常运营以及设施设备的使用寿命。因此，做好邮轮公共区域的清洁保养工作有着特别重要的意义。

一、邮轮公共区域的卫生范围

邮轮公共区域包括两个部分，即客用部分和员工使用部分。客用部分主要包括邮轮大厅、观景廊、游泳池、走廊、通道、电梯、茶座、餐厅、酒吧、咖啡厅、健

图5-1　歌诗达邮轮威尼斯号大堂　　　　图5-2　招商伊敦号中庭

身房、美容美发室、棋牌室、剧院、会议室、洗手间、船舷、甲板观光区域、娱乐场所等，如图5-3、图5-4所示。

图5-3　皇家加勒比游轮量子号剧院　　　图5-4　皇家加勒比游轮量子号270°景观厅

员工使用部分主要包括邮轮员工划出的工作和生活区域，如行政办公区域、邮轮员工餐厅、培训教室、员工更衣室、员工俱乐部、员工活动室等，如图5-5所示。

图5-5　员工办公区走廊

二、邮轮公共区域的卫生特点

邮轮公共区域清洁保养具有范围广、影响面大、任务繁重、质量要求高等业务特点，决定了邮轮公共区域管理工作的挑战性和艰巨性。

（一）管辖范围较广，要求较高，影响大

邮轮公共区域是邮轮客流量最大的地方。任何人只要到邮轮来就必然进入到邮轮的不同公共区域（图5-6、图5-7），可以说邮轮公共区域也是邮轮的门面。很多

人对邮轮的第一印象就是通过邮轮公共区域获得的,这种印象会直接影响对邮轮的评价和今后的选择。例如,如果进入邮轮后看到邮轮接待台和中央大厅不够整洁、设备损坏、用品摆放凌乱等就有可能联想到邮轮客舱和邮轮餐厅的情境。在这种情况下,除非迫不得已,一般不会继续在邮轮上进行其他消费。所以,必须高度重视邮轮公共区域清洁保养工作的质量,并以此为邮轮增光添彩,增强邮轮在全世界宾客心目中的美好形象。

图5-6 海洋奇迹号皇家大道

图5-7 海洋奇迹号中央公园

(二)任务繁重琐碎,不易控制

邮轮公共区域范围较广,岗位也较为分散,且邮轮公共区域宾客活动较频繁,环境变化较大,给清洁和保养工作带来了诸多的不便。因此,邮轮公共区域的清洁保养也就显得非常繁重,工作难度也会增大,工作时间也会不固定,而且有些工作也难以预见和计划,如天气的变化和活动的安排都有可能带来额外的工作任务,造成清洁保养质量不易控制。

(三)技术含量高,专业性较强

邮轮公共区域的清洁保养工作中,含有一些专业性较强的工作,技术含量也较高,会使用一些专业设备、工具和用品(图5-8、图5-9)。这就要求管理人员,要根据员工队伍的实际情况,既要加强管理,又要关心爱护他们,尽量改善工作条件,要重视对他们的技术培训。因此,邮轮公共区域服务员应掌握较为全面的专业知识、熟练的操作技能并积累丰富的工作经验,才能胜任此项工作。由于各种因素,很多邮轮的公共区域服务员英语水平较低,与宾客交流沟通有一定的困难,员工的流动性也较大,这些因素给清洁保养工作带来很大的困难。因此,在日常工作中,邮轮公共区域服务员必须具有强烈的责任心,积极、主动地投入到工作中去,再加上管理人员适时的督导和巡查,才能将清洁保养工作做得更好。

图5-8 地中海邮轮荣耀号荣耀大道

图5-9 地中海邮轮荣耀号健身中心

三、邮轮公共区域卫生质量的控制

（一）制定清洁保养制度及标准

根据公共区域清洁卫生繁杂琐碎、人员变动大的特点，必须制定清洁保养制度及标准，以保证公共区域清洁卫生质量的稳定性。公共区域的清洁保养制度和标准一般包括日常清洁保养制度和定期清洁保养计划。

1. 日常清洁保养制度

根据各区域的活动特点和保洁要求，列出所有责任区域的日常清洁基本标准，以便进行工作安排和检查对照。

2. 定期清洁保养计划

定期清洁保养计划类似于客舱的计划卫生，但公共区域范围广，各区域的使用情况和环境要素也不一样，所以定期清洁保养计划应以片、区分列为宜。

（二）公共区域卫生质量控制

1. 划片包干，责任落实到人

为了保证清洁保养计划实施和便于检查效果，首先应将各项工作落实到早、中、晚三个班，然后根据工作量的大小确定各班次所需的服务员人数，最后划片包干，责任落实到人。通常情况下，早、中班各责任区服务员应根据客舱部制定的工作流程和时间分配表进行工作，而夜班各责任区服务员则只需列出其工作内容即可。

2. 加强巡视检查，保证质量

公共区域管理人员要加强巡视检查，同时要制定卫生检查标准和检查制度以及制作相应的记录表格，客舱部的管理人员也要对公共区域的清洁卫生进行定期或不定期的检查和抽查，这样才能保证公共卫生的质量。

公共区域管理人员的清洁卫生检查，白天应以检查清洁卫生质量、了解员工的工作状态和操作细节（包括是否正确使用清洁剂和清洁工具）为重点，晚上则以督促工作为重点。

工作任务

【任务名称】

认识邮轮公共区域。

【任务准备】

分组复习并整理公共区域的范围及公共区域相关清洁任务内容。

【任务实施】

1. 查阅文献

查找与本任务相关的资料，对获取的资料进行整理与总结。

2. 理清公共区域

对本书的内容形成初步认识，熟悉公共区域的认知相关内容并进行讨论。

3. 撰写汇报材料

可以选择思维导图等形式进行汇报。

任务评价

任务评价主要从同学们的思维导图撰写情况、职业素养几个方面进行评价，详细内容如下。

评价内容		配分	考核点	得分
职业素养（20分）	职业道德	10分	具有实事求是的职业道德，设计方案不违背职业道德，认真负责	
	职业能力	10分	具有分析及总结方案写作能力、查阅文献资料的能力、创新能力、整体把握总结方案的能力	
思维导图（80分）	文字表达	30分	文字编排工整清楚、格式符合要求，文字流畅、条理清楚、逻辑性较强	
	内容 数据资料分析整理	30分	对所获得的资料进行整理，能够对邮轮客舱公区范围及特点进行分析；表达条理清楚，有逻辑性	
	结构	20分	简洁而明晰，思路清晰，内容结构合理	
合计			100分	

习题

上海的蒋女士向旅行社购买了海洋量子号邮轮的"上海—冲绳—上海4晚5天"旅游产品。回程时，邮轮已靠泊码头，天空下起小雨，蒋女士跟随丈夫从14层露天甲板步入室内船舱时摔倒。根据监控视频显示，蒋女士手持饮料跟随丈夫先后经过两道自动门进入船舱，船舱内自动门边放有鼓风机且处于工作状态，舱内地砖为防滑地砖；在步入船舱过程中蒋女士未放缓步速或减小步幅。在蒋女士摔倒后，邮轮工作人员立即将她送医治疗并垫付了医疗费用，后经鉴定构成两处十级伤残。因赔偿事宜协商不成，蒋女士遂将邮轮所属的皇家加勒比游轮公司和浙江国际合作旅行社有限公司（以下简称国际合作旅行社）作为被告起诉至上海海事法院，要求两被告连带赔偿残疾赔偿金、精神损害赔偿等共计27万余元。

原告蒋女士认为，其摔倒受伤是舱内地板湿滑所致；皇家加勒比游轮公司作为海洋量子号的经营人为此次旅游提供服务，在恶劣多变天气情况下有义务保障游客安全；国际合作旅行社作为旅游合同相对方，也应当承担侵权损害赔偿责任。被告皇家加勒比游轮公司辩称，摔倒当日下雨，邮轮露天甲板有水是常事，蒋女士作为成年人对天雨路滑需小心行走以保证自身人身安全，应当具有必要的注意义务，其摔倒在相当程度上是自身不注意所致。蒋女士也未能证明被告皇家加勒比游轮公司存在过失，邮轮甲板与船舱分隔处铺设了地毯，也打开了鼓风机用于吹干地面，而且并无其他游客摔倒。被告国际合作旅行社则认为，首先旅行社与蒋女士成立合同法律关系并依法履行了合同义务，蒋女士诉请依据的是侵权法律关系，故其不应被列为本案被告；其次，旅行社仅负责组团，地接社为其他旅游公司，其在本案中也无过错。

法院经审理后认为，被告皇家加勒比游轮公司作为公共场所管理人，负有保护原告蒋女士人身安全的安全保障义务，应对旅游过程中可能危及人身财产安全的特殊风险做出提示，但天雨路滑、小心行走是日常生活的基本常识，无需其做出特别提示；事发时，被告皇家加勒比游轮公司已采取了放置鼓风机用于吹干地面、安排员工在事发地附近拖水等必要的防水防滑措施，但邮轮公共区域游客往来频繁，难免足底带水，要求邮轮采取的措施必须保证每时每刻每寸地面保持绝对干燥并不实际。而蒋女士作为成年人，从室外进入室内，理应在进门时注意减慢步速，擦拭脚底雨水或留心观察地面。

根据材料，谈谈在实际工作中该如何开展管理。

 自我分析与总结

存在的主要问题：	收获与总结：
改进措施：	

5.1.2 清洁设备及清洁药液

必要的清洁设备及清洁药液是提高邮轮公共区域清洁服务质量和效率的保证。清洁设备及清洁药液的使用能够使清洁作业强度降低、清洁效果显著提升，起到降本增效的作用。同时服务人员可以第一时间了解到设备的故障状况并安排修复，保证了维修的及时性，使管理难度大幅降低。受环保和发展大环境影响，邮轮行业将更多地体现绿色、高效、智能的态势，人机协同将是邮轮公共区域清洁未来发展的必由之路。

▶ 能力目标

能准确使用清洁设备及清洁药液。

▶ 知识目标

（1）了解清洁设备及清洁药液的使用标准。
（2）熟悉掌握清洁设备的使用流程。

▶ 素质目标

培养良好的职业道德，遵纪守法，敬畏规章。

案例引导

2016年，两个机械臂出现在皇家加勒比游轮旗下的海洋量子号和海洋赞礼号酒吧里。它们能娴熟地从吧台上取酒、倒酒、摇匀、搅拌，直到一杯美味的鸡尾酒被自动传送到点单的客人面前。这是世界上第一个采用机器人（9.140，0.05，0.55%）酒保的酒吧，也是邮轮业最早开始运用人工智能（AI）的场景之一。AI在邮轮业主要应用于提升邮轮体验以及后台运营效率两方面，包括邮轮智能预定、邮轮智能舱房应用、邮轮客服应用、邮轮旅游翻译服务、邮轮安全系统等。

点评

近年大量的邮轮开始使用机器人源于人们对新鲜事物的好奇心，这就如同人们看十年前的洗碗机；而在未来的10年，机器人使用场景不仅限于大堂，多样的机器人能和邮轮多个公区结合，使用机器人是获客、提升用户黏性及经营效率的手段，本质上要与客户的体验性、经营成本相平衡，并不是玩"噱头"，解放剩余人力，为住客提供个性化体验。

新知探索

一、清洁设备的分类

邮轮公共区域所用的清洁设备种类繁多，为了便于使用和管理清洁设备，可把清洁设备分为两大类：一般清洁器具和机器清洁设备。

（一）一般清洁器具

随着工业的进步和大功率机器的出现，那种依靠扫帚、拖把加水桶的古老清洁方式已经有了很大的改变。但是有些经过改良的古老工具在清洁过程中依然在发挥独特的作用。

1. 扫帚

扫帚主要用于扫除地面那些较大的、吸尘器无法吸走的碎片和脏物，见图5-10（a）。根据用途、形状和制作材料不同，扫帚可以分为以下几种：

（1）小扫帚。小扫帚又称笤帚，用于掸去家具等表面的灰尘，或清除席梦思边沿和地毯边角的尘埃。

（2）单手扫帚。由于其柄短，人用单手即可操作。其构成材料与长柄扫帚相同。

（3）长柄扫帚。指人站立着便可使用的扫帚。长柄扫帚一般用高粱穗或其他植物的纤维（如竹子等）制成。现在也有用硬质帚、毛刷或尼龙刷清扫地面大垃圾的。

（4）头部可以自由转动的扫帚。头部由薄毛刷组成，安装在长柄上，可以自由转动。这种扫帚主要用于清洁地面，特别是各个角落，且不易腾起灰尘。

(a)

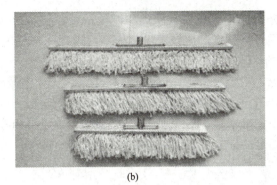
(b)

图5-10 扫帚和拖把

2. 簸箕

簸箕是用于撮起集中成堆的垃圾，然后再倒入垃圾容器的工具。簸箕可分为单手操作簸箕、提合式簸箕和三柱式簸箕三种。

（1）单手操作簸箕。用于撮脏水或碎垃圾。

（2）提合式簸箕。提合式簸箕结构是盖和本体连动，拿起柄后，盖即自动关闭。提合式簸箕较为美观和方便，适合巡回清扫。

（3）三柱式簸箕。其提手由三根柱组成，适合撮起较多的垃圾。

3. 拖把

拖把是将布条束或毛线束安装在柄上的清洁工具。现在其大多装有环扣以免束带脱落。环扣一般由尼龙绳制成，以避免发霉和腐烂。所有的拖把头都应可以拆卸，以便换洗。拖把较适合用于干燥平滑的地面，其尺寸大小取决于地面的大小和家具陈设装置等。

（1）拖地车。其由清洁桶、挤水器和车架组合而成。挤水器可架在桶沿上，用于压出拖布中多余的水分。清洁桶则安装在带有轮子的水平台车上（轮子也可以直接安装在桶底）。拖地车有单桶式和双桶式两种。这种清洁桶内壁上往往有定量刻定标志，以便配制清洁剂等。

（2）地拖桶。地拖桶一般由金属、不锈钢或塑料制成。地拖桶可分为两个部分：一部分用于存放清洁剂；另一部分用于存放冲洗拖布用水。

（3）挤水器（拧拖布器）。挤水器是与地拖配套的器具，用于拧干拖布。在设计上，其可分为滚轴式、下压式和边压式三种，其中以下压式较好。滚轴式挤水器容易损伤棉质拖把的纤维，因而较少采用。

（4）地拖。地拖又称水拖把，有圆头形和扁平形两种。扁平形地拖的拖柄由木料或塑料制成，末端附有一个塑料或金属夹，用以固定扁拖头。扁拖头最好用棉绒布制成，其特点是吸水性强，可以在狭窄地段灵活地使用。

4. 尘拖

尘拖（图 5-11）又称万向地推，是拖把的改进型。尘拖由尘拖头、尘拖架两个

图5-11 尘拖

部分构成。尘拖头有棉类和纸类两种。棉类价格稍贵,但可以洗涤而且相当耐用。纸类价格稍低,比较卫生,但不耐用,属于使用方便型。一个尘拖架可以配多个尘拖头,以便随时更换洗涤。尘拖主要用于光滑地面的清洁保养工作,它可将地面的砂砾、尘土等带走,以减轻磨损。为了使尘拖效果更好,往往还要蘸上一些吸尘剂或选用可产生静电的合成纤维制作的尘拖头。尘拖头的规格应根据地面的情况而选用。尘拖头必须经常换洗,以保证清洁效果和延长使用寿命。用牵尘剂(静电水)浸泡过的棉类尘拖头,除尘效果更好。

5. 清洁工作车

清洁工作车是邮轮公共区域服务员清洁和保养时用来运载物品的工具车。有的邮轮配备了不同类型的工作车,如为运送垃圾桶而设计的辘轴车、用于搬运箱子的手推车和运输大件物品的钢制或木制平台车(图5-12)。

(a)

(b)

图5-12 工作车

6. 玻璃清洁器

擦玻璃是一项费时费力的工作,如果使用玻璃清洁器则可提高工效,而且安全可靠、简便易行。玻璃清洁器主要由长杆、T形手柄和其他配件构成。

(1)长杆。长杆一般由铝材和尼龙材料制成,具有质量轻、强度高的特点。长臂杆有两节或三节的,可以有9个长度的变化,最长可伸长至11米左右。长杆有一个特殊的性能,即其端部成锯齿状,用螺母固定后十分牢固。所有的配件,如油漆刷、削刮器、橡皮刮、刀子等通过一对蝶形螺母就能很容易地固定在长杆上。

(2)T形手柄。T形手柄可以安装在任何长度的长杆上。握住清洗器的一端可以将其伸到角落或其他刷子够不着的地方进行清理。T形手柄上有两个部件,即橡皮扫帚和削刮器。T形手柄可以紧紧地卡住任意一种长度的固定槽(这种固定槽用来固定橡皮扫帚)。T形手柄由不锈钢制成,橡皮扫帚固定槽可以被固定在开启、闭锁和预备开启位置上。安装橡皮扫帚时先用手柄卡住橡皮扫帚固定槽,然后再用拇指把安全锁杆推进去即可。卸去橡皮扫帚时,只要用拇指向下拉动安全锁杆,橡皮扫帚即从固定槽脱开。

(3)橡皮刮。橡皮刮是一种专用玻璃擦洗器的替换部件,可装在20厘米、35厘米或45厘米的T形手柄上。橡皮条应根据T形手柄规格来切割,注意随时以旧换新。因为如果使用有破口的橡皮条,就达不到预期的效果。橡皮刮装在长杆上特别适合清洗高处的玻璃。

（4）拐角插头。有时可以用拐角插头把橡皮刮安装成一个合适的角度，以便于清理高处或很难够到的地方。

（5）短柄削刮器。短柄削刮器可用来刮去黏在玻璃、瓷砖等表面的污点。把它接在长杆上，可以清理离地面约10米高的地方。如果在削刮器上安装一个120厘米长的把，可以很方便地刮除地板上旧的蜡痕、油漆和黏附物等。短柄削刮器的刀片宽度为10厘米，一般还会配备5～10个淬火钢刀片，更换起来十分方便。

（6）水枪。长臂杆配上水枪，可以通过输水管把加入清洁剂的水喷到墙面或玻璃面上很脏的地方进行刷洗。

（7）金属喷射泵。金属喷射泵可以调节清洁剂水流的流量。其原理是清洁剂储存在一个附在长杆上的塑料瓶中，通过大拇指的轻微动作来控制金属喷射泵水流的喷射强度。

（8）大夹子。接在长杆的端部，夹住海绵、绵丝等类物件后，可对玻璃窗、墙壁和地板等处进行清理。夹子爪宽19厘米，夹子口的间距为8厘米。这种夹子一般采用耐力尼龙材料制成。

（9）刷子。玻璃清洁器配有3种不同材料制成的刷子：排刷由十分硬的鬃毛制成；清洗刷则用不太硬的鬃毛制成；还有一种是用很软的鬃毛制成。

7. 其他清洁器具

（1）搋子。用于清通便具的简易工具。

（2）警示牌。警示牌主要用于提醒警示，防止发生伤害事故。它有多种不同的设计，如"工作区域，小心路滑"等。

（3）刷子。刷子的作用有很多，其种类也很多，如脸盆刷、浴缸刷、便器刷、窗沟刷、地毯刷等，工作中可根据需要配备，并应区别使用，用后要洗净放好。

（4）铲刀。用于去除黏固在地板上的口香糖等难以清洁的污垢。

（5）喷雾器。单手操作，用于喷射清洁剂及蜡水等。

（6）抹布。根据清洁用途不同，抹布应制成不同的尺寸，并选用不同质地和颜色的材料。这样既可防止抹布交叉使用，又能方便操作和提高清洁质量。抹布也可用牵尘剂进行处理，以达到更好的除尘效果。抹布一定要折叠使用，以提高工作效率。抹布的洗涤最好由洗衣房负责。抹布可多准备些，因为其周转和淘汰率高。

（二）机器清洁设备

机器清洁设备，一般指需要电动机驱动的器具，如吸尘器、打蜡机、吸水机、洗地机、洗地毯机等。在邮轮公共区域清洁过程中，使用的大部分机械都是电动机械，这是因为电动机械不污染环境，使用灵便，而且效率甚高。

1. 吸水机

吸水机的外形有筒形和车厢形两种，其机身由塑料或不锈钢材料制成，分为固定型和活动型两类。用洗地毯机对地毯进行洗刷后，地毯表面比较干净，但洗刷后的污水及残渣仍深藏在地毯根部，容易形成脏污并使地毯失去弹性。这时可用吸水机对刷洗后的地毯进行抽吸，任何顽固的残渣都能被彻底抽除，因为吸水机一般均装有两个真空泵，吸力特别大。另外，还有吸尘吸水两用机，又称干湿两用吸尘器。此类机器既可用来吸尘，清理地板、家具等，也可以用来吸水。吸水机见图5-13。

(a)　　　　　　　　　　(b)

图5-13　吸水机

2. 洗地毯机

运用洗地毯机可提高工作效率，省时省力，节水节电。其机身及配件由塑料、玻璃和不锈钢制成。洗地毯机一般采用真空抽吸法，脱水率在70%左右，地毯清洗后会很快干燥。洗地毯机可清洗纯羊毛、化纤、尼龙、植物纤维等材料制成的地毯。洗地毯机见图5-14。

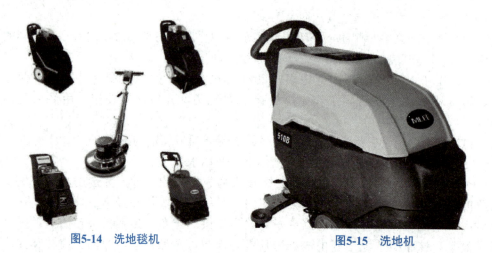

图5-14　洗地毯机　　　　　　图5-15　洗地机

3. 洗地机

洗地机又称擦地吸水机，具有擦洗机和吸水机的功能。洗地机装有双电动机，集喷擦、吸尘于一身，可将擦地面的工作一步完成，适用于邮轮中央大厅、走廊等面积大的地方，是提高邮轮清洁卫生水平不可缺少的工具之一。洗地机见图5-15。

4. 高压喷水机

高压喷水机有冷水和热水两种设计，也可以加入清洁剂，一般用于船舷、甲板、游泳池等处的冲洗。附有加热器的喷水机水温可高达沸点，故更适合清除油污。高压喷水机见图5-16。

图5-16　高压喷水机

二、清洁设备的选择

清洁设备不仅影响邮轮的经济利益，而且是保障邮轮公共区域清洁卫生工作顺利进行的基本条件。由于大多数清洁设备使用周期长、投资比较大，并且清洁设备的选择是否得当关系到邮轮公用区域清洁保养效果的好坏，因此，不同邮轮应根据自己的等级和规模以及清洁保养的要求来选择适当的清洁设备。选择清洁设备时的基本原则如下。

M5-2　选择清洁设备时的基本原则

1. 方便和安全原则

清洁设备属于邮轮生产性和服务性的设备，其使用目的是提高工作效率和服务质量。因此，清洁设备的操作方法要简单、易于掌握，有利于职工的操作；同时，要具有一定的机动性，便于清洁卫生死角和最大限度地降低职工的体力消耗。安全是设备操作的基本要求。在选择和购买设备时，要考虑是否装有防止事故发生的各种装置，选择安全系数高的设备。

2. 尺寸和重量

设备的尺寸和重量会比较大地影响工作的效率和机动性，甚至有关设备的保护。如吸尘器在房间使用时以选择吸力式为佳。

3. 使用寿命和设备保养要求

清洁设备的设计应便于其自身的清洁保养和要配有易损配件，这样会相应地减少机器保养和维修的时间，从而起到延长使用寿命的作用。同时，设备应坚固耐用，设计上也要考虑偶尔使用不当时的保护措施。电动机功率应能满足以适应机器的连续运转并且配备有超负荷的装置。

4. 动力源与噪声控制

邮轮公共区域要负责邮轮所有内部和外部公共区域的清扫工作，所以在选择清洁设备时，应考虑用电是否方便，据此确定是否选用带电瓶或燃油机的设备。同时，由于电动机的设计和传动方式等不同，其噪声大小也会有所不同。因此，针对邮轮公用区域的环境要求，应尽可能地选用低噪声设备。

5. 单一功能和多功能

单一功能的清洁设备具有耐用和返修率低等特点，但会增加存放空间和资金占用。如果要减少机器件数，可选用多功能设备和相应的配件。但是多功能设备由于使用率高，返修率和修理难度也高，因此一定要解决好保养和维修等方面的问题。

6. 价格对比与商家信誉

价格比较不仅要看购买时的价格，还应包括售后服务的价格和零部件修配的可靠性等。质量上乘的产品往往来自一流的厂家和供应商，在购买前应对他们的信誉做充分的了解。另外，机器设备的调试与试用等也是选择清洁设备时应考虑的前提因素。

三、清洁设备的保养与管理

任何清洁设备为了使其使用时达到正常的运行状态和清洁效果，机器设备的保养和管理工作就显得非常重要。清洁设备保养与管理的方法如下。

1. 建立设备档案

不管是邮轮专属设备还是公共区域清洁机器，都必须列入清单记录和其他相关信息，建立档案。这是做好邮轮公共区域清洁设备管理的基础。

2. 使用设备前，要严格培训

所有使用人员都必须经过操作培训，知道什么时候使用哪种设备，熟悉操作方法和保养方式。

3. 分级归口，专人负责

建立设备档案后，邮轮客舱部应严格要求公共区域岗位按业务单元分级，划片包干，按种类归口，将清洁设备的管理者和使用者层层落实，谁使用谁负责。价格昂贵的大型机器设备必须由责任心强的人员专门负责和操作，不能随意让任何人使用。

四、清洁药液的种类与用途

在清洁中所需的药液在邮轮客舱和公共区域清洁保养工作中被广泛使用。使用清洁药液的目的是提高工作效率，使被清洁物品更干净、更美观，进而延长其使用寿命。掌握清洁药液的特性，管理好清洁药液是每一个邮轮客舱管理者和公共区域负责人的重要工作内容之一。

（一）清洁剂在清洁保养中的作用

清洁剂的基本功能就是将污垢从家具、洁具、织物、地面等物体的表面清除。其除脏原理是依靠清洁剂的化学作用，减弱污垢与物体表面的黏附力，再借助机械力，将污垢从物体表面清除掉。从邮轮清洁保养工作的目标来看，清洁剂在清洁保养中的作用主要有下列几点。

1. 美化被清洁物的外观

正确合理地使用清洁剂对物体表面进行清洁保养，不仅可以清除物体表面的污垢，还可以美化被清洁物的外观，使之保持原有的色彩和光泽，延缓老化，避免设施设备因老化陈旧而被提前淘汰，延长其使用寿命。

2. 保持和提高被清洁物的质量和性能

在一定意义上，设施设备的使用寿命与经济效益成正比。如一件家具若清洁保养得当，可使用十年以上仍光亮如新、完好如初，否则会提前淘汰，使邮轮为购买新的家具而增加投入。有些邮轮为节省开支而使用劣质、低价的清洁剂，要想达到一定的清洁效果，只能依靠强机械力，结果对被清洁物造成不必要的损伤。

3. 具有环保功效

污垢滞留在物体表面，不仅有碍观瞻，而且污染环境。邮轮是一个公共场所，每天迎来送往，污垢也借此进进出出。在清洁保养过程中，借助于清洁剂不仅有利于清除污垢，提高工作效率，还可消除肉眼看不见的有害细菌。因此，从这个意义讲，清洁剂还具有环保功效。

4. 提高劳动效率

员工劳动效率的高低与他们所用的工具有直接的关系。使用高效的清洁剂，不仅能提高清洁功效，同时也能提高员工的劳动效率，邮轮会因此而获得一定的经济效益。

（二）清洁剂种类

1. 酸性清洁剂（1<pH<6）

一般用于卫生间的清洁和一些顽固污渍的清洁。酸不但具有杀菌除臭的功能，同时也能中和尿碱、水泥等顽固斑垢。由于酸性清洁剂具有腐蚀性，因此使用前必须稀释，使用后要进行彻底的漂洗；不可将浓缩液直接倒在瓷器表面，否则会损伤瓷器表面的釉和使用者的皮肤。

常用的酸性清洁剂（图5-17）种类和作用如下：

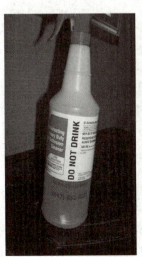
(a)

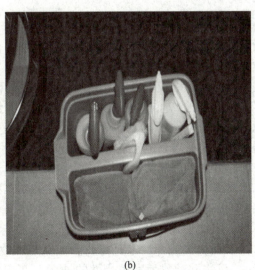
(b)

图5-17　邮轮常用清洁剂

（1）盐酸（pH=1）。盐酸主要用于清除建筑时留下的水泥、石灰斑垢，效果明显。

（2）硫酸钠（pH=5）。硫酸钠可与尿碱发生中和反应，主要用于清洁卫生间便器，但要少量且不能常用。

（3）草酸（pH=2）。用途同上述两种清洁剂，只是效果强于硫酸钠。

（4）马桶清洁剂（1<pH<5）。呈酸性，但含合成抗酸性剂，以提高安全系数。马桶清洁剂主要用于清洁客厕和卫生间便器，有特殊的洗涤除臭和杀菌功效，应稀释后再进行分配使用。具体操作时，必须在抽水马桶和便池内有清水的情况下倒入数滴，稍等片刻后，用刷子轻轻刷洗，再用清水冲洗。既保证了卫生清洁质量，又缓解了强酸对瓷器表面的腐蚀。

（5）消毒剂（5<pH<7）

消毒剂主要呈酸性，除了能用于卫生间消毒外，还可用于杯具消毒，但一定要用水冲净。

2. 中性清洁剂（6<pH<8）

中性清洁剂配方温和，对物品的腐蚀和损伤很小，有时还可以起到保护被清洁物品的作用，在日常清洁卫生中被广泛使用。其缺点是无法或很难去除积聚严重的污垢。目前，邮轮广泛使用的中性清洁剂有下列几种。

（1）全功能清洁剂（7<pH<8）。全功能清洁剂主要含表面活性剂，可去除油垢，除不能用于地毯外，其他地方均可使用。这种清洁剂性质温和，对大多数物体表面是安全的。使用全功能清洁剂时，一般不需要漂洗，它不会在被清洁物体的表面留下痕迹。其缺点主要是清洁效果不如专项清洁剂，不适合某些清洁任务。如清扫浴室时需要消毒剂，而全功能清洁剂不含消毒剂。

（2）地毯清洁剂。地毯清洁剂是一种专门用于洗涤地毯的中性清洁剂。因其含泡沫稳定剂的量不同，又分为高泡沫和低泡沫两种。一般低泡沫地毯清洁剂用于湿洗地毯，高泡沫地毯清洁剂用于干洗地毯。低泡沫地毯清洁剂宜用温水稀释，这样去污效果更好。

3. 碱性清洁剂（8<pH<14）

一般碱性清洁剂有液状、乳状、粉状和膏状，对清除油脂类污垢和酸性污垢有较好的效果。使用强碱清洁剂要特别小心，因为其具有极强的腐蚀性和毒性，应严格按规定使用，戴好橡胶手套。碱性清洁剂的种类和作用如下：

（1）玻璃清洁剂（7<pH<10）。玻璃清洁剂有液体的大桶装和高压的喷罐装两种。前者类似全功能清洁剂，主要功效是除污斑；后者内含挥发溶剂芳香剂等，可去除油垢，用后留有芳香味，且会在玻璃表面留下透明保护膜，虽价格高，但省时、省力、效果好，方便以后的清洁工作。

（2）家具蜡（8<pH<9）。家具蜡有乳液态喷雾型、膏状等几种。在每天的邮轮客舱清扫中，邮轮公共区域服务员只是用湿润的抹布对家具进行除尘，而家具表面的油渍污垢却不能去除。对此，可用稀释的全功能清洁剂进行彻底除垢，但长期使用会使家具表面失去光泽。家具蜡内含蜡（填充物）、溶剂（除污垢）和硅酮（润滑、抗污），可去除动物性和植物性的油污，并在家具表面形成透明保护膜，防静电、防霉。

（3）起蜡水（10<pH<14）。起蜡水用于需再次打蜡的大理石地面和木板地面。其可将陈蜡及脏垢浮起而达到去蜡功效。由于起蜡水碱性强，起蜡后一定要反复清洗地面才能再次上蜡。

4. 上光剂

上光剂不是清洁剂，但通常在清洁剂之后使用。在物体表面用上上光剂之后，能形成一个硬质的防护表层来防止指印、污迹或刮痕，并使物体表面光亮如新。

（1）金属上光剂。金属上光剂含有非常温和的磨粉、脂肪酸、溶剂和水，能清除金属表面的锈蚀和划痕。高效的金属上光剂能在被清洁的金属表面形成一层保护膜。金属上光剂气味很浓，使用和存放都要在通风好的地方。金属上光剂有乳剂、粉剂、液体或浸过抛光剂的织物等几类，并有软硬之分。硬金属上光剂粗糙些，会伤及软金属，在日常的清洁保养中要注意正确选用。

（2）擦铜水。擦铜水为糊状。其能氧化掉铜表面的铜锈而达到光亮铜制品的目的。它只能用于纯铜制品，镀铜制品不能使用，否则会将镀层氧化掉。

（3）地面蜡。地面蜡有封蜡和面蜡之分。封蜡主要用于第一层底蜡，内含填充物，可堵塞地面表层的细孔，起光滑作用。好的封蜡可维持 2～3 年。面蜡主要用于打磨上光，增加地面光洁度和反光强度，使地面更为美观。封蜡和面蜡又分为水基和油基两种，水基蜡主要用于大理石地面，油基蜡主要用于木板地面。蜡的形式有固态、膏态、液态三种，较常用的是后两种。

5. 溶剂类

溶剂为挥发性液体，常用于干洗和去除油渍。它能有效地清除怕水物品（如电器、电动机等）上的污渍。溶剂有强烈异味，故应在通风良好的房间中使用。

（1）地毯除渍剂。地毯除渍剂专门用于清除地毯上的特殊斑渍，对怕水的羊毛地毯尤为合适。其有两种：一种专门清除果汁色斑；另一种专门清除油脂类脏斑。清洁方法是用毛巾蘸取除渍剂（也有喷罐装的）在脏斑处擦拭。发现脏斑要及时擦除，否则效果较差。

（2）酒精。酒精（必须是药用酒精）主要用于电话机消毒。

（3）牵尘剂（静电水）。牵尘剂主要用于对大理石地面、木板地面进行日常清洁和维护，可免水拖地面除尘的功效较为明显。具体操作时，应先将尘拖头洗干净，然后用牵尘剂浸泡，待尘拖头全干后再用来拖地，这样效果才好。

（4）杀虫剂。杀虫剂指喷罐装的高效灭虫剂，对房间定时喷射后密闭片刻，可杀死蚊、蝇和蟑螂等爬虫和飞虫。这类杀虫剂由邮轮公共区域服务员使用，安全方便，也有的邮轮公司把杀虫工作外包给专业公司。

（5）空气清新剂。空气清新剂品种很多，不一定都是溶剂型，其兼具杀菌、去除异味、芳香空气的作用。空气清新剂的香型种类很多，但产品质量差距很大。辨别其质量优劣最简单的方法就是看留香时间的长短，留香时间长的好。香型选择要考虑适合不同航线区域的大众习惯。

五、清洁药液的分配与存储

合理分配清洁药液既能满足清洁需要，又能减少浪费。清洁药液的分配最好由邮轮公共区域主管专门负责，在每天下班前对楼层进行补充，每周或每半个月对品种和用量进行盘点统计。通常，其用量多少与邮轮客舱满舱率高低有关，对例外情况的额外补充应做详细记载。用量难以控制且价格又比较高的清洁剂，如家具蜡、玻璃清洁剂和空气清新剂等，管理难度相对大些，而且流失量大，损失也大，对此一定要进行更加严格的控制和分配。邮轮公共区域的清洁药液最好集中存储，若无人看管时，一定要上锁，以防丢失。

（一）存储注意事项

（1）清洁剂容器上应有标签注明；
（2）必要时要标明清洁剂的稀释率；
（3）所有容器盖均要盖紧，同时要保持清洁；
（4）容器要摆放整齐，放置容器的货架要牢固；
（5）高压罐装清洁剂要远离热管道或散热器；
（6）分配或稀释清洁剂时要使用漏斗；
（7）储藏室要保持通风状态；
（8）要定期进行盘点，控制好存货量。

（二）分发注意事项

M5-4 清洁药液分配

合理分发清洁剂既能满足清洁需要，又能减少浪费。分发清洁剂最好由主管或领班专门负责，在每天下班前对楼层进行补充，每周或每半个月对品种和用量进行一次盘点。通常，其用量与客舱出租率有关，例外情况的额外补充应做详细记录。用量大、价格较便宜的清洁剂，买回时多为大桶装，分发工作量大，但管理方便；难以控制用量、价格又比较高的清洁剂，如家具蜡、玻璃清洁剂（罐装）和金属上光剂等，流失量大，损耗也大，管理难度相对大些，因此一定要严格控制。例如，可凭经验或做试验测算一罐可用多久，供应多少房间等，以此作为标准来控制分配；也可采用以空罐换新罐的方法来进行有效控制，以减少流失和浪费。

六、清洁药液的安全管理

清洁药液具有易燃、易爆、易挥发、有毒等特性，若管理和使用不当就可能造成身体损伤或引起火灾、爆炸，导致财产损失，甚至造成生命危险。所以，清洁药液的安全管理非常重要。清洁药液管理中需要注意的事项包括：

（1）制定相应的规章制度，培训邮轮公共区域服务员掌握使用和存储清洁药液的正确方法。平时注意检查和提醒邮轮公共区域服务员按规程进行操作。
（2）必须使用强酸和强碱清洁剂时，先做稀释处理，并尽量装在喷壶内，然后再发给邮轮公共区域服务员。
（3）配备相应的防护用具，如合适的清洁工具、防护手套等。
（4）禁止邮轮公共区域服务员在工作区域吸烟，严查严罚，以减少危害源。

总之，购买货真价实的清洁药液，减少浪费，保证安全使用，是清洁药液管理工作的目的。

工作任务

【任务名称】

实际操作讲解邮轮清洁设备。

【任务准备】

了解邮轮清洁设备的使用流程。

【任务实施】

1. 查阅文献，制作 PPT

查找邮轮清洁设备的资料，对获取的资料进行整理与总结，以小组为单位制作 PPT。

2. 以小组为单位进行 PPT 专题汇报

首先要讲述邮轮清洁设备的应用范围，其次要阐述邮轮清洁设备的操作规定。

3. 撰写总结报告

任务评价

任务评价主要从同学们的资料准备情况、PPT 制作与汇报情况、团队合作与纪律情况以及总结报告撰写质量几个方面进行评价，详细内容如下。

班级		姓名			得分
评价内容	分值	评定等级			
		A（权重1.0）	B（权重0.8）	C（权重0.6）	
学习态度	10 分	学习态度认真，方法多样，积极主动	学习态度较好，能按时完成学习任务	学习态度有待加强，被动学习，延时完成学习任务	
查阅资料	20 分	查阅资料方法多样，资料内容丰富，整理有序、合理	查阅资料方法较单一，内容基本能满足要求	没有掌握查阅资料的基本方法，资料准备不足	
PPT 制作与汇报	30 分	PPT制作精美、内容翔实、图文兼备；汇报人精神面貌好，思路清晰有条理	PPT制作完整，内容不够丰富；汇报人能顺利讲完PPT	PPT制作缺乏思路，有的内容缺失，有的内容重复；汇报人词不达意	
撰写报告	40 分	报告格式规范，内容完整，思路清晰有条理	报告格式较为规范，内容较完整，有一定的条理性	报告格式、内容经反复修改后才勉强符合要求	
总计得分					

习题

（1）邮轮公共区域的范围包括哪些部分？

（2）邮轮常见的清洁设备有哪几种？

（3）邮轮常见的清洁药液有哪几种？

（4）邮轮清洁药液的分配与存储注意事项包括哪几个方面？

（5）邮轮清洁药液的安全管理注意事项有哪些？

自我分析与总结

存在的主要问题：

收获与总结：

改进措施：

5.2 清洁保养程序及标准

5.2.1 邮轮中央大厅清洁保养

 任务导航

在邮轮上，除了客房以外，客人往往会有大量时间停留于公共活动区域。因此，公共区域的清洁卫生是客人评判邮轮的重要项目。由此可见，做好公共区域的清洁保养工作非常重要。邮轮客舱部不仅承担客房的清洁卫生工作，而且还承担邮轮的公共区域清洁卫生工作。这样组织的好处在于能统一调配清洁卫生工作的人力、物力，使清扫工作专业化，提高劳动效率和质量。

 学习目标

☛ 能力目标

掌握邮轮中央大厅的清洁保养程序及标准。

☛ 知识目标

了解邮轮中央大厅的清洁保养要求。

☛ 素质目标

培养爱岗敬业的服务意识。

M5-5 邮轮中央大厅清洁保养

案例引导

美维凯珍号游轮秉承建造长江乃至世界上最好游轮的开拓设计理念，无论是船体结构，功能布局，还是船上的装饰，凯珍号均采用超五星级标准，引入六星级概念，讲究山与人，船与水，人与景的充分互动，和谐统一。美维凯珍号于2009年9月下水，精致华丽的五层高透空旋转大厅，临江面水，别致的欧式露台每间客房均可独享，视野开阔自由的顶层阳光休闲甲板，四部从主甲板直上各楼层的豪华观光电梯，配置高档，设备先进，24小时提供高质量医疗服务的医务室（免费提供残疾人使用的轮椅车）。

点评

邮轮中央大厅最重要的就是日常维护与定期保养，通过清洁，使设施设备及用品恢复原有的光泽、质感、弹性、色彩和舒适感。通过保养，使物品保持较长时间清洁，减少清洁次数，延长使用寿命。

新知探索

邮轮中央大厅是邮轮中客流量最大、宾客出入最繁忙的区域，大量的船上游客在此区域短暂停留，并且邮轮中央大厅卫生的好坏会给每一位邮轮乘客留下至关重要的第一印象。为了给宾客留下良好的印象，邮轮公共区域员工需要日夜不停地对邮轮中央大厅进行清洁和保养。

一、邮轮中央大厅日常的清洁保养

在准备清洁邮轮中央大厅卫生前，邮轮公共区域服务员应准备好当班的各种清洁设备、用品、清洁剂和需补充的客用品，并检查清洁设备能否正常工作。通常负责邮轮中央大厅公共区域的清洁员，必须做好以下三件事：除尘、倒垃圾和整理公共座位。有水池的邮轮中央大厅，还应随时清除池中的垃圾或杂物。邮轮公共区域服务员对上述工作也是不断重复的一些在客人活动高峰期间不便做的工作，通常安排在客人活动较少的夜晚或清晨，如洗地、吸尘、清洁立式烟灰筒、彻底清洁公共区域家具、抛光打蜡、设备维修、墙面去渍等。

二、邮轮中央大厅每周一次的计划卫生

（1）彻底清洁邮轮前台（邮轮接待台）区域卫生。
（2）对有地毯区域进行彻底清洗。
（3）清洁电话间并对电话进行消毒。
（4）对所有木质家具打蜡上光。
（5）对天花板和空调通风口除尘。
（6）对地脚线彻底吸尘。
（7）对邮轮中央大厅地面进行打磨抛光或结晶处理。

（8）擦拭大门的玻璃和门框上方。
（9）清理邮轮中央大厅各处死角。
（10）擦拭应急灯等消防设备。

三、邮轮中央大厅清洁保养的流程

（一）操作要求

（1）邮轮宾客进出频繁和容易脏污的区域要重点拖擦，并增加拖擦次数。清洁过程中，应适当避开客人逗留的区域或时间再补做。

（2）邮轮中央大厅的地面多为大理石、花岗岩、水磨石、聚氯乙烯地板材、橡胶类地板材、瓷砖等材质，邮轮公共区域服务员可根据不同材质的清洁保养方法进行清洁。

对不锈钢、铝合金或铜制金属等装饰物进行清洁保养时，应注意此类装饰物容易受腐蚀，擦拭时要选用专用清洁剂、保护剂，不能留下任何划痕。

（二）保养流程

1. 地面干拖（云石、大理石地面）

（1）使用喷有静电吸尘剂的干拖进行工作。

（2）将尘拖平放在地面上，直线方向推尘，尘拖不可离地；将地面的灰尘推往较隐蔽的地方。

（3）每拖尘一次，用吸尘机吸干净尘拖上的灰尘。

（4）推尘每半小时循环一次，并视灰尘程度及人流量增减次数。

（5）每次推尘后均应及时将地面灰尘、垃圾打扫干净。地面不能留有脚印、污迹。

2. 家具及云石台的清洁保养

（1）用半干半湿毛巾抹干净家具及云石台上的灰尘。

（2）将家具蜡均匀喷在家具或云石台上；喷蜡不能过多，以免积聚灰尘。

（3）用干毛巾将家具蜡均匀地涂抹，边喷边抹，重点擦除污迹，达到光亮清洁。保养木质家具操作标准见表5-1。

表5-1 保养木质家具操作标准

内容	操作标准		
	优秀	合格	不合格
去除木质家具上的浮尘	使用干净抹布擦拭木质家具上的浮尘及表面，去除浮尘，不留灰尘	使用干净抹布擦拭木质家具表面，灰尘没有完全擦干净	没有使用干净抹布擦拭木质家具表面，灰尘没有完全擦干净
给木质家具打蜡	将家具蜡喷到细软绒布上，均匀擦拭木质家具表面	将家具蜡喷到细软绒布上，均匀擦拭木质家具表面，但擦拭不均匀	将家具蜡喷到细软绒布上，用力擦拭木质家具表面，但擦拭不均匀
给木质家具抛光	快速、均匀地擦拭木质家具表面，反复抛光三次以上，使木质家具平滑透亮	均匀擦拭木质家具表面，反复抛光三次以上，但动作不够快速，木质家具不够平滑透亮	擦拭木质家具表面不够快速、均匀，抛光次数不足三次，木质家具不平滑透亮

3. 吸烟角的清洁

（1）用镊子将烟箱里的烟头、杂物清干净。
（2）用废纸把烟箱面上的口痰污迹抹干净。
（3）每隔15分钟巡查清理烟箱一次，并视客流量情况增加清洁密度。

4. 大门口内外地垫的清洁

（1）内地垫的清洁
① 每隔两小时吸尘一次，并视污迹程度及客流量情况增减次数；
② 随时清洁地垫上的污迹及口香糖；
③ 每晚均要揭开地垫，用扫把将地面灰尘、沙粒扫干净，并用湿地拖拖干净地面；
④ 每周更换冲洗地垫一次。
（2）外地垫的清洁
① 每天用吸尘器吸地垫上的杂物纸屑，每晚揭开地垫，用扫把将地面上的灰尘、沙粒扫干净；
② 用湿地拖拖干净地面；
③ 待地面风干后，将地垫放回原位；
④ 每周更换冲洗地垫一次，内外地垫的铺放要求整齐对称。

工作任务

【任务名称】
如何对中央大厅进行清洁保养。

【任务准备】
分组复习并整理任务内容。

【任务实施】

1. 查阅文献
查找与本任务相关的资料，对获取的资料进行整理与总结。

2. 理清要求
对本书的内容形成初步认识，整理相关内容并讨论。

3. 撰写汇报材料
可以选择PPT、思维导图等形式进行汇报。

任务评价

任务评价主要从同学们的职业素养、小组互评及汇报表现等方面进行评价，详细内容如下。

评价内容		配分	考核点	得分
职业素养（20分）	职业道德	10分	具有实事求是的职业道德，设计方案不违背职业道德，认真负责	
	职业能力	10分	具有分析及总结方案写作能力、查阅文献资料的能力、创新能力、整体把握总结方案的能力	
汇报表现（70分）	文字表达	30分	文字编排工整清楚、格式符合要求，文字流畅、条理清楚，逻辑性较强	
	内容 数据资料分析整理	30分	对所获得的资料进行整理，能够对邮轮中央大厅的清洁保养程序及要求进行分析；表达条理清楚，有逻辑性	
	内容 结构	10分	简洁而明晰，思路清晰，内容结构合理	
小组互评（10分）	结构及表现	10分	小组协作融洽，汇报逻辑清晰，内容翔实且合理	
合计			100分	

习题

简要描述邮轮中央大厅的清洁保养程序及相关要求。

自我分析与总结

存在的主要问题：

收获与总结：

改进措施：

5.2.2　邮轮客用电梯清洁保养

船用系列电梯主要包括客用电梯、载货电梯、观光电梯、船员电梯、食品升降机、自动扶梯等，就邮轮客舱清洁而言，涉及其中一部分。客用电梯及观光电梯适用于运送旅客及携带少量的随身货物；船员电梯适用于旅客不能到达的空间，为船员上下各个甲板提供方便，具备自逃生功能。

学习目标

☛ 能力目标

掌握邮轮客用电梯的清洁保养标准流程。

► 知识目标

了解邮轮客用电梯的清洁保养程序。

► 素质目标

培养爱岗敬业的服务意识。

案例引导

一名游客在乘坐电梯时发生危险获悉警情，相关人员立即赶往现场救援，了解被困人员伤势后稳定其情绪，将被困人员救起并进行妥善处置。

M5-6 客用电梯的清洁保养

点评

船用电梯的工作环境比较特殊，在使用过程中，船体有静倾、摇摆和振动，环境温度范围通常为 −10～45℃，空气相对湿度为 95% 左右，空气中还有盐雾和霉菌，其使用环境比陆用电梯恶劣，因此其管理工作应该需要比陆地用电梯更加严格规范。电梯管理人员应当按照产品维护说明书的要求，制定维护计划与编制备件清单，定期对电梯进行清洁、润滑、检查、调整，更换不符合要求的易损件以及更换不重要的零部件，并根据备件清单备好备件。尤其是对无限航区的船舶，电梯备件的充分准备非常重要。在维护过程中发现仅依靠维护工作已经不能保证电梯的正常运行，需要对重要零部件进行更换或修配时，应立即停梯，同时上报所属部门。

新知探索

邮轮公共区域范围较大，为了使乘客有一定的观光体验，常常设有多重甲板，由多部电梯和公用楼梯连接（图 5-18、图 5-19）。电梯在邮轮中使用是最频繁的，所以需要经常清理。邮轮电梯一般有客用电梯、行李电梯、货运电梯及员工电梯几种。其中客用电梯的清洁最为重要，要求也最为严格。

图5-18　皇家加勒比游轮量子号电梯

图5-19　MSC辉煌号电梯

一、客用电梯的清洁保养基本要求

（1）清洁客用电梯时，尽量停靠在客人进出较少的楼层，以免影响客人使用和增加噪声；选择人少的时段，并摆放"小心地滑"告示牌，防止客人摔倒。清洁过程中如遇到客人，应暂停工作。

（2）夜间清洁。由于白天使用频繁，电梯不能得到彻底的清扫，夜间清扫就显得尤为重要，可以保证第二天以清洁的面貌为宾客服务。

（3）保证日常的维护。一般较大的邮轮为保证电梯一天的使用，始终处于清洁状态，可安排一名员工轮流清洁电梯。其主要工作内容包括：擦去客人留在门上、镜上或金属壁面上的手印，拾起掉在地面上的碎屑，擦拭扶手和脚踏板上的灰尘；检查电梯内的设备，如有损坏及时报修等。

（4）电梯内地毯的保养。电梯内的地毯整天被踩踏，容易受损和不洁，要定期进行清洗。但电梯的空间狭小封闭，地毯清洗后不易干透，新的踩踏落在未干的地毯上，易造成地毯表面不美观，难以起到清洁作用。建议购置备用的地毯，以解决地毯的清洗与使用的矛盾。

（5）邮轮上面要用酒精对电梯按钮和楼层指示钮进行擦拭和消毒，发现字迹不清或缺少时，要及时让工程部更换或补充。

二、保养程序

（1）用玻璃清洁剂清洁玻璃镜面；用家具蜡清洁天花顶及木器装饰部分；用不锈钢清洁剂清洁电梯不锈钢门。镜面玻璃、不锈钢门要求达到光洁、明亮、无手印及污迹的效果。

（2）用吸尘器吸边角位和电梯门轨的沙尘；用湿布抹干净地面和门轨的灰尘。

（3）地面干后，装上地脚保护板进行打蜡抛光，地面大理石喷磨均匀，抛光的光亮度要高。

 工作任务

【任务名称】

掌握电梯清洁保养要求。

【任务准备】

分组复习并整理任务内容。

【任务实施】

1. 查阅文献

查找与本任务相关的资料，对获取的资料进行整理与总结。

2. 理清要求

对本书的内容形成初步认识，整理相关内容并讨论。

3. 撰写汇报材料

可以选择PPT、思维导图等形式进行汇报。

任务评价

任务评价主要从同学们的职业素养、小组互评及汇报表现等方面进行评价，详细内容如下。

评价内容		配分	考核点	得分
职业素养（20分）	职业道德	10分	具有实事求是的职业道德，设计方案不违背职业道德，认真负责	
	职业能力	10分	具有分析及总结方案写作能力、查阅文献资料的能力、创新能力、整体把握总结方案的能力	
汇报表现（70分）	文字表达	30分	文字编排工整清楚、格式符合要求，文字流畅、条理清楚、逻辑性较强	
	内容 数据资料分析整理	30分	对所获得的资料进行整理，能够对邮轮客用电梯的清洁保养程序及要求进行分析；表达条理清晰，有逻辑性	
	内容 结构	10分	简洁而明晰，思路清晰，内容结构合理	
小组互评（10分）	结构及表现	10分	小组协作融洽，汇报逻辑清晰，内容翔实且合理	
合计			100分	

习题

海上巡航日期间，早上7时左右，邮轮电梯厅站满了去餐厅吃饭的客人，大家都在等电梯。早班服务员Linda在巡回保洁时发现电梯厅烟灰桶外表沾有痰迹，于是赶紧戴上黑胶手套在电梯出入口进行擦拭清洁，工作将近20分钟，使电梯厅更加拥挤了。

Linda的处理正确吗？如果是你，你会怎么做？

 自我分析与总结

存在的主要问题：	收获与总结：

改进措施：

5.2.3　邮轮公共卫生间及走廊通道清洁保养

公共卫生间及走廊通道的清洁工作主要包括地面、墙面、门窗、天花板、隔板

（隔墙）、卫生洁具及其他室内设施的清洁等，可分为每日常规清洁和周期性大清洁两种。每日常规清洁的次数可根据具体人流量和标准要求而定，一般每日至少清洁一次。周期性大清洁可根据具体情况拟定计划。

学习目标

▶ 能力目标

掌握邮轮公共卫生间及走廊通道的清洁保养标准流程。

▶ 知识目标

了解邮轮公共卫生间及走廊通道的清洁保养程序。

▶ 素质目标

培养爱岗敬业的服务意识。

案例引导

2020年，某邮轮公司一艘豪华邮轮因恶劣天气被困海上三天。航行起初一切如意，然而却遭遇飓风"洛伦佐"，不但原定在荷兰阿姆斯特丹的一站被取消了，连最令人期待的冰岛雷克雅未克站也取消了，令乘客感到十分败兴。不但导致行程大乱，连船上厕所也因无法冲洗而异味扑鼻，引发众怒。最终2000名乘客包围船员，要求下船和退款，场面混乱不堪。

点评

邮轮清洁工分为以下几种：泳池保洁、公共区域保洁、地毯维护、卫生间保洁和办公室保洁。其中公共区域清洁工又分为客人区域保洁和员工区域保洁，区域内的每一个角落都保持得干干净净，检查卫生间，如果有脏东西或者水渍就弄干净，每次查完要签字写时间，每个班一次深层清洁。

新知探索

一、邮轮公共卫生间大清扫的程序

（1）将所有公共卫生间垃圾桶内的垃圾清理干净，换上干净的垃圾袋；
（2）检查卫生间的灯具和换气扇能否正常工作；
（3）倒入立式便池中适量的清洁剂，放水冲洗等；
（4）清洁洗手盆，不要留下水迹；
（5）对卫生间内高处的物体或表面进行彻底清洁；
（6）擦拭卫生间内的镜面和金属器件；
（7）清洗马桶，保持马桶座圈、盖板、外壁、水箱清洁干净；
（8）配齐物品，如小方巾、面巾纸、洗手液、卫生卷纸、梳子等，女卫生间还

M5-7 邮轮公共洗手间清洁保养服务标准和程序

应配备卫生清洁袋；

（9）擦净地面，使地面无水迹、无污痕，并将卫生间内的空气清新剂表层清洁干净。

二、邮轮公共卫生间清洁要求

（1）台面、镜面、地面无水珠。

（2）地面、墙壁无灰尘、无污迹。

（3）马桶、立式便池无污水迹、无发丝。

（4）洗脸盆无污迹、无发丝、无杂物。

（5）卫生间门清洁无灰尘。

（6）不锈钢设备光亮，不发黑。

（7）如有设备损坏，应及时报修。

大型豪华邮轮的公共洗手间，除了应做好清洁保养工作外，还可以配备专职公共洗手间邮轮公共区域服务员，为客人提供更周到的服务。要求邮轮公共区域服务员见到客人时，主动向客人问好；及时冲洗干净客人用过的马桶、便池；在客人洗手时，为客人打开水龙头、调好水温，并向客人提供洗手液；在客人洗完手后，及时递上小毛巾；在客人离开时帮助拉门，使用适当的道别语言。

三、走廊通道清洁程序

（1）走廊、通道地面要保持干净，要不停地循环清扫，物件要摆放好。

（2）立式垃圾桶内的垃圾要及时清理，其表面擦拭干净后应按原位摆放好。

（3）按顺序依次擦拭窗台、门窗、墙壁饰物开关盒、镜面、消防栓内外、标志牌、风门、地脚线等。

（4）在夜间要对走廊、通道的地面进行全面清洗并打蜡。

（5）每个班次工作结束前，要把垃圾集中清理到邮轮指定的垃圾存放地点。

（6）其他邮轮公共区域，如歌舞厅、博彩娱乐区域、桑拿浴室、邮轮商场、乒乓球室、甲板上运动区等区域，其日常清洁工作一般由各营业点自行承担，可由邮轮客舱部的公共区域清洁员协助负责其彻底清洁保养等事宜。

M5-8 邮轮走廊和通道的清洁保养

工作任务

【任务名称】

掌握邮轮公共卫生间及走廊通道清洁保养程序。

【任务准备】

分组复习并整理公共区域公共卫生间、走廊通道的相关清洁任务内容。

【任务实施】

（1）查找与本任务相关的资料，对获取的资料进行整理与总结。

（2）理清公共区域公共卫生间、走廊通道的相关清洁程序及要求。

（3）撰写思维导图。

 任务评价

任务评价主要从同学们的思维导图撰写情况、职业素养几个方面进行评价，详细内容如下。

评价内容		配分	考核点	得分
职业素养（20分）	职业道德	10分	具有实事求是的职业道德，设计方案不违背职业道德，认真负责	
	职业能力	10分	具有分析及总结方案写作能力、查阅文献资料的能力、创新能力、整体把握总结方案的能力	
思维导图（80分）	文字表达	30分	文字编排工整清楚、格式符合要求，文字流畅、条理清楚、逻辑性较强	
	内容 数据资料分析整理	30分	对所获得的资料进行整理，能够对于邮轮公共卫生间及走廊通道清洁保养程序及要求进行分析；表达条理清楚，有逻辑性	
	结构	20分	简洁而明晰，思路清晰，内容结构合理	
合计			100分	

自我分析与总结

存在的主要问题：

收获与总结：

改进措施：

习题

一、选择题

1. 按规定，邮轮公共场所的烟灰缸不能积（　　）以上的烟蒂。
   A.1个　　　　　B.2个　　　　　C.3个　　　　　D.4个
2. 邮轮大厅的彻底清洁工作一般放在深夜和（　　）进行。
   A. 早晨　　　　B. 上午　　　　C. 下午　　　　D. 晚上

3. 邮轮服务员对公共区域内的不锈钢设备和铜器必须每天清洁保养（　　）。
A.1 次　　　　　　　B.2 次　　　　　　　C.3 次　　　　　　　D.4 次
4. 通过热的作用，凝固菌体的蛋白质而使其死亡，这种消毒方法属于（　　）消毒。
A. 干热　　　　　　B. 紫外线　　　　　　C. 湿热　　　　　　D. 烧灼
5. 通过氧化，破坏细胞原生质，致使微生物死亡属于（　　）消毒。
A. 湿热　　　　　　B. 高温　　　　　　　C. 巴氏　　　　　　D. 干热

二、判断题
1. 地板打蜡后，一般以风干半小时左右再进行磨光为宜。
2. 旋转式擦洗方法适宜洗涤羊毛地毯。
3. 为了延长地毯的使用寿命，必须定期对地毯进行彻底地清洗。
4. 每天坚持对地毯进行彻底吸尘，可减少洗涤地毯的次数。
5. 硬质墙面的保养方法是：每天掸去表面浮灰，定期用喷雾蜡水清洁保养。

5.3　邮轮地面和墙面的清洁保养

项目导航

为了提高邮轮的质量，邮轮在建造过程中将大量资金用于地面和墙面材料的选购和铺设方面。邮轮客舱部门又将大部分的时间、人力和财力用于地面与墙面的清洁和保养方面。

之所以如此，是因为地面和墙面的装潢如何、清洁保养的好坏，都直接反映了邮轮的档次和管理水准的高低。对地面及墙面材料进行必要的了解，以及选用恰当的材料和清洁保养方法是每位从事邮轮客舱公共区域工作的人员都应掌握的一门知识和技术。

5.3.1　邮轮地面的清洁和保养

任务导航

对地面的要求肯定就是美观、易清洗、耐用、环保，传统的酒店地面可能选择瓷砖比较多一些，近几年国内引进了很多新材料，对于地面的材料选择要注意满足地面基本的使用需要，还要注意材料的安全、环保等特性，给客人营造舒适、和谐的空间环境。

学习目标

▶ 能力目标

掌握邮轮地面的基本类型。

知识目标

了解邮轮地面的主要特征并掌握不同地面的清洁保养流程。

素质目标

培养爱岗敬业的服务意识。

> **案例引导**
>
> 凌晨 1：40 左右，某邮轮客舱部小高按照事先布置的工作任务在 21 层清洁过道地毯。这时，2109 房客人被机器的嘈杂声惊醒，不满意地从房间中出来说："这么晚，还让不让人睡？"小高不知所措，支支吾吾地答道："这是工作安排……"说完继续清洗。客人回房后随即打电话给值班经理和客舱中心表示不满。过了 5 分钟，小高才按值班经理的指示停止清洗工作。

点评

从本案例中可以看出，该邮轮在规章制度方面还不完善。事发前一日早晨，21 层没有住客舱，客舱部相应制定了 21 层过道地毯清洗计划，并报至公共区域清洁组夜班完成。由于客舱部与前厅部之间缺乏沟通，没有对 21 层进行封楼处理，而导致 2109 房有散客入住。

退一步说，即使住客楼层确实需要清洗地毯，也必须把客人视为楼层的第一主人，事先打好招呼，得到谅解后在白天完成清洗，同时注意避免打扰客人，并不是由客舱部自行安排就可以了。员工小高自身服务意识不强，未以顾客需求为中心，自动停下手中的工作去向客人道歉，以平息客人心中的不快，相反以工作安排为借口，对客人的意见不理不睬，更加激化了与客人之间的矛盾，事后也没有主动向领班汇报。

这种情况与邮轮人员招聘有很大关系。每年邮轮都要招聘大批职工，这些新员工仅经过简单培训就被安排到各个岗位。他们大多缺乏服务意识，即使掌握了服务技能也无法保证和提高邮轮的服务质量。同时客舱中心和值班经理接到客人抱怨后处理不够妥善。他们应该及时向客人解释和道歉，并视当时的情况主动提出给予一定的补偿；在第二日客人离店时再次与客人沟通，取得客人的最终谅解。

新知探索

一、大理石地面

大理石分为天然大理石和人造大理石。天然大理石主要用于邮轮中央大厅地面和高档豪华邮轮客舱卫生间的地面（图 5-20），不宜用作室外地面材料。

人造大理石表面光洁度很高，已被邮轮广泛使用。

M5-9 大理石地面清洁保养

图5-20 大理石地面

(一)日常清洁

可先用扫帚扫除地面脏屑,后用拖把或排拖(视被清洗场地面积的大小而定)进行除尘。由于牵尘剂的作用,清洁后的地面光亮无灰尘。也可使用吸尘器进行日常清洁,优点是省时省力。但由于邮轮中央大厅的大理石地面需要不断地除尘清洁,吸尘器噪声太大,因此常规仍使用拖把和排拖。一些豪华邮轮严格的管理者要求每晚必须用磨光机对大理石地面进行一遍磨光,以使地面光亮如新。

(二)定期清洁

邮轮一般都规定有洗涤大理石地面的周期(表5-2),主要视脏污程度而定,目的是清洗掉地面上较深的脏垢和用拖把无法清理的脏迹。清洗地面前要将所有物件搬离,做好一切准备工作(通常在晚上11:00后进行)。清洗地面时先将稀释好的清洗液倒入洗地机内,然后开机操作,从后向前行进,按直线行走(这样可避免遗漏);同时开吸水机开关,边擦洗边吸除污水。对洗地机无法洗到的地方可先用拖把浸清洁液拧干后擦洗或人工用海绵擦洗,然后按同样方法用清水再洗一遍,吸干水分即可。

表5-2 定期清洁计划

序号	项目	次数	每年次数(视地方工作日而定)
1	拖尘	每日一次	296次
2	湿拖	每星期一次	48次
3	区域喷磨	每星期两次	100次
4	起蜡	每年1~2次	2次
5	区域落蜡	每月一次	10次

1. 打蜡

对大理石地面进行打蜡是保护面层的最佳方法,既美观又可以延长其使用寿命。这是一项技术要求极高的工作,由经过专门训练的人员负责方能保证效果。打蜡对石质地面有较好的保护作用,但对鞋底及沙砾等硬物则难以抵御,而且蜡层会随日常的清洁和磨损而消失。

2. 晶面处理

晶面处理即通过机械将化学剂加热浓缩并压缩成结晶膜铺在地面上。这层透明的无色薄膜光亮、坚固。晶面处理弥补了普通打蜡的不足,它可使石质地面变得更平滑、光洁，保护石质地面不受任何酸碱物质的侵蚀，抵御坚硬物质的磨损，使地面历久常新。

二、木质地板

邮轮上的木质地板多数由白桦木、山胡桃木、枫木、柚木和胡桃木制成，一般用于邮轮的走廊、健身房、个别甲板、舞池、餐厅等区域。木质地板有弹性，舒适度高，美观。对木质地板来说，最大的敌人是潮湿，潮湿会使木材弯曲。但湿度太低，木质地板会收缩、开裂。木质地板清洁保养的方法及注意事项如下：

（1）在铺设木质地板区域的出入口处铺放地毯或蹭鞋垫，以降低客人的鞋子对地板造成的伤害。

（2）避免用水拖把擦拖地面，更不能用水泼洒地面，因为木质地板遇水后会发生变形、松脱和开裂的现象。

（3）用喷上静电水的拖把除尘或尘推推尘，也可使用吸尘器吸尘，以保持地面光亮无灰尘。

（4）天气潮湿时，要注意做好通风工作。

（5）避免翻刨地板面，否则会使木板变薄，也不符合使用的要求。

（6）避免在地板上面推拉过重的尖锐金属物。

M5-10 地毯的清洁保养

三、地毯

地毯由于具有美观、舒适、安全、保温和降低噪声等诸多特点而成为邮轮常用的地面材料之一，尤其是在公共对客服务区域，使用比例非常高。一般来说，邮轮会根据不同的档次、投资额大小、不同营业区域的特殊要求、邮轮客源定位、结构与层次以及是否便于清洁保养等因素来选购不同材质、色泽、图案、弹性密度及耐磨度的地毯。

（一）地毯的种类及其特性

地毯主要有两种分类方法，一是根据地毯的纤维种类分类，二是根据地毯的构造分类。不同种类的地毯各有其特性。

1. 羊毛地毯

羊毛地毯的优点是华贵、柔软、装饰性强、保温效果好、不易产生静电；缺点是吸潮、易缩水变形、易霉烂、易生虫、易被虫蛀、价格昂贵、难以保养。

2. 聚酯纤维地毯

聚酯纤维又称涤纶。聚酯纤维地毯的突出优点是具有优良的抗皱性和保形性，耐热性好（优于锦纶）、耐磨性强（仅次于锦纶），并具有良好的绝缘性和耐碱性，不燃烧；缺点是染色性能差，织物易起毛球，遇到火星易被烧坏。

3. 聚酰胺纤维地毯

聚酰胺纤维又叫锦纶。这种纤维以强度优异而著称，特别是耐磨度高，具有不蛀不霉、遇火熔化但不燃烧、耐碱不耐酸等优点。其缺点是耐热性差、织成地毯后会有蜡状手感（发涩）、不抗静电等。

4. 聚丙烯纤维（丙纶）地毯

聚丙烯纤维是目前所有化纤中密度最小的一种。它强度高，恢复性好，耐磨性仅次于锦纶，有良好的耐腐蚀性；几乎不吸水，不沾染脏物，不燃烧；耐光性和染色性差，耐热性不强，易收缩。

5. 聚丙烯腈纤维（腈纶）地毯

聚丙烯腈纤维的手感、外观都很像羊毛，故有"合成羊毛"之称，被广泛用来代替羊毛，或与羊毛混纺。其优点是弹性和保形性较好，易洗易干，不霉不蛀，易染色；缺点是耐磨性较差，不太耐碱。

（二）地毯的清洁保养

1. 采取必要的防污防脏措施

采取适当的预防性措施，可以避免或减轻地毯的污染。这是地毯清洁保养最积极、最经济、最有效的办法。具体的做法有：

（1）喷洒防污剂。在地毯启用前，可以喷洒专用的防污剂，在纤维外表面覆盖一层保护层（起到隔绝污物的作用），这样即使有脏物，也很难渗透到纤维之中，而且很容易清除。

（2）阻隔污染源。邮轮要在一些出入口处铺上长毯或擦鞋垫，以减少或清除客人鞋底的尘土污物，避免客人将污物带进邮轮，从而减轻对包括地毯在内的地面的污染。

（3）加强服务。通过周到的服务也可以达到防止污染地毯的目的。例如，有些客人有时会在客舱内吃一些瓜果，发现这种情况时，服务员应为客人提供专门的用具用品，并给予适当的帮助，从而避免将瓜果壳及汁水弄在地毯上。

2. 经常吸尘

吸尘是清洁保养地毯最基本、最方便的方法。吸尘可以清除地毯表层及藏匿在纤维里面的尘土、沙砾。可交替使用筒式吸尘器和滚擦式吸尘器吸尘。筒式吸尘器一般只能吸除地毯表面的尘土；而滚擦式吸尘器既可吸除地毯表面的尘土，又可通过滚刷的方式，将藏匿在纤维里面的尘土、沙砾清除，同时，还能将黏结、倒伏的纤维梳理开，使之直立，恢复地毯的弹性及外观。在平时的清洁保养中，不能等到地毯已经很脏时再进行吸尘。因为当肉眼能够看出地毯上有灰尘时，地毯已经很脏了，其纤维组织已经积聚了大量的尘土，仅靠吸尘已经不能解决问题。

3. 局部除迹

地毯上经常会有局部的小块斑迹，如饮料迹、食物斑迹、化妆品迹等。对这些小块斑迹不可轻视，应及时清除。否则，第一，降低了清洁保养的水准，影响地毯的外观；第二，这些污迹可能会渗透扩散；第三，污迹滞留时间过长往往会变成顽迹而难以清除，即使最终清除掉，也会给地毯造成损害。

对地毯进行局部除迹时，要注意以下几点：

（1）先用清水湿润污迹周边地毯，以防止污迹潮湿后向周边扩散。

（2）用刷子擦刷时，采用湿刷的办法，以减轻对纤维的损伤。

（3）在清洗污迹时必须先采用有效的方法清除污物。

（4）根据污迹的种类和性质选用合适的清洁剂。

（5）使用清洁剂后，必须用清水过净，以减轻清洁剂对地毯的损伤。

（6）避免清洁方法不当而留下新的痕迹，如退色等。

4. 适时清洗

一般来说，当地毯使用了一段时间，脏到一定程度时，就应对地毯进行全面彻底的清洗，以保持应有的清洁水准。但是必须注意，这种清洁的频率必须适度，清洁的方法必须得当。因为清洁地毯这种做法是有一些弊端的，如成本费用高、影响使用、对地毯有损伤等。还要特别注意清洁地毯对地毯的损伤问题。清洁地毯的损伤主要有以下几点：机器设备对地毯的磨损；化学清洁剂对地毯的腐蚀；地毯受潮后缩水、变形、霉烂、退色、老化加速；洗过的地毯难以恢复原有的弹性和外观。因此，地毯不宜频繁清洗，在清洗时要选择好设备工具和清洁剂，采用正确有效的方法。目前，邮轮常用的清洗地毯的方法主要有湿旋法、干泡擦洗法、喷吸法、干粉除污法等。

（1）湿旋法。湿旋法是比较传统而又普通的清洗地毯的方法，目前已不常用。这种清洗方法是先借助清洁剂的去污能力、靠盘刷的旋转摩擦将污迹与纤维分离，然后用吸水机将溶液及污迹吸除，最后用烘干机烘干。其所需的设备、工具有盘刷机、吸水机、烘干机、吸尘器、手工刷等。清洁剂应选专用清洁剂。与其他清洗方法相比，湿旋法的弊端最多：对地毯的直接磨损最严重；残留的清洁剂和污物较多，容易使地毯缩水、起皱、退色、霉烂；影响地毯使用的时间等。因此，这种方法主要用于脏污程度比较高的化纤地毯。

（2）干泡擦洗法。干泡擦洗法是邮轮比较常用的清洗地毯的方法。其操作过程和除污方法是将清洁剂压缩打泡后喷涂在地毯上，机器底部的擦盘同时擦洗地毯，使泡沫渗入到地毯中，靠擦盘的摩擦力和清洁剂的去污力将污物与纤维分离；分离后的污物与泡沫结成晶体，一段时间后（半小时左右），用吸尘器将其吸除即可。这种清洗方法不会使地毯很潮湿，而且影响地毯使用的时间较短，故适用范围较广。但如果地毯较脏，则这种清洗方法难以一次性清洁干净。

（3）喷吸法。喷吸法就是用高压将清洁剂溶液喷射到地毯中，利用高压冲击和清洁剂的双重作用，将污垢与纤维分离；同时用强力吸嘴将溶液及污物从地毯中吸除。这种方法快捷方便，对地毯的直接伤害较小，但清洁后，地毯湿度较大，干燥时间较长，一般只适用于化纤地毯。

（4）干粉除污法。干粉除污法就是先将专用干粉撒在地毯上，用机器碾压，使之渗透到地毯中，然后让干粉在地毯中滞留一段时间，再用吸尘器吸除。这种方法基本不损伤地毯，但仅适用于轻微污染的地毯。

清洗地毯时要注意以下几点：

① 要有齐全适用的设备、工具。

② 清洁剂要合理配制。

③ 水温不能过高。

④ 清洁前要先移开家具和其他障碍物。

⑤ 边角部位要用手工处理。

⑥ 如果地毯很脏，不要指望一次就能清洗干净。
⑦ 地毯必须待完全干燥后才能使用。
⑧ 对局部的严重污迹，可先用手工清除。
⑨ 安全操作。

工作任务

【任务名称】
如何做好地面清洁保养。

【任务准备】
分组复习并整理任务内容。

【任务实施】

1. 查阅文献
查找与本任务相关的资料，对获取的资料进行整理与总结。

2. 理清任务要求
将本书的内容形成初步认识，整理相关内容并讨论。

3. 撰写汇报材料
可以选择 PPT、思维导图等形式进行汇报。

任务评价

任务评价主要从同学们的职业素养、小组互评及汇报表现等方面进行评价，详细内容如下。

评价内容		配分	考核点	得分
职业素养（20分）	职业道德	10分	具有实事求是的职业道德，设计方案不违背职业道德，认真负责	
	职业能力	10分	具有分析及总结方案写作能力、查阅文献资料的能力、创新能力、整体把握总结方案的能力	
汇报表现（70分）	文字表达	30分	文字编排工整清楚、格式符合要求，文字流畅、条理清楚、逻辑性较强	
	内容 数据资料分析整理	30分	对所获得的资料进行整理，能够对于邮轮地面清洁保养流程及要求进行分析；表达条理清楚，有逻辑性	
	内容 结构	10分	简洁而明晰，思路清晰，内容结构合理	
小组互评（10分）	结构及表现	10分	小组协作融洽，汇报逻辑清晰，内容翔实且合理	
合计			100分	

习题

请描述地毯的种类并给出对应的清洁保养要求。

自我分析与总结

存在的主要问题：

收获与总结：

改进措施：

5.3.2 邮轮墙面的清洁和保养

任务导航

一般按材料的不同，邮轮墙面分为大理石墙面、玻璃墙面、木质墙面、墙纸、涂料墙面等。邮轮设计定位决定了材质的选择，不同区域的地面所采用的装修材料与该区域的使用场景有着密切的联系。

学习目标

▶ 能力目标

掌握邮轮墙面材料清洁方法。

▶ 知识目标

了解邮轮墙面不同材料特性。

▶ 素质目标

培养爱岗敬业的服务意识。

案例引导

某表面材料团队的工程师研发出一种创新方法，可将咖啡渣制成可持续原材料。由此咖啡制备过程中产生的咖啡渣经处理后，被纳入新材料中。这种回收利用技术的优点是可以大幅减少固废产生量，并减少甲烷和二氧化碳等温室气体排放，并且能够广泛用于客船的多个区域，从户外区和健身区到船员宿舍，甚至游泳池周边的家具也可采用，遵循绿色、天然、环保、健康的理念。

点评

"低碳""绿色"已成为全球几乎所有产业未来发展的共识及目标，新技术、新产品、新体验在相关领域的具体应用和深入实践正在不断加速产业的迭代升级。从船上体验到岸上游览，从码头建设到与目的地共建……从海上到陆地，邮轮业不断升级着"绿色角力场"。

新知探索

一、大理石墙面

大理石颜色多样，磨光后，美观、大方、耐用、易清洁，是邮轮的高级装饰材料，除了可用于地面装饰以外，还可用于邮轮前厅等地的墙面装饰。大理石墙面的保养与大理石地面的保养基本相同。需要注意的是，勿用摩擦清洁剂、钢丝球或酸性清洁剂清洁。其日常保养方法是每天掸去表面的浮灰，定期喷淋蜡水清洁。

二、玻璃墙面

玻璃是一种易碎的材料，主要用石英砂制成。通过特殊的工艺制成的结实、强韧的玻璃可以用作玻璃墙，常被用于邮轮客舱、餐厅、游泳池区域、桑拿区域的墙面。使用玻璃墙面，可以扩大房间内部的视野，保证房间充足的光线。玻璃墙面的清洁方法如下：

（1）按使用说明要求的比例在提桶内配置好玻璃清洁剂溶液。

（2）用玻璃抹水器蘸上玻璃清洁剂从上部开始先从左至右擦洗，然后反过来从右至左擦洗，一直往下擦洗到底部。横向擦洗之后，再从左边起上下擦洗，直至右边。对于大块玻璃则可将玻璃抹水器伸缩杆拉长，按在玻璃顶端从上往下垂直擦洗。

（3）用玻璃刮水器将玻璃上的溶液刮净。刮时应注意及时用抹布除去刮把上的水分。

（4）如仍有斑迹，则可在局部用清洁剂重新擦洗，也可用小铲刀或剃须刀片轻轻刮去（注意不可刮伤玻璃表面）。

三、硬质墙面

邮轮很多地方的墙面都为硬质材料，这些墙面材料的特性与相同的地面材料有许多相同之处，但在清洁保养的做法和要求上却有所不同。作为墙面，很少受到摩擦，主要是有尘土、水和其他污物，日常清洁保养时一般只是对其除尘除渍。定期清洁保养大多是全面清洗，光滑面层可用蜡水清洁保养。厨房卫生间的墙面用碱性清洁剂清洗，但洗后要用清水洗净；否则，时间一长，表面会失去光泽。

四、墙纸、墙布

墙纸、墙布是邮轮使用最广的墙面材料，主要用于客舱、办公室、会议室、餐厅、酒吧等。墙纸、墙布的清洁保养主要是除尘除迹。除尘时，可使用干布、鸡毛掸、吸尘器等。除迹时，需按规范操作。对耐水的墙纸、墙布，可用中性、弱碱性清洁剂和毛巾、软刷擦洗，擦洗后再用纸巾或干布吸干。对不耐水的墙纸、墙布，只能用干擦的方法，或用橡皮擦拭，或用毛巾蘸少许清洁剂溶液轻擦。

五、木质墙面

木质墙面主要有微薄木贴板和人造木纹板等几种，常用于大厅、会议室、餐厅、办公室、客舱等。微薄木贴板是一种新型的高级装饰材料，它是用珍贵木材，如柚木、水曲柳木、榉木等，经过精细的刨切，制成厚度为 0.2～0.5 毫米的微薄木，以胶合板为基础，采用先进的黏胶工艺制成的；特点是花纹美丽，真切感和立体感强，容易清洁，但易损坏。人造木纹板也是一种新型的装饰面板，它是在人造板表面用凹版花纹胶辊转印套色印刷机，印刷出各种花纹而制成的。人造木纹板的种类主要有印刷木纹胶合板、印刷木纹纤维板、印刷木纹刨花板等，其特点是花纹美观逼真、色彩鲜艳协调、层次丰富清晰、表面耐磨、有光泽、耐温、抗水、耐污染、易清洁，但不阻燃。木质墙面的清洁保养主要是除尘除垢，定期打蜡上光，防碰撞或擦伤。除尘除垢可用湿抹布，打蜡上光需选用家具蜡，如有破损则需专业人员维修。

六、软墙面

软墙面主要是用锦缎等织品浮造墙面，内衬海绵等材料。这种墙面装饰具有独特的质感和触感，格调高雅华贵，吸音保温，立体感强。软墙面的清洁保养主要是除尘除迹。除尘时可用干布或吸尘器；如有污迹，可选用合适的方法清除。一般不宜水洗，防止退色或形成色斑。用溶剂除迹时，要注意防火。

七、油漆墙面

油漆墙面色彩丰富多样，易与家具等的色彩搭配，使得整体协调；易清洗、寿命长，但空气湿度大时容易脱落，故适用于干燥的场所。在清洁保养时，可用湿抹布擦拭，以清除灰尘污垢，但忌用溶剂。

八、涂料墙面

涂料可分为溶剂涂料、水溶性涂料和乳胶漆涂料等几种。溶剂涂料生成的涂膜细而坚韧，有一定的耐水性，但易燃，挥发后对人体健康有害。水溶性涂料是以水溶性合成树脂为主要成膜物质，会脱粉。乳胶漆涂料是将合成树脂以极细微粒分散于水中构成乳液（加适量乳化剂），以乳液为主要成膜物质，其效果介于溶剂涂料和水溶性涂料之间；色泽变化多，不易燃，无毒无怪味，有一定的透气性，但过分潮湿时会发霉。涂料墙面的清洁保养主要是除尘除迹。灰尘可用干布或鸡毛掸清除，污迹可用干擦等方法清除。另外，要定期重新粉刷墙面。

吸尘器的使用和维护

吸尘器除了用于清扫地面之外，还能清扫地毯、墙壁、家具、衣物、工艺品以及各种缝隙中的灰尘。现在家庭使用吸尘器已越来越普遍，但有一些人对吸尘器了解甚少，也不知道该如何正确使用和保养。为此，我们请家电行业的专业人员做一下介绍。

一、吸尘器的使用

吸尘器在使用前，要检查电源电压是否符合本机的要求，电源线是否有接地装置应针对使用场所选择不同吸嘴（如家具垫套吸嘴、缝隙吸嘴和清扫刷）。家具垫套吸嘴用于清洁沙发、帐帘、软织物等中的尘埃和细小杂物；缝隙吸嘴用于清洁墙角、地角等处的垃圾、污物；清扫刷用于清扫地板、窗架、书柜、橱窗缝隙等处的污物。

吸尘器使用时间不宜过长，每次连续使用时间最好不超过 1 小时，以免电动机过热烧毁。有灰尘指示器的吸尘器，不应在满指示点上工作，若发现接近满点，应立即停机清灰。

吸尘器在使用后，应及时将吸尘器中的灰尘、污物倒出。否则下次使用容易堵塞风道，造成吸力减小，甚至引起电动机温升过高而烧毁。

二、吸尘器的维护

经常检查电源线、滤尘袋和接地装置的完好情况。若电源线有损坏裂纹、滤尘袋有漏洞应及时更换。要经常检查吸尘器各连接处的紧密程度，以免漏气，减小吸力。

长期搁置的吸尘器在使用前须检查电动机的绝缘性能。

工作任务

【任务名称】

认知大理石地面晶化处理。

【任务准备】

掌握大理石地面的清洁程序，以及如何做好保养工作等。

【任务实施】

利用单擦机、打磨碟片、钢丝棉、晶粉等对大理石地面进行结晶处理。

任务评价

任务评价主要对每位同学进行大理石地面晶化处理技能的考核。

评价内容			配分	考核点	得分
职业素养（20分）	职业道德		10分	具有实事求是的职业道德，设计方案不违背职业道德，认真负责	
	职业能力		10分	具有分析及总结方案写作能力、具有查阅文献资料的能力、具有创新能力、整体把握总结方案的能力	
汇报表现（70分）	文字表达		30分	文字编排工整清楚，格式符合要求，文字流畅、条理清楚、逻辑性较强	
	内容	数据资料分析整理	30分	对所获得的资料进行整理，能够对于邮轮客舱公区大理石地面晶化处理及要求进行分析；表达条理清楚，有逻辑性	
		结构	10分	简洁而明晰，思路清晰，内容结构合理	
小组互评（10分）	结构及表现		10分	小组协作融洽，汇报逻辑清晰，内容翔实且合理	
合计				100分	

习题

一、简答题

1. 简述邮轮公共区域的范围和特点。
2. 邮轮公共区域的清洁器具的种类有哪些？
3. 描述适用于酸性、碱性、中性药液的清洁部位和使用方法。
4. 地毯的清洁计划分哪几部分进行？

二、单选题

1. 下列_____不属于邮轮公共卫生间"日常清洁"的项目是
   A. 洗手盆　　　　　B. 马桶　　　　　C. 顶部排风扇　　　D. 烘手器
2. 邮轮公共区域的烟缸内，一般不得超过_____烟头。
   A.2 个　　　　　　B.3 个　　　　　　C.4 个　　　　　　D.5 个
3. 下列_____不属于对地毯有效保养的范围。
   A. 每日必须对地毯进行吸尘　　　　　B. 发现污渍要及时进行处理
   C. 每日都要对地毯进行清洗　　　　　D. 定期对地毯进行清洗
4. 在对镀铜器件清洁时，一定要避免使用含有_____的药液。
   A. 碱性　　　　　　B. 酸性　　　　　C. 中性　　　　　　D. 油性
5. 适用于羊毛地毯的洗涤方法是_____。
   A. 旋转式擦洗　　　　　　　　　　　B. 干泡擦洗
   C. 温水抽吸洗涤　　　　　　　　　　D. 普通水洗

 自我分析与总结

存在的主要问题：

收获与总结：

改进措施：

模块6 邮轮客舱督导管理

6.1 邮轮客舱安全督导

6.1.1 邮轮客舱安全特性

任务导航

在客舱的实际管理中,安全问题始终是每位管理者最关心的问题,为邮轮客人提供一个安全的住宿环境是邮轮客舱安全管理的重要任务。邮轮客舱部管理者应本着对生命、职责和制度的敬畏感保障邮轮客舱部员工和客人的安全。

学习目标

▶ 能力目标

能依据邮轮客舱安全特性进行邮轮客舱安全督导。

▶ 知识目标

了解邮轮客舱安全特性。

▶ 素质目标

培养爱岗敬业的服务意识,培养对生命、职责和制度的敬畏感。

案例引导

"美丽号"邮轮上的海事"阳光女孩"

3月8日"国际妇女节"又恰逢周六,东疆海事局女执法官钱琨放弃节假日的休息,坚守在一线执法岗位,与东疆海事局星级邮轮管理团队的其他队员们一同为首航天津的"美丽号"邮轮提供集通关便利、安全服务为一体的专业服务。

早上9时,钱琨与其他船舶安全检察官一起登上了"美丽号"邮轮,为邮轮现场办理查验手续和进行登轮检查。早在"美丽号"到来之前,她就按照东疆海事局邮轮查验预审机制的工程程序,第一时间获取了船舶、船员证书的相关信息,提前分析了邮轮历史安检数据,与其他安检员们为"美丽号"量身定制了检查方案。登上"美丽号"邮轮后,她与同事们共同检查了邮轮的相关证书,为邮轮办理国际航行船舶进出口查验手续,并同时为"美丽号"办理了防污染作业审批、明火作业报备手续;随后,她将精心制作的《针对停靠天津国际邮轮母港客船及滚装客船的安全告示书》送至首航天津的"美丽号"邮轮船长手中,并详细地向船长提出了停泊期间的安全建议。在登轮检查中,他们进一步增强了现场安全管理和指导的针对性,加强对邮轮的航行设备、救生设备、消防设备,特别是船员应急处理能力进行检查指导,为"美丽号"邮轮提供"量身定制"的检查服务。

思考题:女执法官钱琨的工作精神哪些方面值得我们学习?

点评

本案例中,天津市东疆海事局女执法官钱琨对邮轮和港口安全高度负责的责任感值得每位客舱部员工学习。邮轮安全执法官为"美丽号"邮轮提供了"量身定制"的安全检查服务,不仅登轮检查邮轮的航线设备、救生设备和消防设备,还检查指导船员的应急处理能力。

邮轮安全检查官对邮轮安全的高度责任感值得每位邮轮员工学习,在邮轮工作中我们不仅要有能力保障自身安全,还要充分领悟邮轮安全的特性,更好地保障邮轮客人的人身安全。

新知探索

邮轮客舱安全的目标是保证邮轮客舱、游客、船员的人身及财产安全。因此,邮轮公司在客舱设计、设施布置、服务以及管理的过程中应充分考虑到安全的因素,在设备设施、运营管理方面符合安全消防、安全法律法规和标准,从而达到保证宾客、员工环境及生活安全的目的。

一、邮轮客舱安全管理的内容

(一)邮轮客舱的安全

邮轮应保障客舱辖区内的所有基础设备设施功能完善、运行正常,定期进行检查、维修和保养,坚决杜绝因硬件设施的使用不当或缺陷造成身体或生命的伤害。在邮轮客舱内出现火灾、偷盗、食物中毒、骚扰、疾病传播等事故以及利用客舱实施"三毒活动"(黄、赌、毒)等,都会对客舱安全造成影响。

(二)游客的安全

邮轮客舱部的首要安全任务是保障游客安全。按照惯例,游客办理完登船手续后,即与邮轮公司构成了合同关系,契约行为使邮轮有责任和义务对游客的人身、财产和心理安全等方面进行保障和维护,并保证游客在客舱内的人身、财产和正当权益不受侵害,心理和精神上也不受伤害。

(三)员工的安全

邮轮有责任和义务保护员工的人身、财产安全,其中包括健康保障和职业安全,因为邮轮与员工之间已经建立了雇佣关系；同时邮轮的员工也必须履行自己的职责和义务，在加强自我保护意识的基础上，完成对游客的安全保护。

二、客舱安全特性

邮轮客舱安全管理是邮轮整体安全管理的重要组成部分之一。相对于陆地休闲区域，邮轮客舱的安全主要有以下三点特性。

（一）客舱安全管理难度大

一艘大的邮轮客舱数量大多在 1000 间以上。邮轮作为一个高端旅游度假场所，客舱内易燃物品多、游客用电量大，潜在很多不安全因素。同时，游客的安全意识较薄弱也会增加客舱安全管理的难度。

（二）客舱安全要求高

客舱安全管理的项目较多，要全面了解邮轮的防火、防盗、防爆以及防突发事件等知识。因此，掌握客舱安全操作技巧对从业人员的全面素质提出了更高的要求。客舱服务员在工作中，既要讲究原则，又要有灵活性。

（三）客舱安全管理弱点多

客舱属于游客在邮轮上的私密空间，具有隐蔽性，因此安全隐患不易被发现。所以处理好"热情待客"与"防止犯罪行为"两者的关系是一件很不容易的事情。安全措施的有效实施，需要游客的理解与配合，从而也存在一些不确定因素。

工作任务

【任务名称】

认知邮轮客舱安全特性。

【任务准备】

以小组为单位进行讨论，复习邮轮客舱安全管理内容和安全特性，搜集邮轮安全事故相关案例资料。

【任务实施】

1. 查阅文献

查找与邮轮客舱安全相关的案例资料，对获取的资料进行整理与总结。

2. 认知邮轮客舱安全特性

对本书的内容形成初步认识，结合搜集的邮轮客舱安全事故资料分组讨论。

3. 撰写总结

撰写汇报材料，可以选择 PPT、思维导图等形式。

任务评价

任务评价主要从同学们的职业素养、小组互评及汇报表现等方面进行评价，详细内容如下。

评价内容		配分	考核点	得分
职业素养（20分）	职业道德	10分	具有实事求是的职业道德，设计方案不违背职业道德，认真负责	
	职业能力	10分	具有分析及总结方案写作能力、查阅文献资料的能力、创新能力、整体把握总结方案的能力	
汇报表现（70分）	文字表达	30分	文字编排工整清楚、格式符合要求，文字流畅、条理清楚、逻辑性较强	
	内容 数据资料分析整理	30分	对所获得的资料进行整理，能够对邮轮客舱安全管理内容和安全特性进行分析；表达条理清楚，有逻辑性	
	内容 结构	10分	简洁而明晰，思路清晰，内容结构合理	
小组互评（10分）	结构及表现	10分	小组协作融洽，汇报逻辑清晰，内容翔实且合理	
合计			100分	

习题

结合搜集的邮轮安全事故案例，论述邮轮客舱安全特性。

自我分析与总结

存在的主要问题：

收获与总结：

改进措施：

6.1.2 邮轮客舱安全管理制度

任务导航

保障邮轮客舱部全体船员和客人的安全需要严格落实各项邮轮安全管理制度。邮轮客舱部员工需要本着对生命、职责和规章的敬畏感落实好各项邮轮客舱安全管理制度，同时应依据邮轮客舱安全管理工作需要制定安全督导制度。

学习目标

▶ 能力目标

能依据邮轮客舱安全管理工作需要制订完善安全督导制度。

M6-1 邮轮客舱安全管理制度

知识目标

熟悉掌握各类邮轮客舱安全管理制度制订要点。

素质目标

树立良好的职业道德，遵纪守法，敬畏生命、职责和规章。

案例引导

海洋光谱号出色完成2020年度海上紧急医疗救援专项演练任务

2020年度海上紧急医疗救援专项演练于9月18日在上海举行。此次演练是在交通运输部、国家卫生健康委的指导和支持下，中国首次开展的国家级海上紧急医疗专项演练。皇家加勒比集团旗下亚洲最大邮轮——海洋光谱号作为唯一邮轮参加了此次演练。

演练持续2个小时，重点演练了启动应急响应、救援力量协调调派、船舶自救、岸基应急响应、现场警戒、远程信息传输等9个科目。演练过程中各个环节衔接顺畅，海陆空各部门反应迅速，专项演练了海陆空合作情景（图6-1）。海洋光谱号与相关部门船岸配合密切，现场各项模拟救援圆满完成。海洋光谱号充分展现了大型豪华邮轮的医疗资源、急救设施以及医务人员和应急团队的专业素质。

图6-1 海上紧急医疗专项演练海陆空合作场景

在现场观摩演练的皇家加勒比亚洲区主席刘淄楠博士表示，我们非常荣幸受邀参与此次专项演练。此次演练可以深化皇家加勒比与卫生应急救援合作，畅通了船方与政府多部门的联动机制，这也为中国母港的邮轮复航做了铺垫。

思考题：皇家加勒比游轮公司此次紧急医疗专项演练给我们带来哪些安全启示？

点评

本案例中的皇家加勒比游轮公司，无论是公共卫生安全、海上紧急医疗救援还是紧急救援方面的安全管理制度都是值得邮轮行业各企业学习的地方。所有邮轮公司都应要求工作人员能够按照安全规程要求完成安全演习、安全培训和紧急救援任务，保障每位船员和游客的人身安全。

新知探索

一、邮轮安全管理责任制

邮轮安全管理工作是船长直接领导、由各部门管理人员组成的安全委员会负责，具体工作包括处理安全事件，制定各项安全防范制度和措施。邮轮客舱部应在邮轮酒店部门的统一领导下成立专门的安全管理机构，邮轮客舱部经理担任客舱部安全负责人。

明确划分责任安全区域，保证各项安全工作落实到位。邮轮客舱部经理应以工作范围为基准，按照"以防为主，谁主管谁负责"的原则，确立客舱部各个工作区域安全管理的责任人。

客舱部划分为楼层、公共区域、洗衣房、布草房等责任区，各部门主管为责任人，主管再将所辖区域划分为若干个区块，层层划分，责任到人，上一级负有连带的责任。安全责任制分工明确，责任清楚。

客舱安全事项包括消防安全、治安维护、作业安全、清洁卫生、公共区域的财产安全以及防疫安全等。

二、邮轮安全培训制度

安全培训是邮轮安全管理的重要内容之一。为了使全体船员均能正确运用安全的工作方式 对客服务，减少安全事故的发生，消除安全隐患，强化安全意识和到位的培训就显得尤为重要。安全培训有入职培训（上岗前）、工作指导、再培训三种。入职培训是对新到邮轮工作的员工进行的安全制度和条例等培训；工作指导是定期（一般一个星期）对船员进行培训和考核；再培训是邮轮员工入职后的一种培训，具体包括引进新设备的培训、没有达标项目的再次培训和创新项目的培训，邮轮员工只要有需要就可以申请参加公司的再培训项目。安全培训是邮轮员工所有培训中一项重要的、不可或缺的培训。

邮轮对员工的安全培训，一般情况下包括安全基础知识，安全应急方法，邮轮消防、火灾预防、逃生、自然灾害、停电、客人伤病、客人醉酒以及客人死亡等事故的处理。邮轮员工通过参加安全培训、安全应急预案演习等活动，可以掌握基本的安全知识和各种状态的处理技巧。一旦发生安全事故，邮轮客舱部员工便能冷静、迅速地采取有效措施，尽量避免或减少人员伤亡和财物损失。邮轮员工通过参加培训，一方面可以增强安全意识，明确其在客舱安全管理中肩负的重要责任，另一方面也可以进一步理解客舱安全管理的重要意义。

根据国际海上人命安全公约（SOLAS），从事非短途国际航行的客船，应在乘客上船后 24 小时内举行乘客集合演习。如果航线较长，集合演习的频率应相应增加。除此之外，邮轮公司还可制作安全提示卡、服务指南和安全宣传册等，提醒客人要注意安全，增强安全防范意识，使客人自觉遵守安全管理制度和安全条例，并配合邮轮做好安全管理工作。邮轮有责任采取适当方法，强化乘客的安全意识并提醒客人对自身安全负责。

三、邮轮客舱安全落实制度

为有效落实邮轮安全管理责任，邮轮客舱部必须层层落实到位，并建立科学、有效、合理的安全管理制度体系，进而使邮轮的安全管理工作有执行依据和行动指南，从而保障邮轮各方面的安全。邮轮客舱安全制度，主要包括安全工作标准和操作规程、客舱钥匙管理制度、贵重物品寄存管理制度以及安全应急预案等。

首先，邮轮客舱部在制定安全管理制度时，一方面要梳理客舱各种不安全的因素，通过调查研究消除事故的隐患，另一方面应结合部门特点，按照岗位业务运行过程特点制定出邮轮客舱安全管理制度。

其次，为达到解决和处理实际问题的目的，就必须制定出各岗位、各项服务工作具体、详细的安全工作标准和方法。只有安全条例规章健全，岗位安全责任清楚，安全管理内容明确具体，同时层层落实到位才可以更好地保障邮轮客舱的安全。

再次，为保证安全制度落实到位，邮轮客舱部一方面需要执行安全监督、检查到位，另一方面也要鼓励员工自觉学习安全知识、防火知识、安全管理制度以及安全操作规程等，同时要求员工掌握安全器材与设施的使用方法，进而保障无违反安全管理制度的现象发生。

最后，为保证管理制度的执行，管理者还应建立奖惩制度，对真正保证邮轮安全的职工进行奖励，对事故违规责任人层层追究责任，并按照奖惩制度进行相应的处罚。

四、邮轮客舱安全设备配备制度

邮轮客舱安全系数的高低与安全设施设备及用品的配备是否完善有着直接的关系。为保障游客住宿期间的安全，邮轮必须在楼层区域设立各项安全设施和设备。一般情况下会设立电视监控系统，此系统由摄像机、录像机、电视屏幕、图像切换等组成。邮轮公司通常在客舱楼层出入口处、走廊、电梯内部等区域安装监控设备，从而给客舱区域的安全带来有效的保障。

除此之外，邮轮客舱还有其他的安全设置。如钥匙系统的管理，具有间接监控的作用；邮轮管理人员通过检查门锁系统，可以查阅所有客人进入房间的记录；客舱房门的窥视镜、安全链（安全环）以及双锁，门后张贴的安全疏散图，都起到告知游客所在位置及安全疏散方向和路径的作用；壁橱内安装有供游客存取贵重物品和保证财物安全的保险箱；天花板上设有温感喷淋头和烟雾报警器，供自动灭火和报警时使用；床头柜和卫生间靠近浴缸处安装有安全报警及呼救设施，供游客发生意外时紧急呼救，以防止意外发生。另外，楼道内也要根据消防的要求安装完善的消防设施设备以及建立通畅的消防疏散通道等。

五、邮轮客舱安全督导制度

邮轮客舱安全检查是对安全过程管理进行督导的一种形式。客舱安全检查的目的是及时发现安全隐患因素。邮轮客舱部一般可采取定期检查和不定期抽查的方式履行客舱安全检查的职责。

一般情况下，邮轮客舱安全检查的主要内容有客舱区域楼层和客舱房间内的安全装置、客舱设备设施的运转和维护情况、员工工作中的各种安全疏漏以及灭火设备和消防报警设备等。

工作任务

【任务名称】

小组讨论某邮轮公司安全管理制度。

【任务准备】

登录某邮轮公司官网学习了解邮轮安全管理制度。

【任务实施】

1. 查阅案例资料

登录某邮轮公司官网查找邮轮安全管理制度或与安全演练相关的新闻资料。

2. 理清邮轮客舱部安全管理制度

对本书关于邮轮安全管理制度的内容形成初步认识，整理相关内容并讨论。

3. 撰写总结

以小组为单位撰写汇报材料，可以选择 PPT、思维导图等形式。

任务评价

任务评价主要从同学们的职业素养、小组互评及汇报表现等方面进行评价，详细内容如下。

评价内容		配分	考核点	得分
职业素养（20分）	职业道德	10 分	具有实事求是的职业道德，设计方案不违背职业道德，认真负责	
	职业能力	10 分	具有分析及总结方案写作能力、查阅文献资料的能力、创新能力、整体把握总结方案的能力	
汇报表现（70分）	文字表达	30 分	文字编排工整清楚、格式符合要求，文字流畅、条理清楚，逻辑性较强	
	数据资料分析整理	30 分	对所获得的资料进行整理，能够对邮轮安全管理制度进行分析；表达条理清楚，有逻辑性	
	结构	10 分	简洁而明晰，思路清晰，内容结构合理	
小组互评（10分）	结构及表现	10 分	小组协作融洽，汇报逻辑清晰，内容翔实且合理	
合计			100 分	

习题

论述邮轮客舱部安全管理责任制、安全培训制度、安全设施配备制度、安全督导检查制度的制订要点。

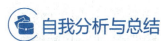 **自我分析与总结**

存在的主要问题：	收获与总结：
改进措施：	

6.1.3 客舱区域内的突发和紧急事件

 **任务导航**

邮轮作为浮动在海上的小社会，搭载数千人，各类活动丰富，人员交往较多，医疗设备和医护人员配备有限；邮轮游客因环境变化、饮食条件变化以及丰富的娱乐活动环境，或因自身身体原因、疏忽大意等，在邮轮上发生突发疾病的情况时有发生。基于以上两点情况考虑，邮轮公司格外重视卫生和健康安全工作，大多数邮轮公司都有突发和紧急事件的处理预案。因此，在邮轮安全管理工作中我们需要掌握邮轮突发和紧急事件的处理技能。

学习目标

➦ 能力目标

能根据具体情况制定适宜的邮轮应急程序标准。

➦ 知识目标

熟悉邮轮航行安全相关的国际规则和操作指南。

➦ 素质目标

具备过硬的心理素质和危机处理能力，可在紧急情况下，组织、参与并认真完成邮轮应急程序。

案例引导

赴南极豪华邮轮在南大西洋起火 百余中国乘客获救

阿根廷当地时间 2015 年 11 月 18 日，一艘南极邮轮庞洛"北冕号"在南大西洋上起火，船体侧倾，347 名船员和游客遇险。其中有 100 多名中国游客。初步调查，起火位置在引擎室，因技术故障引起。此次遇险的邮轮"北冕号"属于法国庞洛邮轮公司，事故发生后，船方迅速采取了疏导、救援措施，呼叫国际救援，同时将游客分批安置到救生船及救生筏上，放到海上避险。"事故得到控制，船上没有任何游客和船员受伤。"德迈国际旅行机构称。

"北冕号"邮轮遇险后，不仅有驻扎在马岛的英军派出飞机、拖船参与营救，而且附近的"南冠号"邮轮也开往事发地参与救援，随后遇险邮轮上的乘客被分散安置在"南冠号"邮轮及军方巡逻艇上。据北京青年报采访到的"南冠号"邮轮上一位中国游客缪先生回忆，他们的船只到达后，配合各方面全力开展救援，让"北冕号"邮轮游客的救生艇向"南冠号"邮轮靠近，然后一个个转移遇难乘客，最后将257名游客和船员接到"南冠号"邮轮上。缪先生表示，"万幸事情是发生在风浪不大的福克兰岛周围，如果是在大浪区，问题就严重了。""他们在海上漂了近10个小时，看起来身体和精神不太好，"缪先生补充说。"南冠号"上的旅游组织方表示，接到257名游客后，他们旅行团成员腾出40间舱房供获救游客使用，还自发捐出衣袜给获救游客更换。

思考题：此次海上安全事故给我们带来哪些启示？

点评

本案例中，法国庞洛邮轮公司"北冕号"邮轮突发火灾，所有船员和游客及时转移到救生船及救生筏上等待救援，这体现了"北冕号"邮轮专业的突发安全事件应急处理能力。同时，参与救援的驻扎在马岛的英国军方和"南冠号"邮轮全体船员和游客体现了国际人道主义救援精神。

安全意识强的邮轮员工善于观察邮轮安全隐患，进而预防邮轮各类突发紧急事件的发生，同时在事件发生后还会沉着冷静地参与安全撤离工作。

新知探索

一、邮轮火灾处理操作流程

（一）邮轮火灾报警流程

起火部位由安保部用烟雾头发烟的方式进行探头报警。中控人员接报警后，通知前厅、轮机部人员携带对讲机、手电、消防电话、消防应急箱、灭火器等跑步至报警点。确认火情后，立即用对讲机通知消防中控室，并进行初期火灾扑救。

消防中控室值机人员接到火灾确认报警后，马上按报警程序通知总台，由总台按通知程序通知各部门和领导到现场组织扑救工作。

（二）邮轮灭火操作流程

安保部：值机人员用对讲机通知警卫值班人员，同时报告安保部经理。值班人员用对讲机通知各岗人员做好疏散准备，并进入戒备状态。邮轮安保人员从消防通道立即赶赴火灾现场，立即衔接铺设水带，强切非消防电源后，立即使用消火栓水进行扑救。

轮机部：当值人员接报警后，立即通知水泵房、配电室、燃机房有关人员待命就位；现场轮机部人员切断起火区域电源。

（三）邮轮火灾疏散程序

疏散是一项非常困难的工作，因此要沉着、冷静、有秩序地进行。邮轮所有员工应在自己的工作区域内引导客人，镇定有序地引导客人从消防安全出入口撤到安全区域。当火势难以控制后，由现场最高负责人下令报警，全体工作人员进入紧急疏散状态；安保部人员开启各疏散出口，按疏散方案执行。

二、国际航行邮轮群体性疾病突发事件应急处置操作流程

（一）了解基本情况

1. 船上基本信息

船名、国籍、船员人数、旅客人数、航次、具体航程、首发港、寄港、食品和饮水装载港、目的港等。

2. 疫情信息

报告时间，报告人姓名，有效联系方式，事件发生地及时间，患者人数、主要症状，死亡人数，病例分布舱位，是否已处置，目前情形，可能原因，已采取的措施，病例发生和死亡的分布及发展趋势，病人的呕吐物、分泌物或排泄物保留情况，由直属局组织本局专家组或聘请专家根据收集到的信息对事件的基本情况、严重程度、发展趋势及危害程度等进行评估，根据评估结果确定邮轮的检疫方式，提出初步控制措施，决定是否启动应急预案。

（二）海事管理机构向船方提出相应处置意见

（1）将可疑病例安置在相对独立的区域，与其他乘客隔离。

（2）利用现有的设施对可疑病例进行防护，如戴口罩、手套等。

（3）与病人接触的船方工作人员采取适当的个人防护措施。

（4）为病人提供专用卫生间，不能提供的，应注意将病人的呕吐物、排泄物和分泌物单独收集存放。

（5）病人有呼吸道疾病症状时，要关闭空调系统；病人有消化道疾病症状时，要控制排污系统。

（6）利用现有的药械实施消毒、除虫等措施。

（三）后续处置

船上人员的后续追踪具体要求可参照《口岸传染病排查处置基本技术方案》第一部分中有关追踪调查的内容。

（四）邮轮的后续处置

邮轮处置结束并经专家组评估认为疫情得到有效控制后，方可签发船舶入境检疫证，准许船舶和旅客入境。若邮轮继续前往国内下一港，入境口岸需将有关情况通知下一港检验检疫机关。

三、邮轮紧急逃生操作程序

船上任何人发现险情后均应立刻向驾驶台报警，紧急情况下亦可边逃生边呼喊报警。任何人员接到呼喊警报后，均应立即报告驾驶台。报警内容为事故发生时间、地点，事故类型情况。船长接到报警后须立即进驾驶台指挥，其他人员做好逃生撤离的待命准备。

四、邮轮应急响应操作程序

按突发事件综合应急预案执行。火场逃生时，如烟雾弥漫，应佩戴防毒面罩；如没有防毒面罩，可用湿毛巾捂嘴，防止中毒。亦可用棉工作服浸水后盖在身上，防止灼伤。房间内逃生要选择最近、最安全的通道，如通道被堵塞可迅速破拆门窗。火场烟雾较浓，视线不清时可采取爬行方式逃离现场。危化品泄漏，逃生中一定要佩戴防毒面罩，逆风逃生。如果发生火灾爆炸没有救助的时候，时间允许的情况下一定要穿戴救生衣再向船舶集合点就近逃离。在保证安全的情况下，船长、轮机长应安排专人携带重要资料、贵重物品紧急疏散逃生，并把疏散出来的物资集中存放到安全地点，指定专人看管，防止丢失、被窃或坏人乘机破坏。安全逃生后，要尽快与公司安全生产部调度指挥中心取得联系，以便及时得到外援。

五、邮轮应急演习警报信号

M6-2 邮轮客人逃生演习

（1）弃船：汽笛、警报器或口笛六短一长声，连续施放一分钟。

（2）救生：汽笛、警报器或口笛一长一短一长一短声，连续施放一分钟。

（3）进水：汽笛、警报器或口笛两长一短声，连续施放一分钟。

（4）人落水：汽笛、警报器或口笛三长声（人自右舷落水三长一短声，人自左舷落水三长两短声），连续鸣放一分钟。

（5）消防（救火）：船钟或汽笛、警报器或口笛连续短声（一阵乱钟后接敲一击钟表示前部失火；一阵乱钟后接敲两击钟表示中部失火，一阵乱钟后接敲三击钟表示后部失火；一阵乱钟后接敲两击钟表示机舱失火；一阵乱钟后接敲五击钟表示上甲板失火）。

（6）溢油污染：汽笛、警报器或口笛一短两长一短声，连续施放一分钟。

（7）舵失灵：口笛一阵急促短声后，喊话通知或电话通知或广播通知。

（8）全船失电：口笛一阵急促短声后，喊话通知或电话通知或广播通知。

（9）主机失灵：口笛一阵急促短声后，喊话通知或电话通知或广播通知。

（10）触礁与触损：口笛一阵急促短声后，喊话通知或电话通知或广播通知。

（11）搁浅：口笛一阵急促短声后，喊话通知或电话通知或广播通知。

（12）碰撞：口笛一阵急促短声后，喊话通知或电话通知或广播通知。

（13）走锚：口笛一阵急促短声后，喊话通知或电话通知或广播通知。

（14）浪损：口笛一阵急促短声后，喊话通知或电话通知或广播通知。

（15）突遇浓雾：口笛一阵急促短声后，喊话通知或电话通知或广播通知。

（16）遭遇台风：口笛一阵急促短声后，喊话通知或电话通知或广播通知。

（17）山洪暴发/洪峰/滑坡：口笛一阵急促短声后，喊话通知或电话通知或广播通知。

（18）人员伤亡：口笛一阵急促短声后，喊话通知或电话通知或广播通知。
（19）食物中毒：口笛一阵急促短声后，喊话通知或电话通知或广播通知。
（20）疫情：口笛一阵急促短声后，喊话通知或电话通知或广播通知。
（21）旅客疏散：口笛一阵急促短声后，喊话通知或电话通知或广播通知。
（22）安保事件：口笛一阵急促短声后，喊话通知或电话通知或广播通知。
（23）解除警报：汽笛、警报器或口笛一长声。

工作任务

【任务名称】

小组结合案例情景制订邮轮客舱部紧急疏散方案。

【任务准备】

熟悉案例情景：凯蒂是一名在某知名国际豪华邮轮上工作的客舱部经理。邮轮突发消防事故，现在需要她完成客舱部的紧急疏散。请以小组为单位制订本情景的邮轮客舱部紧急疏散方案。

【任务实施】

1. 查阅资料

学习微课《邮轮逃生演习》，查找邮轮紧急疏散相关材料，对获取的资料进行整理与总结。

2. 理清邮轮客舱部紧急疏散要点

对本书关于邮轮紧急疏散内容形成初步认识，整理相关内容并讨论。

3. 撰写汇报材料

撰写汇报材料，可以选择PPT、思维导图等形式。

任务评价

任务评价主要从同学们的职业素养、小组互评及汇报表现等方面进行评价，详细内容如下。

评价内容			配分	考核点	得分
职业素养（20分）	职业道德		10分	具有实事求是的职业道德，设计方案不违背职业道德，认真负责	
	职业能力		10分	具有分析及总结方案写作能力，查阅文献资料的能力、创新能力、整体把握总结方案的能力	
汇报表现（70分）	文字表达		30分	文字编排工整清楚、格式符合要求，文字流畅、条理清楚、逻辑性较强	
	内容	数据资料分析整理	30分	对所获得的资料进行整理，能够对邮轮客舱部紧急疏散要求进行分析；表达条理清楚，有逻辑性	
		结构	10分	简洁而明晰，思路清晰，内容结构合理	
小组互评（10分）	结构及表现		10分	小组协作融洽，汇报逻辑清晰，内容翔实且合理	
合计				100分	

习题

（1）简述邮轮紧急逃生操作程序的要点。

（2）如果发生了国际航行邮轮群体性疾病突发事件，应向船方提出哪些处置意见？

自我分析与总结

存在的主要问题：	收获与总结：

改进措施：

6.2 邮轮客舱洗衣房管理

6.2.1 洗衣房运行与管理

洗衣房是邮轮客舱部负责邮轮棉织品、员工制服和客人衣物洗涤与熨烫的一个重要部门。这既是一个为邮轮全体员工及有关部门服务的后勤部门，又是一个直接和间接为每一位客人服务的前线部门。洗衣房的管理水平、洗涤质量和工作效率高低，不仅直接影响邮轮整个经营活动和成本消耗，而且影响客人的需要及对邮轮形象的评价。

▶ 能力目标

（1）能够熟练安排洗衣房员工进行干洗、湿洗、熨烫等服务。

（2）能熟练处理客衣纠纷和提前预防纠纷。

▶ 知识目标

（1）了解洗衣房的机构设置和功能布局。

（2）熟悉邮轮各类布草的洗涤要求。

▶ 素质目标

培养爱岗敬业的服务意识。

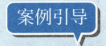

客衣的风波

某日,住在某邮轮的英国客人送洗了几件衣服。当天晚上,他临睡前从已经洗好的衣服中拣出一件T恤衫,准备洗澡后换上,但一眼望去,觉得这件衣服好像不是自己的。他想,莫不是和其他客人搞混了?经过仔细检查,确定衣服的确是自己的,但经过洗涤后明显缩水了,已经无法再穿。客人十分恼火地拿着那件衣服向邮轮前台值班经理投诉:"这件衣服是我最近在意大利用300欧元买的,第一次由你们邮轮洗过就变成了童子装!我要求你们照原价赔偿。"值班经理回答客人说:"您稍等,我去查一下洗衣单。"值班经理在洗衣房找到了客人的洗衣单,只见洗衣类别栏内填的是湿洗,但非客人填写,而且没有签名。他拿了洗衣单去问客人:"您是否事先提出过要求,比如是烫洗、干洗还是湿洗?"客人听罢更加不高兴了,大声说:"我只知道要洗衣服,至于怎么洗,我不懂,而且没必要去弄懂。你们邮轮的洗衣工每天都在为客人洗衣,该怎么洗,难道都不知道吗?"

思考题:谈一下此案例对邮轮洗衣房客衣洗涤程序的启示。

点评

在邮轮上,客人送洗的衣物通常有烫洗、干洗、湿洗三种方法。当班客舱服务员必须核对送洗衣服的件数、检查口袋内是否有遗留物、纽扣有无脱落等。洗衣房员工在接收送洗衣服时,应当由客人签名确认洗衣方式,避免发生类似以上的案例。本案例的起因即在于邮轮洗衣程序的不严密和洗衣房员工的不负责。不管洗衣单是客人填写还是客舱服务员填写,单上没有客人签名,没有核对洗衣方式便贸然将衣服下水,总是不对的,一旦发生问题,邮轮当然有不可推卸的责任。

新知探索

一、邮轮洗衣房的布局

(一)洗衣房位置的选择

洗衣房应最大限度地利用空间,节约能源,提高工作效率,减少噪声污染等负面影响。在选择洗衣房位置时,一定要充分考虑能源供应、噪声、排污以及方便邮轮运营部门需要。首先,因为每天有大量干净的、脏的布草往返于各营业场所和洗衣房之间,为降低员工的劳动强度,同时提高劳动效率,减少布草的污染,洗衣房应靠近员工电梯、布草输送槽、布草房等地方。其次,洗衣房有高温和噪声,应避免其对客房活动区域的干扰和影响。最后,洗衣房的位置最好靠近轮机房,这样高压蒸汽管线路就不会太长,不会对环境温度造成太大影响,也有利于节能。

（二）洗衣房的功能布局

科学的洗衣房布局，不仅可以大幅度提升整体的工作效率，同时也可以减少内部的无效走动，所以在进行内部空间布局时要根据其功能及洗涤流程设计。洗衣房通常可以分为以下功能区域：脏布草处理区、脏衣服处理区、湿洗区、干洗区、熨烫折叠区、净衣区和内部办公区。

1. 脏布草、脏衣物处理区

脏布草、脏衣物与干净布草、衣物应从不同的出入口进出。送进洗衣房的脏布草首先要进行分类，所以在靠近脏布草入口处应设有分拣堆放的空间，并就近配备打码机、称重装置和磅秤，以便衣物打码、编号、布草称重。

2. 湿洗区

邮轮湿洗一般占洗涤量的80%以上，为缩短搬运距离、减轻工作强度，湿洗区通常设在脏布草、脏衣物处理区的近旁。一般邮轮配有不同容量的大、中、小型洗涤设备若干台，以避免"大马拉小车"的现象。同时，为方便布草机洗前的预去泽，还配有双槽洗涤池。由于各种毛巾类布草在湿洗后要进行烘干，因此烘干机应靠近洗衣机设置。

3. 熨烫折叠区

水洗后的大宗布草，如客舱的床单、枕套、被套和餐厅的台布、餐巾等布草，还要经熨平、折叠。所以熨烫折叠区应靠近湿洗区和烘干区，以便对洗好、烘干的布草进行熨烫、折叠处理。熨烫折叠区一般配有烫平机、折叠机等洗衣房设备。

4. 干洗区

通常在洗衣房内单独划出干洗区域，最好用隔墙封闭，并在外墙上安装两个以上排风扇，使干洗区处于"负压"状态。其目的是减少四氯乙烯（干洗油）对人体的损坏。可以将所有与干洗有关的洗衣房设备放置在一起，如干洗机、万用夹机、光面蒸汽熨烫机、绒面烫衣机、人像精整机、抽湿去泽机等。

5. 净衣区

净衣区是洗过的干净衣物、布草的临时收集存放处，收集到一定量后送布草房，一般靠近出口处。

二、洗衣房各类布草的洗涤要求

邮轮有大量各类布草需要洗涤，具体包括床上布草、毛巾、台布、餐巾等。

（一）床上布草洗涤标准

床单、被罩、枕套等床上布草的洗涤标准是洁白、无污点、无破损、杀菌消毒、挺括平整、舒适度好。

（二）毛巾的洗涤标准

毛巾的洗涤标准是洁净、无污点、无破损、无细菌、柔软轻松和色泽明朗。毛巾有彩色和白色两种，若是彩色毛巾，不能用次氯酸钠进行漂白，而要用过氯化氢漂白剂，以保证色彩的鲜艳。洗涤毛巾的温度相比洗涤床单的温度偏高。在最后一次过水时,绝不能忘记加入柔软剂,以恢复毛巾的柔软度。

(三)台布、餐巾的洗涤标准

台布、餐巾的洗涤标准除要求洁净、卫生、无破损、无污点外,还特别要求平整和挺括。因此,台布和餐巾的洗涤难度相对要高一些,需要注意以下三点:

(1)预洗浸泡时,必须彻底清除台布和餐巾上的残留剩饭,并加入少量洗涤剂,以减少主洗的难度。

(2)主洗时,除加入主洗涤剂外,还应加入化油剂,以彻底除去油污。

(3)在第三次过水时,除加入柠檬酸和醋酸外,还应加入适量上浆粉,以保证台布与餐巾在熨烫之后挺括和平整。

(四)客衣洗涤服务程序

在客衣洗涤服务中,要认真执行客衣洗涤服务程序中的各环节,并协调各环节之间的关系,确保客衣洗涤服务能顺畅地从上一环节转移到下一环节,最后将按照客人洗涤要求洗涤好的衣服送至客人房中。

收取客衣后要严格完成以下九项检查:

(1)客人洗衣单的填写是否与实物相符;
(2)客人要求水洗的衣物是否适宜水洗;
(3)客人要求干洗的衣物是否适宜干洗;
(4)衣物上是否有不易去除的各种污渍;
(5)衣物上是否有破损或经洗涤后可能造成破损地方;
(6)纽扣、饰物和拉链是否完整;
(7)衣物上是否会出现褪色或搭色现象;
(8)衣物上是否有不良的熨烫现象;
(9)衣物中是否有客人遗忘的钱物。

如果在客衣的检查过程中,收衣员发现以上现象应及时通知客人并征询客人的意见。

成品检查是对洗涤后的衣服进行最后的质量检验,其关系到客人对洗涤质量的满意度。成品检查一般包括以下十个方面。

(1)衣服的整体洁净度;
(2)是否有残留污渍和掉色现象;
(3)纽扣和饰物是否齐全完整,拉链拉动是否自如;
(4)衣服有无开缝和出现线头;
(5)纯白衣服有无泛黄;
(6)整体熨烫质量;
(7)熨烫后是否有极光现象;
(8)有无褶皱和拉扯现象;
(9)衣服表面有无结毛;
(10)客人交代的其他事宜是否已解决。

(五)员工制服洗涤服务程序

邮轮员工制服的洗涤流程包括以下五个步骤:

1. 打码分类

分清干洗、湿洗，每件衣服都做上标号，将号码钉在衣领、袖、裤腰处，同一份衣服要统一号码。

2. 清洁特殊斑渍

仔细检查有无特殊污渍，如有，则要用专门配置的清洗剂先行清洁。如果没有把握，不可随意除污，以免留下不可弥补的斑点。

3. 湿洗或干洗

根据制服的纤维质地和式样，选择适当的洗涤方法。

4. 烘干、熨烫

无论湿洗或干洗都熨烫平整，大面积处用熨烫机熨烫，领、袖、腰等处手工熨烫。

5. 折叠、上架

制服必须用衣架悬挂，有破损处及时修复。

知识链接

客衣纠纷的预防与处理

1. 客衣纠纷的预防

为了预防客衣纠纷的发生，洗衣房管理人员可以从以下几个方面入手，加强对客衣洗涤环节的管理。

（1）客人要求洗衣时，要求客人认真填清楚洗衣登记表。

（2）在收取客衣时，要认真细致地检查有无破损、褪色、染色、口袋内有无物品。如果发现有问题，要事先向客人当面讲清并做登记。

（3）对客衣要分类处理。在给客衣打号时要根据衣物的不同而分成几种类型来处理，同时要严格检查，根据实际情况装袋洗涤。

（4）在客衣洗涤过程中，要严格按照有关操作规程办事，对不同的衣物要采取不同的洗涤方法，选定不同的洗涤剂、不同的洗涤时间；要做到在洗净衣物的同时不对衣物造成损坏。

（5）在洗涤过程中要注意做好交接记录，明确各自的责任，从而防止衣物丢失或出现差错。

（6）在登记表上注明在洗涤过程中出现某些情况的处理方法。

2. 客衣纠纷的处理

发生客衣纠纷，客舱部要主动与客人接触，听取客人意见要主动、诚恳、耐心；检查洗涤后的衣物，了解客人的需求，在查明原因、掌握事实的基础上，区别不同情况处理。凡属于客衣洗涤过程中由于邮轮方面的原因引起的丢失、洗坏、染色、褪色以及熨烫质量差等纠纷，邮轮应主动承担责任，该赔偿的赔偿，该修补的修补，该回洗的回洗，该回烫的回烫。如果赔偿，一般不超过洗衣费的10倍。特殊情况需双方协商解决。如果是客人自身原因造成的，邮轮需要耐心解释，灵活处理。

1）客人投诉没有收到客衣

（1）先请客人不要着急，问清客人是哪天送洗的衣服，并立即为客人查对。

（2）查对洗衣记录，确认是否已送进客人房间。

（3）与客人联系，告诉客人确实收到其衣服并已洗好送回房间，提醒客人查找。如果客人仍没有找到，有可能送错房间。

（4）立即到可能送错的房间寻找，如确实送错房间，找到衣服后，立即送还并向客人道歉。

（5）如仍未找到，立即向经理报告。

2）客人投诉客衣被损坏

（1）先让客人平静下来，并立即向经理报告。

（2）查对客衣损坏报告记录，确认是否客衣原来就有破损而客人未注意到，在征得客人同意后，将衣服取回查看。

（3）如属客人原因，则要向客人耐心解释，如客人不接受，要向经理汇报。

（4）如属洗衣事故，应与客人协商解决，赔偿或修理，并查明事故原因，做出处理。

工作任务

【任务名称】

掌握邮轮客舱洗衣房客衣纠纷的预防与处理。

【任务准备】

以小组为单位讨论知识链接客衣纠纷的预防与处理，理解邮轮客舱客衣纠纷预防与处理的要点，搜集邮轮客舱客衣纠纷相关的案例资料。

【任务实施】

1. 查阅文献

查找与邮轮洗衣房客衣纠纷相关的案例资料，对获取的资料进行整理与总结。

2. 认知邮轮客衣洗涤程序

对本书中关于客衣纠纷预防与处理的知识点形成初步认识，结合搜集的邮轮洗衣房客衣纠纷相关的案例资料进行分组讨论。

3. 撰写汇报材料

汇报材料的撰写可以选择 PPT、思维导图等形式。

任务评价

任务评价主要从同学们的职业素养、小组互评及汇报表现等方面进行评价，详细内容如下。

评价内容		配分	考核点	得分
职业素养（20分）	职业道德	10分	具有实事求是的职业道德，设计方案不违背职业道德，认真负责	
	职业能力	10分	具有分析及总结方案写作能力、查阅文献资料的能力、创新能力、整体把握总结方案的能力	

续表

评价内容		配分	考核点	得分
汇报表现（70分）	文字表达	30分	文字编排工整清楚、格式符合要求，文字流畅、条理清楚、逻辑性较强	
	内容 数据资料分析整理	30分	对所获得的资料进行整理，能够对邮轮客舱洗衣房客衣纠纷的预防与处理进行分析；表达条理清楚，有逻辑性	
	结构	10分	简洁而明晰，思路清晰，内容结构合理	
小组互评（10分）	结构及表现	10分	小组协作融洽，汇报逻辑清晰，内容翔实且合理	
合计			100分	

习题

客衣洗涤纠纷预防措施有哪些？

自我分析与总结

存在的主要问题：

收获与总结：

改进措施：

6.2.2 布草房运行与管理

任务导航

邮轮的经营活动，尤其是客舱部和餐饮部，离开布草是无法正常进行的。在邮轮的经营活动中，布草不仅是一种供客人使用的日常生活必需品，也是邮轮客舱装饰布置的重要物品，对室内气氛、格调、环境起着很大的作用。布草的质量、清洁程度、供应速度等，都直接影响经营活动的开展。因此，对布草房的管理是客舱部管理工作的中心内容之一。

学习目标

▶ 能力目标

能够熟练安排布草房员工进行布草的收发与保管工作。

▶ 知识目标

（1）了解布草房的功能布局，熟悉布草房设备用品的配置和用途。

（2）掌握布草房运行的基本知识，贯彻正确的布草管理理念。

🏁 素质目标

培养爱岗敬业的服务意识。

案例引导

邮轮员工制服洗涤态度的差异

在九月份期间，天气逐渐变凉，我遇到两位员工在更换制服时的不同现象。当我建议第一位员工领带不脏可以一周或隔几天换洗一次时，这位员工是这样回答我的："减少洗涤费用与我有什么关系！不洗又不会给我加工资！"作为制服房员工，我当时只好按照他的意思处理了。

另一位员工拿了一套制服来到窗口更换，一共四件（西服、西裤、衬衣、领带各一件）。这位员工在前天更换制服时是我办理的，今天当我检查发现西服、领带都未有明显的污渍，我建议他这两件暂不用更换，以节省洗涤费用，因为每件制服的洗涤费都算邮轮布草洗涤成本，而且洗涤次数多了制服易变形、变色，让他考虑一下。这位员工恍然大悟说："可以只换其中的两件吗？我不知道呢！我以为一次换洗要更换一套呢！我现在知道了。"

思考题：谈一下此案例对邮轮员工制服洗涤制度的启示。

点评

本案例中两位员工态度不一，其中一位员工在思想上还未改变浪费的习气，也没有以企业为家的主人翁意识。邮轮从九月份开始实施各部门绩效考核方案，如部门成本超标或营业额不达标，将会影响每位员工的奖金、年终双薪发放。因此，部门运营指标的考核与邮轮每位员工都息息相关，从自身做起，节省运营成本是每位邮轮员工体现主人翁意识的要求。

新知探索

一、邮轮布草房的布局

布草房通常分为制服房和棉织品房，其主要功能是负责邮轮所有员工制服、棉织品洗涤后的交换业务。为了利于布草的运送，棉织品房一般设在洗衣房附近；制服房则设在临近员工更衣室、浴室之处，以方便员工领换制服。

布草房主要包括收发区、储存区、加工区和内部办公区。邮轮要根据不同区域的功能，合理地进行内部布局，以方便运转，提高效率。

（一）收发区

收发区应设在临近布草房门口的地方。有些邮轮设有开放式的收发台，且收发台设计成可活动式，以便于布草的交换。收发区应备有布草分拣筐。

（二）储存区

储存区是布草房的主要功能区，配有布草架及制服架，设在收发区内侧。

（三）加工区

加工区一般设在布草房里侧，靠近窗户、自然采光比较好的地方或室内灯光明亮之处。加工区配有缝纫机和工作台。

（四）内部办公区

布草房隶属于洗衣房，布草房的内部办公区通常设在收发区附近，以便控制管理。

二、布草房的业务范围

布草房负责邮轮所有布草、制服洗涤后的储存与发放业务，保证邮轮各运营区域所需布草的供应。其具体业务范围如下：

（1）对邮轮客舱部、餐饮部的脏布草进行收集。
（2）与洗衣房协调，做好制服和布草的清点、运送与验收工作。
（3）负责布草的存放、保管、发放与报废。
（4）定期对布草进行盘点。
（5）负责员工制服的发放、更换、修补与保管。
（6）负责员工制服的更新与报废。

三、布草房设备用品配置

为满足布草、制服存放要求，布草房应配有相应的设备用品。

（一）布草架

布草架用于存放床单、枕套、毛巾等，应设计成开放式的，以利于通风散热。布草架上需贴有标签，注上分类号，以方便上架和查找。为节约库房的占地面积，充分利用立体空间，布草架应设计成多层架。

（二）挂衣架

挂衣架用于挂放洗涤后不宜折叠的衣物，一般为不锈钢管制作，高低不同，以充分利用空间。员工制服房需配有若干挂衣架，衣架杆上最好有固定挂钩并标有工号和姓名，以利于制服对号上架。工号或姓名可以按序号或姓名拼音字母顺序进行排列，以方便存取，提高效率。

（三）衣架

布草房衣架应和客舱部衣架有区别，如衣架上标明洗衣房字样或颜色和客舱衣架不一样，这样可防止衣架流失。

（四）缝纫设备及物品

布草房配有若干台缝纫机、锁边机等缝纫设备及各色线、扣，剪刀，软、硬尺等设备物品，以供缝补加工布草、制服之用，也可满足一些客人衣物的简单织补要求。

（五）工作台

布草房及制服房应配有若干工作台，用于收发、登记、临时放置布草。

（六）布草分拣筐

布草分拣筐用于分拣布草及制服，一般是塑料制品，也可以用竹制或柳编制品。

（七）叉衣杆

制服房应配有叉衣杆若干个，其长短可灵活调节，用于挂取制服。

（八）包装袋

制服房应备有大小不同的包装袋，用于存放制服。

（九）其他

根据需要还应配备有一些适用的物品，如记号笔、盘带等（用于给制服编号，使其在洗涤中不会弄混），各类收发、交接表格，以及有关账目的记录本（用于记录布草房的运行情况）。

四、邮轮布草的管理

（一）邮轮布草的收发

布草的收发是布草房最基本的日常工作，良好的收发制度保证了布草的顺利周转与控制。

1. 定点发放，定量发放

布草的使用比较分散，为了便于统一管理，布草房采取定点发放方式，即布草的各使用部门都从布草房领取相应的布草（布草房是布草的归口单位）。另外，各使用部门的布草供应是有定量规定的，布草房应定量发放，不得多发也不得少发。

2. 坚持以脏换净制度

布草房根据各使用单位送来的脏布草，发放相应的干净布草。同样，布草房根据总的脏布草向洗衣房换取相应的干净布草。

3. 坚持超额领用申请制度

运营部门如果需要超额应用，应填写借物申请表并让有关人员批准，使用完毕后应立即归还布草房。同样，布草房发放的布草若是短期借用，也应开出欠单作为归还凭证。

4. 破损或污迹布草的处理

布草房在清点或叠放布草时，应将有破损或污迹的布草分拣出来单独摆放，以便单独处理。但无论破损或污迹布草有多少，其总数应保持一致。

（二）邮轮布草的存放

布草应该存放在一个合适的环境中，不管是楼层布草房、邮轮总布草房还是备用布草房，都应具备下列条件。

（1）通风良好，具有良好的温度和湿度。纺织品的共性特点是怕潮湿和不能长期处在高温状态下，因此，布草房的通风必须良好，相对湿度不大于50%，温度以保持在20℃以下为宜。

（2）严禁烟火，并配置必要的安全消防措施，以防万一。

（3）对布草进行清洁工作和定期的安全检查，包括有无虫害迹象、电器线路是否安全等。

(4) 对布草进行分类上架存放。布草房不应存放其他物品，特别是化学药剂、食品等。

(5) 长期不用的布草应用布兜罩起来，以防止积尘、变色。否则，严重的污染可能导致布草领用后难以洗涤干净。

（三）布草的保管

邮轮布草的保管重点为以下六个方面：

(1) 备用布草不宜一次购买太多，因为存放时间过长，布草质量会明显下降。

(2) 备用布草应遵循"先进后出"的原则投入使用。如能在布草边角上做 A、B、C 之类的标记以表明投入使用的批次，则不仅有利于跟踪分析其使用状况，而且便于布草的定期更新。

(3) 新布草应洗涤后再使用。这不仅是清洁卫生的需要，也有利于提高布草强度和方便使用后的第一次洗涤。

(4) 刚洗涤好的布草应在货架上搁置一段时间，以利于其散热透气，这样可以延长布草的使用寿命。

(5) 对于毛毯、丝绵被、枕芯等纺织品，存放时不能重压，同时要定期翻晒，否则会有异味并容易霉变。

(6) 消除污染或损坏布草的隐患，严禁将布草随便丢在地上，收送布草时动作粗鲁，布草中夹带别的东西等。

五、邮轮员工制服的管理

布草房除储存和发放布草外，还负责员工制服的保管和发放工作。

（一）制服的领发

1. 申领

新入职员工，由人事部门或申领部门填写制服申领单，注明员工部门、工种，部门经理审批签名。

2. 发放

员工制服是根据各部门、各工种、各职务的要求，测量身材，统一制作的，一般是每人 2～3 套。员工试穿合适后，在制服上实行统一编号，并将配套的其他物件按规定统一发放给员工。

3. 记录

将员工发放制服情况记录在员工制服领取登记表上，并建卡存档，备注好制服归属的部门和员工。

（二）制服的更换

为保证邮轮全部员工的着装需要和着装质量，每位员工一般配有 2～3 套制服。厨师、工程技术人员由于工作环境的特殊性，一般配有 3～5 套制服。制服的更换应在布草房的专用窗口进行。员工第一天上班，可凭制服领取牌按编号领取工作服一套。以后，如制服需要洗涤，可在白天规定的时间内将脏制服送到布草房。制服收发员收取脏制服后将干净的制服发给员工，同时注意制服上的编号或姓名有无脱落，以免混淆。

（三）制服的洗涤

制服的洗涤与客衣的洗涤同样重要。整洁挺括的制服不仅体现员工的精神面貌，而且在很大程度上影响邮轮的整体形象，尤其是在餐厅、前台等为客人直接服务的场合。不符合要求的制服，如抽线、掉扣、有褶皱、有污迹等，会引起客人的反感，从而影响客人对邮轮公司的印象。因此，邮轮必须保证员工制服，尤其是第一线员工制服的洗涤质量。

（四）制服的保管

1. 专人专用

员工制服应采取编号的方法，以保证专人专用。因此，制服收发员要注意编号有无脱落和模糊，以防止制服混淆。

2. 分类管理

布草房通常按质地、使用部门和工种对制服进行分类存放和管理。如全毛全棉类制服，由于容易发霉泛黄，因此放在高架；化纤类放在底架；厨师、工程师的制服换取频率高，可放在就近拿取的地方等。

3. 制服上架

布草房必须配置可折叠摆放衣物的挂衣架。洗涤后的制服经检查和修补后，应用衣架挂起，保持挺括和干燥。衣架按制服编号的顺序排列。

4. 统一缝补

制服如出现开裂、脱线、脱扣等，由缝纫工统一缝补。对于无法修复的制服，经主管确认签字后可予以报废。

（五）制服的更新、补充

布草房负责制服更新、补充的统一处理工作。制服出现损坏、丢失等情况时，部门主管查明原因，员工本人填写制服申领单，经部门经理签字后，由布草房负责补充新制服；属于自然消耗的，由布草房主管签字确认后，予以补充。

 工作任务

【任务名称】

认知邮轮布草房的制服管理。

【任务准备】

以小组为单位进行讨论，复习邮轮布草房制服管理相关内容，搜集知名邮轮公司制服种类。

【任务实施】

1. 查阅文献

查找与知名邮轮公司制服相关的材料，归纳总结邮轮不同岗位制服的特点。

2. 认知邮轮制服代表的岗位名称

对本书的内容形成初步认识，结合搜集的知名邮轮公司制服的相关信息进行分组讨论。

3. 撰写总结

撰写汇报材料，可以选择 PPT、思维导图等形式。

任务评价

任务评价主要从同学们的职业素养、小组互评及汇报表现等方面进行评价，详细内容如下。

评价内容		配分	考核点	得分
职业素养（20分）	职业道德	10 分	具有实事求是的职业道德，设计方案不违背职业道德，认真负责	
	职业能力	10 分	具有分析及总结方案写作能力、查阅文献资料的能力、创新能力、整体把握总结方案的能力	
汇报表现（70分）	文字表达	30 分	文字编排工整清楚、格式符合要求，文字流畅、条理清楚、逻辑性较强	
	内容 数据资料分析整理	30 分	对所获得的资料进行整理，能够对邮轮布草房制服管理要求进行分析；表达条理清楚，有逻辑性	
	结构	10 分	简洁而明晰，思路清晰，内容结构合理	
小组互评（10分）	结构及表现	10 分	小组协作融洽，汇报逻辑清晰，内容翔实且合理	
合计			100 分	

习题

简述邮轮布草房的具体业务范围。

自我分析与总结

存在的主要问题：	收获与总结：

改进措施：

6.2.3 邮轮客舱客用品定额管理

任务导航

邮轮客舱为游客提供的用品是否齐全、合理直接影响到游客的满意度。同时，为了保护海洋环境，邮轮客舱一般不会提供一次性的用品，建议游客自行准备。有效加强对客舱用品的控制，是邮轮客舱部用品管理中最重要的一个环节。

学习目标

☛ 能力目标

能够熟练依据邮轮客舱的业务需要进行客用品的定额管理。

☛ 知识目标

（1）了解邮轮客舱内客用品管理方面的内容。
（2）掌握邮轮客舱客用品的分类、选择原则和备品管理等内容。

☛ 素质目标

（1）爱岗敬业，遵纪守法。
（2）树立良好的职业道德。
（3）养成严谨细致、吃苦耐劳的职业习惯和职业素养。

案例引导

招商伊敦号邮轮各类舱房客用品配备差异

招商伊敦号邮轮共有465间客房，分为6大房型，分别是有"海上大平层"之称的全船最大客房——尊享套房；位于船头/船尾，坐拥绝佳海景视野的探享套房；拥有开放式阳台与客厅的舒享套房；备受宾客欢迎的品质之选——豪华阳台房，极具性价比的高级阳台房和精致阳台房。

精致阳台房：作为基础房型，房间内有豪华大床、干湿分离的独立卫生间、松软亲肤的床品、42寸平板电视等各种设施一应俱全；客房送餐和每日两次的客房打扫服务可为宾客提供整洁惬意的居住环境。精致阳台房睡眠区如图6-2所示。

图6-2 精致阳台房睡眠区

高级阳台房：与精致阳台房相比，高级阳台房在客房设施上增加了咖啡机（图 6-3）和胶囊咖啡、每日可免费补充一次的小酒吧软饮及零食。同时，更享有提前入住客房和岸上行程及船上服务的优先预约权益，是设施完备、服务升级的性价比之选。

图 6-3　高级阳台房咖啡机

豪华阳台房：该房型配备有电视、宽敞的卫生间以及豪华大床、高端床品、可远眺海景的望远镜等基础设施，客房面积更为宽敞，房内情景如图 6-4 所示。

图 6-4　豪华阳台房内部情景

舒享套房：舒享套房是含有一室一厅，面积为 37.6m^2 的套房，房内情景如图 6-5 所示。除了一应俱全的客房配套设施，邮轮还向入住舒享套房的宾客赠送欢迎起泡酒和免费干洗 / 洗衣服务，每日免费补充一次的小酒吧附赠酒饮。

图6-5 舒享套房内部情景

探享套房:探享套房的面积是 70.3~108m²,根据房间的不同位置面积略有区别,全船仅有 14 间。与舒享套房相比,探享套房多了宽敞的客厅和 4 人座的用餐区域,房内情景如图 6-6 所示。

图6-6 探享套房内部情景

尊享套房:有"海上大平层"之称的尊享套房,全船仅有 1 间且面积最大,足有 134.5m²。其包含卧室、衣帽间、宽敞客厅、6 人座的用餐区域、可容纳 12 人的会议室、1 间主卧卫浴间和 2 间客用卫浴间、阳台等,主卫浴间甚至还包含有海景桑拿房与淋浴房,房内卧室如图 6-7 所示。

图6-7 尊享套房卧室

思考题：谈一下此案例中不同级别舱房客用品配备标准的差异。

点评

本案例中招商伊敦号邮轮为招商维京邮轮船队的第一艘海轮，也是我国第一艘悬挂五星红旗、由我国自主经营管理的高端邮轮。招商伊敦号邮轮各类舱房客用品基本配备标准相同，不同点在于舱房面积和享受的服务权益。其客用品配备标准体现了高端奢华邮轮的市场定位。

新知探索

一、邮轮客舱客用品的分类

邮轮客舱房间内的客用品，一般不允许客人带走，但有时却被游客误当成赠送的物品带走。一般邮轮客舱内的客用品包括服务夹、布草、衣架、茶水具、酒具、卫生间防滑垫、电视机和保险箱等。另外，还有一些物品存放在客舱楼层工作间内，供一些特殊需求游客临时使用，如部分女性客人会向客舱楼层服务员借用熨斗、熨衣板、荞麦皮枕头、毛毯等物品。因此，邮轮客舱部也应准备好这类物品，以满足不同游客的需求。

二、邮轮客舱客用品选择的原则

鉴于邮轮客舱物品的种类繁多，因而在对其选择时，必须坚持正确、相应的选择原则。

（一）经济实用

邮轮客舱客用品是为了方便邮轮游客的生活而提供的，因而要做到经济实惠、物尽其用。

（二）美观大方

在清洁舒适的邮轮客舱里，美观而大方的客用品会使邮轮客舱赏心悦目，给邮轮客人留下很好的印象；反之，如果做不到这一点，则有贬值的感觉，让游客对邮轮留下不好的印象。

（三）耐用适度

一般情况下，邮轮客舱客用品应能够充分体现出邮轮的档次，突出其特有的风格，同时满足耐用适度的要求。

三、邮轮客舱客用品各级配备量的标准

（一）客舱客用品的总配备量

客舱的消耗性客用品一般是非循环性的用品，其实际使用量与客舱开房率和物品使用率有关，可能远远大于根据客舱配置需求量预估的标准储备量。如果消耗性客用品仅根据出租房标准量来配置需求量，那么就会导致严重的物品短缺。所以，要保证消耗性客用品的正常供应，就必须依据邮轮最小库存量与最大库存量并结合邮轮载客率合理设置客用品配备数量。购置件数一般以物品运输的容积为单位，如箱、盒、桶。邮轮客舱各类消耗性客用品的数量，绝不能低于邮轮公司确定的各项物品的最小储备量。

（二）客舱客用品各分发点配备量

在客舱楼层区域（工作间内）应有一定储备量的客用品，同时其储备量应合理，既不会过多地占用流动资金，又可以满足对客服务的需要。

1. 邮轮客舱配备标准

邮轮客舱部客用品配备标准详细规定各种类型及等级的客舱客用品配备及摆放位置的要求，并以书面形式固定下来，以供日常发放、检查及培训时使用。这也是控制客舱客用品的基础。

2. 工作车配备标准

工作车配备的标准一般是以一个班次的耗用量为基准，如早班清洁员以每天清洁客舱的耗用量来配备各类物品。多数邮轮的客舱部会以12间或13间邮轮客舱的耗用量为参照标准来配备工作车上各类物品的数量。

3. 楼层工作间储备标准

楼层工作间一般备有一个航程的客舱客用品量。客舱客用品消耗用量应列出明确的标准，并置于工作间明显的位置，以供申领物品时参照使用。

四、邮轮客舱客用品三级控制方法

邮轮客舱客用品控制工作中最容易发生问题的一个环节就是日常的管理，也是客舱工作中最重要的一环。一般邮轮客舱部对客用品的日常控制采取"三级控制"的方法。

M6-3 邮轮客舱备用品的有效控制

（一）第一级控制——楼层客舱主管（主管）对客舱服务员的直接控制

1. 通过每日清洁工作表来直接控制客舱服务员的消耗量

楼层客舱主管通过客舱服务员的做房清洁工作表，控制每个服务员领用的消耗品量，分析和比较每位客舱服务员每间房间、每客的平均耗用量。客舱服务员按规定的品种和数量为客舱配备和添补客用品，并在做房清洁工作表上做好相应的记录。客舱主管凭做房清洁工作表对客舱服务员领用客用品的情况进行核实，目的是防止客舱服务员偷懒或克扣客用品占为己有。

2. 督导与检查

客舱主管通过现场督导和指挥，减少客用品的损坏和浪费。客舱主管督导服务员在引领游客进房时，必须按邮轮客舱服务的规程介绍房间设备、客用品的性能和使用方法，避免不必要的损坏。同时，督导和检查服务员清洁房间的工作流程，杜绝员工的野蛮和违规操作。如少数员工在清洁整理房间时为图省事，将客人未使用过的一些消耗品当垃圾一扫而光，或者乱扔客用品等，客舱主管应及时对其加强爱护客用品的教育，尽量减少人为的破坏和浪费。

（二）第二级控制——建立客用品的客舱主管责任制

各种客用品的使用主要是在楼层进行的，因此使用的好坏和定额标准的掌握，其关键在客舱主管。建立楼层客用品的客舱主管责任制，是非常必要的。

（1）邮轮客舱楼层应配备客用品管理人员，做到专人负责。客舱楼层可设一名行政客舱主管和一名业务客舱主管。行政客舱主管负责楼层物资用品的领发和保管，同时协助业务客舱主管做好对服务员清洁、接待工作的管理。

（2）建立楼层"固定资产管理"的档案。平时资产增减或移动时，必须获得楼层主管或经理的批准，并由楼层主管在固定资产登记卡上进行更改，以增强客舱主管的责任心。

（3）客舱主管每天汇总本楼层消耗用品的数量，并向大库房报告。客舱主管每周日应根据楼层的存量和一周的消耗量开出领料单，交给邮轮客舱中心库房。每月月底，客舱主管应配合邮轮客舱中心人员对库房各类物品进行盘点。

（三）第三级控制——邮轮客舱部对客用品的控制

邮轮客舱部对各楼层的客用品进行控制，一般可以从两个方面着手：一是通过邮轮客舱中心库房的管理员（物品领发员），其主要负责整个邮轮客舱部的客用品领发、保管、统计和汇总工作；二是通过楼层主管，建立相应的规范和采取相应的控制措施，使客用品的消耗在满足业务经营活动需要的前提下，达到最低限度。

1. 中心库房对客用品的控制

由中心库房的物品领发员或邮轮客舱服务中心人员对每日邮轮客舱楼层的客用品耗费总量进行直接控制，同时中心库房的物品领发员负责统计各楼层每日、每周和每月的客用品使用的总消耗量，并结合客舱出租率及上月耗损情况，制作每月客用品消耗分析对照。

2. 楼层主管对客用品的直接控制

楼层主管或邮轮客舱部经理对客用品的控制主要通过加强员工的思想教育和制

定相关的管理制度来实现。客舱备品的流失主要是由员工造成的，因此要做好员工思想教育工作和加强管理，这是非常重要的。楼层客舱主管也要通过服务员每日清洁房间的数量，及时有效地控制其物品的消耗量，并加以分析和比较每个服务员每间邮轮客舱的平均耗用量。

 工作任务

【任务名称】

认知邮轮客舱客用品的有效控制。

【任务准备】

复习邮轮客舱客用品三级控制相关内容，观看微课《邮轮客舱客用品的有效控制》，以小组为单位进行讨论。

【任务实施】

1. 观看微课

观看微课《邮轮客舱客用品的有效控制》，归纳总结邮轮客舱客用品控制方式。

2. 案例收集和小组讨论

结合微课内容和邮轮客舱部客用品案例相关信息进行分组讨论。

3. 撰写总结

撰写汇报材料，可以选择 PPT、思维导图等形式。

任务评价

任务评价主要从同学们的职业素养、小组互评及汇报表现等方面进行评价，详细内容如下。

评价内容		配分	考核点	得分
职业素养（20分）	职业道德	10分	具有实事求是的职业道德，设计方案不违背职业道德，认真负责	
	职业能力	10分	具有分析及总结方案写作能力、查阅文献资料的能力、创新能力、整体把握总结方案的能力	
汇报表现（70分）	文字表达	30分	文字编排工整清楚、格式符合要求，文字流畅、条理清楚、逻辑性较强	
	数据资料分析整理	30分	对所获得的资料进行整理，能够对邮轮客舱客用品的有效控制进行分析；表达条理清楚，有逻辑性	
	结构	10分	简洁而明晰，思路清晰，内容结构合理	
小组互评（10分）	结构及表现	10分	小组协作融洽，汇报逻辑清晰，内容翔实且合理	
合计			100分	

习题

简述邮轮客舱部各分发点客用品配备标准。

自我分析与总结

存在的主要问题：

收获与总结：

改进措施：

6.3　邮轮客舱质量督导

6.3.1　邮轮客舱对客服务质量督导

任务导航

　　客舱是邮轮的基本设施也是邮轮的主体部分。客舱服务是邮轮销售的核心产品，客舱服务质量不仅对提升客舱本身品质有着重要作用，而且对邮轮的整体服务质量、邮轮的品牌建设及经济效益有着非同寻常的影响，因此，应做好客舱服务质量的督导工作。

M6-4　邮轮客舱部楼层主管的督导职责

M6-5　邮轮客舱对客服务质量督导

学习目标

▶ 能力目标

能够熟练督导客舱部员工为邮轮客人提供服务。

▶ 知识目标

（1）了解邮轮客舱部各种服务质量督导标准。

（2）熟知邮轮客舱对客服务质量管理的内容。

▶ 素质目标

（1）爱岗敬业，遵纪守法。

（2）树立良好的职业道德。

（3）养成严谨细致、吃苦耐劳的职业习惯和职业素养。

让客人感动的夜床服务

一天晚上，入住某邮轮 1801 房间的莫小姐用餐完毕回到房间时，发现夜床已经做好。服务员为她开的是靠卫生间墙壁的一张床，床单和毛毯已经拉开一只角。莫小姐打开电视机，靠在开好的床上看电视，但觉得电视机的位置有些偏，不是很合适，于是又将电视机的方向转至合适位置。第二天，莫小姐用餐后回到房间惊奇地发现这次服务员为她开的是靠窗户的一张床，而且电视机也摆正了。

思考题：假如您是此情景中的客舱服务员，您认为此次夜床服务为什么让客人很感动？

点评

本案例中的莫小姐虽然没有看到过为她提供夜床服务的人员，但一定感受到了邮轮公司对她的友好和关注。客舱服务员从客人转动电视机看出了客人的消费偏好，想看电视而方向不对，第二天便在靠近电视一侧的床做了夜床服务。这些具体的做法虽然好像微不足道，但对客人而言正是这种细致温馨的服务让人感动，充分体现了邮轮客舱部优质服务品质。

新知探索

邮轮客舱部为满足不同客人的需求，给客人营造一种温馨的"家"的感觉，一般都会为邮轮客人提供针对性的服务项目。邮轮客舱部督导工作的重点是加强和控制对客服务的质量，督导员工为客人提供个性化服务。

一、邮轮客舱部服务质量相关督导标准制定要求

（一）邮轮客舱部服务程序标准

邮轮客舱部服务程序标准是服务环节的时间顺序标准（如客舱清洁服务程序、开夜床服务程序等），即在服务操作时确定先做什么、后做什么。该标准是保证邮轮客舱部服务全面、准确及流畅的前提条件。

（二）邮轮客舱部服务设施、服务用品标准

客舱服务设施及客用品标准是指邮轮为游客所提供的设施和用品的质量、数量的标准。这项标准是在硬件方面控制服务质量的有效方法，是从质量、数量、状态三个方面去制定的标准。如在数量上，要求每间双人客舱内配置两个茶水杯；在状态上，要求提供 24 小时的冷热水服务；在质量上，要求客用品的质量符合邮轮服务品质。

（三）邮轮客舱部服务效率标准

一般对客服务的实效标准，指在规定的时间内完成客人的要求。如接到游客要求送物品到房间的电话后，应在 3 分钟内将物品迅速、准确无误地送至客人房间内，

体现出时间和效率的标准化。这项标准的制定，要视邮轮的具体情况而定，且要有专业管理人员参与及对员工专业化培训后，方可达到理想的效果。这个标准是保证游客能得到及时、快捷、有效服务的前提条件，也是客舱服务质量的保证。

邮轮客舱服务效率是容易引起客人投诉的原因之一。因此，在邮轮客舱部质量管理中，客舱部管理者首先要树立效率观念，尽量在减少客人等候时间上下功夫；其次要核实客人交代的、投诉答复的项目内容，督促有关人员迅速办理；最后，就是要有全局意识，主动协作，共同提高服务效率。

（四）邮轮客舱部服务技能标准

服务技能标准一般是针对客舱服务人员的各类实操项目所制定的标准，如客舱清洁和整理标准、铺床标准、开夜床标准等。服务员只有掌握熟练的服务技能，才能更好地为宾客提供优质的服务。

邮轮客舱部员工的对客服务技能具体包括以下四个方面：

1. 操作技能

邮轮客舱部员工的操作技能主要是做房、设备设施维护保养技能等。

2. 处理特殊问题的技能

邮轮客舱部员工对醉酒客人的处理、对客人投诉的处理等。

3. 推销技能

邮轮客舱部员工的推销技能主要是针对邮轮上的消费项目进行针对性推广，刺激客人在邮轮的消费。

4. 沟通技能

邮轮客舱部员工的沟通技能包括员工直接的内部沟通和与客人沟通的能力。

（五）邮轮客舱部服务状态标准

服务状态标准是针对服务人员的言行举止、服务意识所规定的标准。例如遇见客人时，先微笑，然后礼貌地打个招呼；以友善热诚和礼貌的语气与客人说话；迅速回答客人的问题，并主动为客人找出答案；预知客人需要，并帮助其解决问题。

（六）邮轮客舱部服务规格标准

服务规格标准是针对不同类型游客所制定的不同规格标准，如在VIP房间放置鲜花、酒水、水果、糕点等，以便更好地提升对特殊客人的服务水准。

（七）邮轮客舱部服务质量检查和事故处理标准

服务质量检查和事故处理标准是对上述各项标准贯彻和执行情况的检查标准，也是衡量客舱服务质量最直接有效的尺度和检查方法。此标准由两方面内容构成：一是对员工的奖励或惩罚标准；二是对游客补偿及挽回不良影响的具体措施。

二、改善邮轮客舱部服务质量的途径

（一）提高客舱部服务员的服务技能

服务技能和操作规程是提高客舱部服务质量和工作效率的重要保障。邮轮客舱部服务员必须熟练地掌握和运用服务技能。邮轮客舱部可以通过岗前培训、强化训练、技能竞赛等多种形式或手段，来提高邮轮客舱部服务员的服务技能水平。

（二）培养客舱部员工的服务意识

服务意识是员工应当具备的基本素质之一，也是提高服务质量的根本保证。就邮轮客舱部而言，很多工作是有规律可循的，邮轮客舱部的管理人员应当根据这些规律，制定服务程序、操作规程和质量标准来保证服务的质量。但也有一些问题是随不同情况而发生变化的，这就要求客舱部服务员必须要有相应的服务意识，只有这样才能将自身的服务工作做得更好。

（三）为游客提供个性化的服务

规范化的服务是保证客舱服务质量的基本要求，但每位客人都有自己的个性与特点，要向游客提供优质的服务，就必须为其提供相应的个性化服务，这样才能使游客感到满意和惊喜。超值的个性化服务会为邮轮培养一批忠实的宾客。

（四）重视细节化服务

任何邮轮在经营过程中都会非常注重服务的细节，"时时、处处、事事"从游客的角度去考虑。如有些邮轮为更加方便游客使用行李，会在客人登船后迅速地把行李运送到房间，在客人 12 点离船前收集行李并运往港口。客舱服务员还会折叠各种毛巾宠物供游客欣赏。"细节决定成败，细节成就完美"，邮轮客舱部的任何服务都必须关注细节，只有在各个细节上多下功夫，才能提升整体的服务水平。

三、通过征集客人反馈意见不断改进邮轮客舱部服务质量

游客是邮轮客舱服务的直接消费者，也是客舱服务缺陷的发现者。因此，游客对客舱服务产品最有发言权。邮轮客舱部若要提高对客服务的质量，征求游客的意见是十分重要的途径之一。征求游客意见的方法和途径，最常用的有以下几种：

（一）游客意见反馈表

一般情况下，为了能及时地征求游客对邮轮客舱部各项服务的意见，离船前一晚邮轮公司会通知游客填写放在房间内的满意度调查表。在设计调查表过程中要注意，表格设计的内容应简单、清晰、易填写。另外，为保护客人隐私，邮轮公司会将调查表设计成由游客自己密封、自带胶水黏合的折叠式信封状表格。邮轮客舱部游客满意度调查可作为客舱服务员工作考核的重要依据之一。

（二）直接向游客征求意见

邮轮客舱部经理或主管也可以随时或定期地拜访游客，了解游客对邮轮客舱的各项需求，从而及时、有效地发现客舱服务中存在的问题，进一步制定和修改有关计划。这样做，一方面可以加强部门与游客间的沟通和交流，大大增进双方的了解和信任；另一方面也能发现邮轮或部门自身的不足，并加以改进，从而有利于提高游客对客舱服务的满意度。

（三）员工意见反馈

对游客需求和满意情况最为了解的且与游客接触最多的是一线员工。他们的信息来源最直接、快捷、丰富和可靠。一位基层的员工肯定比管理者更经常听到"枕头太高了，也不舒服""你们的毛巾不够柔软，用着很不舒服"等类似这样的信息。

员工往往有许多的建议、信息或一些好的想法，如果能通过科学、有效的渠道加以收集和反馈，那么整体的服务和效益将会有显著提升。

（四）专项调查

专项调查就是针对游客的一种专门性的调查。一般都会事先设计好一个调查表，并放置在客人容易看到的地方，如写字台、床头柜、餐桌等处。这种专项调查具有一定的针对性，也能更多地获取宾客对某些服务需求的反馈。同时可以通过网络问卷调查的方式得到游客对邮轮客舱服务的一些反馈意见。

工作任务

【任务名称】

认识邮轮客舱对客服务质量督导。

【任务准备】

复习邮轮客舱对客服务质量督导相关内容，观看微课《邮轮客舱对客服务质量督导》，以小组为单位进行讨论。

【任务实施】

1. 观看微课

观看微课《邮轮客舱对客服务质量督导》，归纳总结邮轮客舱对客服务质量督导方式。

2. 小组讨论

结合微课内容进行分组讨论。

3. 撰写总结

撰写汇报材料，可以选择PPT、思维导图等形式。

任务评价

任务评价主要从同学们的职业素养、小组互评及汇报表现等方面进行评价，详细内容如下。

评价内容		配分	考核点	得分
职业素养（20分）	职业道德	10分	具有实事求是的职业道德，设计方案不违背职业道德，认真负责	
	职业能力	10分	具有分析及总结方案写作能力、查阅文献资料的能力、创新能力、整体把握总结方案的能力	
汇报表现（70分）	文字表达	30分	文字编排工整清楚、格式符合要求，文字流畅、条理清楚、逻辑性较强	
	数据资料分析整理	30分	对所获得的资料进行整理，能够对邮轮客舱对客服务质量督导方式及特点进行分析；表达条理清楚，有逻辑性	
	结构	10分	简洁而明晰，思路清晰，内容结构合理	
小组互评（10分）	结构及表现	10分	小组协作融洽，汇报逻辑清晰，内容翔实且合理	
合计			100分	

习题

一日，入住某邮轮 1850 房间的李先生向邮轮前台反映：他的房卡打不开房门，在楼层找到服务员开门，服务员称此房为维修房，不能开门。经了解，房门无法打开是门锁出现故障。因为客人开房时设置了保密服务，楼层服务员在致电前台询问时未自报身份，前台接待员以为是陌生人查询，所以称其为维修房，结果造成客人误解和不满。造成此投诉的原因有哪些？

自我分析与总结

存在的主要问题：	收获与总结：

改进措施：

6.3.2 邮轮客舱清洁和保养质量督导

任务导航

客舱的清洁保养是邮轮客舱部的主要任务之一，其基本目标如下：一是搞好清洁卫生，去除油垢、尘土、杀菌、消毒等；二是保证客舱始终保持清新的环境；三是更换和添补邮轮客舱用品，为客人提供一个干净、舒适、方便的"家"；四是维护保养客舱设施设备并延长其使用寿命；五是满足游客对客舱产品质量的要求。

邮轮为了使清洁保养工作有据可依、有章可循，一般会要求客舱部根据清洁保养的区域范围、各种物品面层材料的质地、设备设施配置状况以及部门管理等特点，制定科学合理的清洁保养质量标准与规程。这样做也为邮轮客舱部的员工确立了工作目标，明确了努力方向。

学习目标

▶ 能力目标

能够采取有效措施控制邮轮客舱清洁保养质量。

▶ 知识目标

（1）熟悉邮轮客舱卫生清洁操作标准和功能性标准相关内容。
（2）掌握邮轮客舱清洁质量控制的相关措施。

素质目标

（1）爱岗敬业，遵纪守法。
（2）树立良好的职业道德。
（3）养成严谨细致、吃苦耐劳的职业习惯和职业素养。

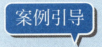

一根头发丝

晚上10点左右，某邮轮1608房间的李先生回房洗澡后掀开做好的夜床准备休息时，却突然发现床单上有一根长长的头发丝，并且床单也有些皱。于是，李先生马上打电话到邮轮前台投诉说："我房间里的床单皱巴巴，而且上面有一根头发丝。你们的服务员肯定偷懒没有换过床单。我要求你们立即当着我的面更换床单和被套并给予船票优惠。"之后前台值班经理迅速赶到房间，发现该客人的陈述属实，便对他说："先生，真对不起，我马上让服务员给您重新做床，船票给您九折优惠，您看可以吗？"客人虽然不大高兴，但还是接受了值班经理的处理意见。

思考题：假如你在邮轮房间碰到类似的情况，你会怎么做？

点评

一个清洁的客房环境能够使宾客心情舒畅、情绪稳定，为其带来消费的安全感。客人对清洁卫生的关注表现在各个方面，而最为关注的是与自己身体直接接触的设备和用品，如客房的布草、杯酒具、卫生间洁具等。试想，如果你是一位邮轮客人，入住房间后看到床单上有毛发，甚至是污渍，并且皱巴巴的，你能够安心使用吗？因此，邮轮客舱服务员在服务过程中，应特别注意这类设备、用品的清洁卫生。本案例中的客人显然是一位经常参加邮轮旅游活动而且十分关注邮轮清洁卫生状况的客人。客舱服务员不要小看一根头发丝，它不仅关系到服务质量，而且关系到邮轮产品形象。邮轮应严格执行清洁卫生标准，加强舱房清洁卫生质量的检查，强化员工职业意识和卫生标准的培训，防止因类似的投诉给邮轮带来声誉影响和经济损失。

新知探索

一、制定邮轮客舱清洁保养标准

要保证清洁保养的质量，邮轮就必须制定相应的标准。有了标准才能使清洁保养工作有一个明确的目标，监督、检查工作也就有了依据，同时这个标准也是评估员工表现的基础。

邮轮客舱清洁保养的标准，主要有三个方面的内容：一是操作标准，主要用于对工作过程的控制，即根据时间顺序对服务环节进行有序排列，其既能保证服务工作的有序性，又能保证服务内容的完整性；二是功能性标准，也叫感官、生化标准，主要用于对工作结果的控制；三是时效标准，主要用于对工作进程的控制，以保证

M6-6 邮轮客舱清洁保养质量管理

客人得到快捷、有效的服务。除此之外，客舱清洁保养标准的设计还应该考虑合理性、适应性、针对性三个方面的因素。

（一）邮轮客舱清洁保养的操作标准

操作标准是对工作成果的具体要求，应该对使用什么样的工具，需要多少时间，具体的操作方法、步骤，达到什么样的目标等进行说明。该标准应当按照邮轮的经营理念、方法以及市场需求为依据制定。

1. 清洁次数

清洁次数是指服务员每天进房清扫整理的次数，是客舱服务规格高低的重要标志之一。一般来说，清洁次数增多，客舱清洁卫生要求就会相应提高，同时客舱服务规格也提高，但成本费用和客人被打扰的概率也会相应提高。因此，在确定清洁次数时要充分结合客人接待档次、规格、成本费用标准等因素（大多数邮轮采用二次清洁和三次清洁）。但还应按照宾客的需要灵活掌握，在具体执行时只要客人有需求就应当全力满足。

2. 布局规格

布局规格是指客舱及周边区域设备设施、用品的布置要求。总体布局要实用、安全、方便、美观。布局规格可用量化和直观的方法加以规定和说明，如用品的品种、规格及摆放位置、数量、摆放方式等，都必须有明确、统一的规定。

（二）邮轮客舱清洁卫生质量标准

客舱的清洁卫生质量标准，一般来说包括两个方面：一是生化标准，即防止生物、化学及放射性物质污染的标准，往往由专业卫生防疫人员来做定期或临时抽样测试与检验，通常是不能被人的感觉器官直接感知的，需要借助专门的仪器设备与技术手段来测试和评价。生化标准的核心要求是客舱内的微生物指标不得超过规定要求。生化标准是客舱清洁卫生质量更深层次的衡量标准。二是感官标准，是指邮轮员工和游客通过视觉、触觉、嗅觉等感觉器官能直接感受到的标准。生化、感官标准也叫功能性标准，是清洁保养必备的质量标准，具体指清洁保养工作达到的效果。它可体现出邮轮客舱的规格、档次，邮轮员工为游客服务的水平，对不同游客需求的满足程度。

（三）邮轮客舱清洁保养的时效标准

时效管理是邮轮为游客提供快捷服务从而提高收益的重要方法。客舱服务质量的衡量标准应包括对服务时效性要求，以此来提高游客入住的频次数，从而提高邮轮公司经济效益。

为保证客舱清洁保养工作的效率和合理的劳动消耗，客舱部实行时效管理，比如对客舱清洁保养的服务时间、内容等进行规定，并制定出有效的衡量标准，从而形成清洁保养工作的时效标准来提高服务操作的效率。在制定清洁保养的时效标准时，一般应重点考虑以下因素：

1. 人员素质

客舱人员是否有良好的职业道德、敬业爱岗的主人翁精神，是否经过系统的培训，具有良好的工作习惯和娴熟的工作技能等，是决定其工作效率的因素之一，对时效标准的制定也有一定的影响。

2. 质量标准

不同的客舱规格有不同的要求，一般客舱清洁保养要求的质量标准越高，相应清扫起来的时间也就越长。

3. 服务模式

邮轮上的客舱服务员不同于酒店的服务员，客舱服务员在邮轮的航线中专门负责固定客人的房间清扫。这样有利于评定每位服务员的服务质量，也有利于游客有效、及时地和客舱服务员进行沟通。

4. 清洁器具

清洁器具配备得是否完好、齐全、先进以及自动化水平的高低等都会直接影响劳动强度和工作效率。

5. 客源情况

邮轮客源成分复杂，国籍、民族、肤色、社会地位、身份、生活习惯等都不同程度地影响邮轮卫生状况，也会影响清扫的时间和速度。

二、制定邮轮客舱清洁保养规程

邮轮客舱清洁保养规程是邮轮进行制度化、规范化管理的基础，同时也是清洁保养质量控制的依据。其制定应符合"方便客人、方便操作、方便管理"的原则，要详细、具体、周全、可操作性强。邮轮客舱清洁保养规程主要有日常清洁保养规程和周期性清洁保养规程等。

（一）日常清洁保养规程

客舱区域的日常清洁保养规程主要包括客舱清扫的准备规程、客舱清洁卫生操作规程、客舱清扫的基本方法、客舱夜床的整理清洁规程、客舱及用品消毒的规程等方面内容。

（二）周期性清洁保养规程

一般客舱在日常清洁保养规程的基础上，都会制定合理的周期性清洁保养规程。在日常工作的基础上做好周期性工作，可在一定程度上达到减少消耗、控制成本的效果。

清洁保养规程的制定，有效地确保了客舱整体清洁保养的质量。

三、采取措施有效控制邮轮客舱清洁保养的质量

邮轮客舱部各层次的管理者，在日常清洁保养工作中，应不断强化和提高员工对卫生质量的要求以及对清洁保养质量标准的认识。客舱部管理者按照清洁保养计划和程序，安排和指导员工正确使用各种清洁工具和设备，督促员工认真细致地完成各项清洁保养任务，从而确保邮轮整体的清洁保养质量。

（一）采取措施有效控制质量的工作基础

邮轮清洁保养工作应具备的工作基础为服务人员、清洁设备和清洁剂。管理者

应当依据邮轮规模、档次等实际情况，选择一定数量适用的清洁设备和安全有效的清洁剂等，为邮轮清洁保养工作提供有利的、必要的物质条件。

服务员是直接操作并使用设备和清洁剂的员工，上岗前必须对他们进行专业化的岗位培训与指导，让员工树立起"卫生第一、规范操作"的工作习惯。客舱部员工掌握清洁保养的各种专业知识，才能熟练操作清洁保养设备并养成良好的职业习惯。要求客舱服务人员及管理人员从自身做起，注意个人卫生和着装，树立良好的自我形象。

（二）严格执行邮轮清洁保养质量的逐级检查与控制制度

落实客舱清洁保养工作的重要保障是检查体系、检查制度、规范检查三方面。达到邮轮清洁保养质量的逐级检查与控制的前提是建立健全清洁保养质量检查体系，明确清洁保养质量管理的组织机构及人员分工，确定全面质量管理负责人、督查人和实施者。

1. 建立邮轮检查体系

不同级别的邮轮管理者检查形式不相同，主要有客舱部经理检查、各部门联合检查、船长检查等。

（1）客舱部经理检查。客舱部经理定期或不定期亲自对客舱等进行抽查。通过实地检查，可以了解客舱状况、员工动态、工作表现、清洁效果、宾客意见和建议等，掌握第一手资料，对完善管理、控制清洁保养质量、合理使用人员、配备设备等起到了积极作用。

（2）各部门联合检查。邮轮按照计划定期由船长召集各部门对酒店部门进行检查。联合检查不仅便于统一标准、统一思想，而且便于各部门之间沟通和协调。

2. 建立邮轮客舱内部逐级检查制度

邮轮客舱内部的逐级检查制度是指对客舱的清洁保养质量实行客舱服务员自查、客舱主管全面检查和邮轮管理人员抽查的三级检查。这是确保客舱清洁保养质量高水准的有效方法。

（1）邮轮客舱服务员自查。客舱服务员每清理好一间客舱房间后，均应对邮轮客舱房间内的清洁卫生状况、客用物品的布置以及设备完好状况等做自我检查。通过自我检查，可提高客舱清洁保养的合格率，加强客舱服务员的工作责任心，提高客舱服务员的服务质量意识，同时也可减轻客舱主管查房的工作量。在制定客舱清扫规程和清扫程序时应明确提出服务员自查的要求，以促进服务员养成自我检查的良好习惯。

（2）客舱主管全面检查。邮轮客舱服务员清理好客舱并自查完毕后，将由邮轮客舱楼层主管对其所负责区域内的所有客舱进行全面的检查，以达到和保证质量合格。客舱主管查房是客舱房间清洁卫生质量控制的关键，是邮轮客舱服务员自查完毕后的第一道关，往往也是最后一道关。客舱主管查房可以及时发现问题并进行弥补，起到指导帮助和督促评价的作用。所以客舱主管必须由工作责任心强、细致、业务熟练的员工来担当，应专职负责邮轮楼层客舱部检查和协调工作，以加强客舱主管的监督职能，防止检查流于形式。

按照常规，每位楼层客舱主管每天检查房间的比例为100%，也就是对其所负责的全部房间进行普查，并填写邮轮客舱房间每日检查表。客舱主管查房时发现的问题，要及时解决并记录，对不合格的项目，需开具"做房返工单"，要求服务员重新清理直至检查合格；客舱主管的检查实际上就是一种在岗培训，对于业务未达到熟练程度的服务员，客舱主管要有针对性地帮助和指导。

（3）邮轮管理人员抽查。主要指邮轮客舱主管抽查和邮轮客舱部经理抽查。客舱主管和客舱部经理是客舱清洁保养质量的监督者和完成任务的指挥者，每天抽出一定时间到楼层巡视、督导、检查辖区清洁保养质量，是其主要职责之一。管理人员抽查客舱的数量为客舱主管查房数的10%～15%。VIP房是管理人员检查的重点。管理人员查房也是对客舱主管、员工的一种监督和考察。客舱部管理者掌握服务员的工作状况，可以了解客舱服务存在的问题和客人的意见，从而不断提升客舱部服务质量。除此之外，管理人员还应定期协同邮轮上的其他相关部门管理人员对邮轮客舱房间内的设施设备进行检查，以确保邮轮客舱部正常运转。

3. 制定清洁保养质量检查标准和内容

邮轮在制定清洁保养检查质量标准时，应和客舱清洁保养质量标准保持一致。倘若制定的检查质量标准高于客舱清洁保养质量标准，每每检查的结果都不符合要求，不仅会挫伤员工的工作积极性，还会影响管理人员的信誉度，让员工无所适从；倘若检查质量标准低于客舱清洁保养质量标准，会影响或降低员工日常清洁保养质量，虚设的标准没有任何指导意义，检查也就因流于形式而失去应有的作用。

清洁保养质量检查的内容主要包括邮轮客舱清洁卫生保养质量、物品补充摆放情况、设备设施运行状况和邮轮客舱的整体效果等。

4. 采用科学的清洁保养质量检查程序和方法

（1）程序。质量检查应根据时间和邮轮客舱位置、顺序进行，每个客舱清洁保养质量检查的程序与客舱清洁保养的操作程序、方法基本一致。和酒店检查一样，邮轮也是按顺时针或逆时针方向从上到下循序检查，即顺着左边或右边绕客舱一周，眼睛从上到下、从左至右检查每一个角落。按程序检查能提高检查速度，避免疏漏。

（2）方法。在对邮轮客舱进行检查时，有听、嗅、看、试、摸五个步骤。

① 听。从门外到房间内，通过听客舱房间有无异常的声响，来对设备设施进行检查、判断，听是否存在故障，噪声是否控制在合格范围内。一般室内噪声，邮轮客舱不应超过40 dB，走廊不应高于45dB。

② 嗅。通过嗅觉来判断客舱房间内的空气是否清新、是否有异味。

③ 看。在听、嗅的同时，要看客舱房间是否达到了清洁保养质量标准和客舱整体效果要求，物品是否配备补充齐全、符合摆放要求。

④ 试。检查客舱设备设施是否正常完好，除查看以外，有的还需要一段时间的试用，特别是客舱电器和卫生间内的洁具等。

⑤ 摸。检查客舱房间清洁卫生质量好坏，最好的检查方法是用手摸，特别是有些地方不易看到，有些位置较高难以查看清楚，如衣柜上方等。

要求做到：眼看到的地方无污迹；手摸到的地方无灰尘；设备用品无病毒；空气清新无异味。房间卫生要达到"十无""六净"。"十无"：四壁无灰尘；地面无杂物、纸屑、果皮；床单、被套、枕套表面无污渍和破损；卫生间清洁，无异味；金属把手无污锈；灯具无灰尘；家具无污渍、破损；茶具、水具无污痕；楼面整洁，无"六害"(指老鼠、蚊子、苍蝇、蟑螂、臭虫、蚂蚁);邮轮客舱房间内卫生无死角。"六净":客舱房间四壁净、地面净、家具净、床上净、卫生洁具净、物品净。

5. 强调原始的记录

原始记录的方式主要是用文字记载邮轮客舱部运营管理过程存在的问题,其具有直接、广泛、真实等特点。邮轮客舱部大量的原始记录往往采用表单的形式。原始记录是邮轮客舱商品生产过程中发生的具体事实的最初记录,也是邮轮客舱部进行经营管理的重要依据。因此,原始记录管理实际上就是表单管理工作,它对提高邮轮客舱部管理水平和效益起着重要的作用。

首先,制定和设计符合邮轮客舱部运营的特点,能直接反映出各个岗位和环节中的工作状况,达到简单、适用、明了目的的表单。设计表单时既要注意实用性和针对性,又要注意科学性。其次,要求员工如实填写表单。管理者通过对比质量检查结果与表单内容,可以公平、公正地检验员工的工作态度和认真程度,进而为员工工作表现考核提供重要依据。再次,对所有的原始记录表单进行分类,按期限分别保管。通过对原始记录的归纳、分析,可找出管理过程中的不足,便于及时纠正。总之,邮轮客舱部的日常运营离不开原始记录,可以采用格式化手段实现规范化管理。

6. 重视客舱卫生的全面质量管理

邮轮可以采取全面质量管理的方法对客舱卫生质量进行控制。全面质量管理主要以预防问题、改进服务质量为主,运用科学的手段找出邮轮客舱部影响服务质量的各种因素。让全员参与到对卫生质量的控制,其工作程序可采用 PDCA 循环法,即计划(plan)、执行(do)、检查(check)、处理(action)。在计划阶段时,邮轮应根据客人需求以及自己的实际情况,制定客舱卫生质量控制的计划、目标,完善标准操作程序,让员工操作时有章可循;设立双向沟通的平台,让邮轮客舱部基层员工根据自身的工作经验参与到标准操作程序的制定,使操作标准更有操作性。同时,良好的企业文化能正确引导员工的价值观,促使员工在工作中有正确的行为规范,提升客舱卫生质量的控制效果。在执行阶段,让员工按照制订的计划、目标及措施实施。在检查阶段,领班在查房时清楚记录每间客舱的清洁质量情况,还可查阅房内的满意度调查表来考查员工的工作完成质量,从而及时发现客舱卫生工作中的问题。在处理阶段,根据检查阶段的检查结果,总结经验,对不足之处制订计划,采取措施进行修正。最后再循环以上步骤,不断促进客舱卫生质量的提高。

7. 重视对邮轮客舱员工的激励

给予邮轮客舱部一定的激励,可以提高员工对工作的积极性,促使其高质量地完成客舱卫生工作。邮轮需要明确客舱卫生清洁工作的奖惩制度,通过内在激励与外在激励来达到提升客舱卫生清洁质量的目的。外在激励主要指物质上、薪酬上的激励;内在激励主要通过完善的晋升制度、优秀员工的评选等方式给予。比如,有的邮轮对工作完成情况较好的员工,除了物质上的奖励,还有免查房的优待。这不仅能够激励员工认真完成客舱清扫工作,还能因此降低查房时的二次工作量,提高查房的工作效率。现在邮轮员工多以"90后""00后"为主,个体差别较大,因此在制定激励方式时,应先对员工进行了解,然后根据员工个性化需求调整激励方案，比如奖励旅游、酒店餐厅的免费券等，都可以起到激励的作用。

工作任务

【任务名称】

掌握邮轮客舱清洁保养质量管理。

【任务准备】

复习邮轮客舱清洁质量督导相关内容，观看微课《邮轮客舱清洁保养质量管理》，以小组为单位进行讨论。

【任务实施】

1. 观看微课

观看微课《邮轮客舱清洁保养质量管理》，归纳总结邮轮客舱清洁质量督导方式。

2. 案例收集和小组讨论

结合微课内容和邮轮客舱清洁服务案例相关信息进行分组讨论。

3. 撰写总结

撰写汇报材料，可以选择 PPT、思维导图等形式。

任务评价

任务评价主要从同学们的职业素养、小组互评及汇报表现等方面进行评价，详细内容如下。

评价内容		配分	考核点	得分
职业素养（20分）	职业道德	10分	具有实事求是的职业道德，设计方案不违背职业道德，认真负责	
	职业能力	10分	具有分析及总结方案写作能力、查阅文献资料的能力、创新能力、整体把握总结方案的能力	
汇报表现（70分）	文字表达	30分	文字编排工整清楚、格式符合要求，文字流畅、条理清楚、逻辑性较强	
	内容 数据资料分析整理	30分	对所获得的资料进行整理，能够对邮轮客舱清洁质量督导方式进行分析；表达条理清楚，有逻辑性	
	结构	10分	简洁而明晰，思路清晰，内容结构合理	
小组互评（10分）	结构及表现	10分	小组协作融洽，汇报逻辑清晰，内容翔实且合理	
合计			100分	

习题

简述邮轮客舱清洁保养质量逐级检查和控制的措施。

模块6 邮轮客舱督导管理

 自我分析与总结

存在的主要问题：　　　　　　　　　　　收获与总结：

改进措施：

参考文献

[1] 刘艳.邮轮运营管理[M].北京：化学工业出版社，2018.
[2] 苏枫.邮轮概论[M].上海：上海交通大学出版社，2014.
[3] 李肖楠，徐文苑.邮轮前厅服务与管理[M].北京：化学工业出版社，2017.
[4] 林曾学，胡顺利.邮轮客舱服务与管理[M].大连：大连海事大学出版社，2015.
[5] 李小年.全球价值链视角下中国邮轮产业发展和制度创新[M].上海：上海交通大学出版社，2020.
[6] 李小年.亚洲邮轮旅游协同创新发展研究[M].上海：上海社会科学院出版社，2020.
[7] 孙晓东.邮轮产业与邮轮经济[M].上海：上海交通大学出版社，2014.
[8] 黄丽华.邮轮概论[M].青岛：中国海洋大学出版社，2017.
[9] 叶秀霜.客房运营与管理教程[M].2版.杭州：浙江大学出版社，2022.
[10] 徐文苑.酒店客房服务与管理[M].武汉：华中科技大学出版社，2020.
[11] 宫宇，邹函，李捡.客舱安全管理与应急处置[M].北京：航空工业出版社，2019.
[12] 汪泓，等.中国邮轮产业发展报告（2016）[M].北京：社会科学文献出版社，2016.
[13] 汪泓，等.中国邮轮产业发展报告（2017）[M].北京：社会科学文献出版社，2017.
[14] 汪泓，等.中国邮轮产业发展报告（2018）[M].北京：社会科学文献出版社，2018.
[15] 倪菁.亚洲邮轮旅游市场发展对中国邮轮旅游业的启示[J].淮海工学院学报（人文社会科学版），2016（5）：97-99.
[16] 中国交通运输协会邮轮游艇分会，上海海事大学亚洲邮轮学院，中国港口协会邮轮游艇分会，等.2018中国邮轮发展报告[M].北京：旅游教育出版社，2018.